Schweitzers Handausgaben
mit Erläuterungen

O. Zoeller

Weingesetz

2. Auflage

München, Berlin u. Leipzig
J. Schweitzer Verlag (Arthur Sellier)

Das Weingeset

vom 7. April 1909

mit den Ausführungsbestimmungen, den Kriegs
verordnungen und dem Gesetze vom 30. Dez. 192

erläutert von

Otto Zoeller,
Oberlandesgerichtsrat in München.

Zweite neubearbeitete Auflage.

1921
München, Berlin und Leipzig
J. Schweitzer Verlag (Arthur Sellier).

Nachtrag zu Zoeller, Weingesetz, 2. Aufl.

(Nr. 8156) Bekanntmachung, betreffend Aufhebung der Bekanntmachung über Ausführung des Weingesetzes vom 15. Juni 1912 (Reichs-Gesetzbl. S. 394).

Vom 13. Juni 1921.

(RGBl. S. 751).

Die den im Großherzogtum Luxemburg gewonnenen Erzeugnissen des Weinbaues laut Bekanntmachung des Reichskanzlers vom 15. Juni 1912 (Reichs-Gesetzbl. S. 394) unter Vorbehalt des Widerrufs gewährte Gleichstellung mit den inländischen Erzeugnissen wird unter Zustimmung des Reichsrats hiermit aufgehoben.

Gesetz zur Änderung des Weingesetzes.*)

Vom 1. Februar 1923.

(RGBl. I S. 107).

Der Reichstag hat das folgende Gesetz beschlossen, das mit Zustimmung des Reichsrats hiermit verkündet wird:

Artikel I

Das Weingesetz vom 7. April 1909 (Reichsgesetzbl. S. 393) wird wie folgt abgeändert:

1. Nach § 7 wird folgender § 7a eingefügt:
„§ 6 Abs. 2 Satz 2 und § 7 gelten nicht für die Verwendung von französischen und portugiesischen geographischen Bezeichnungen."

2. Im § 15 wird das Wort „Kognak" durch das Wort „Weinbrand" ersetzt.

3. Der § 16 erhält folgende Fassung:
„Die Reichsregierung kann mit Zustimmung des Reichsrats die Verwendung bestimmter Stoffe bei der Herstellung von weinhaltigen Getränken, Schaumwein, dem Schaumwein

*) S. hiezu Zoeller, Leipz. Zeitschr. 1923, S. 159.

ähnlichen Getränken, Weinbrand und Weinbrandverschnitt beschränken oder untersagen sowie bestimmen, welche Stoffe bei der Herstellung solcher Getränke Verwendung finden dürfen, und Vorschriften über die Verwendung erlassen."

4. Der § 18 erhält folgende Fassung:

„Trinkbranntwein, dessen Alkohol ausschließlich aus Wein gewonnen und der nach Art des Kognaks hergestellt ist, darf im geschäftlichen Verkehr als Weinbrand bezeichnet werden. Trinkbranntwein, der neben Weinbrand Alkohol anderer Art enthält, darf als Weinbrandverschnitt bezeichnet werden, wenn mindestens ein Zehntel des Alkohols aus Weinbrand stammt. Andere Getränke und Grundstoffe zu solchen dürfen nicht als Weinbrand oder mit einer das Wort Weinbrand enthaltenden Wortverbindung oder Wortzusammensetzung bezeichnet werden, auch darf das Wort Weinbrand kein Bestandteil anderer Angaben der Flaschenaufschrift sein.

Weinbrand und Weinbrandverschnitt dürfen nur mit den für den Verkehr innerhalb des Ursprungslandes vorgeschriebenen Begleitscheinen in das Deutsche Reich eingeführt werden.

Weinbrand, der nach französischem Rechte die Bezeichnung Cognac tragen darf und in trinkfertigem Zustand, entweder in Frankreich oder unter deutscher Zollaufsicht auf Flaschen gefüllt, mit den für den Verkehr innerhalb des Ursprunglandes vorgeschriebenen Begleitscheinen zur Einfuhr gelangt und unverändert geblieben ist, darf als Kognak (Cognac) bezeichnet werden. Andere Getränke und Grundstoffe zu solchen dürfen nicht als Kognak (Cognac) oder mit einer das Wort Kognak (Cognac) enthaltenden Wortverbindung oder Wortzusammensetzung bezeichnet werden, auch darf das Wort Kognak (Cognac) kein Bestandteil anderer Angaben der Flaschenaufschrift sein.

Die Anwendung der im Abs. 1, 3 enthaltenen Vorschriften wird auch durch Abweichungen nicht ausgeschlossen, wenn trotz dieser Abweichungen die Gefahr einer Verwechslung besteht.

Weinbrand und Weinbrandverschnitt müssen in 100 Raumteilen mindestens 38 Raumteile Alkohol enthalten.

Trinkbranntwein, der in Flaschen oder ähnlichen Gefäßen unter der Bezeichnung Kognak, Weinbrand oder Weinbrandverschnitt gewerbsmäßig verkauft oder feilgehalten wird, muß zugleich eine Bezeichnung tragen, welche das Land erkennbar macht, in dem er für den Verbrauch fertiggestellt worden ist.

Die näheren Vorschriften erläßt die Reichsregierung mit Zustimmung des Reichsrats.

Die von der Reichsregierung vorgeschriebenen Bezeichnungen sind auch in die Preislisten und Weinkarten sowie in die sonstigen im geschäftlichen Verkehr üblichen Angebote mitaufzunehmen."

5. Im § 22 Abs. 1 wird das Wort „Kognak" durch das Wort „Weinbrand" ersetzt.

6. Im § 26 Abs. 1 erhält Nr. 3 folgende Fassung:

„Wer Stoffe, deren Verwendung bei der Herstellung, Behandlung oder Verarbeitung von Wein, Schaumwein, Weinbrand, Weinbrandverschnitt, weinhaltigen, weinähnlichen oder schaumweinähnlichen Getränken unzulässig ist, zu diesen Zwecken ankündigt, feilhält, verkauft oder an sich bringt, desgleichen wer einen diesen Zwecken dienenden Verkauf solcher Stoffe vermittelt."

7. Im § 28 erhält Nr. 1 folgende Fassung:

„den Vorschriften des § 5 Abs. 1, des § 7 Abs. 2, des § 8, des § 10 Abs. 3, des § 17 oder des § 18 zuwiderhandelt."

8. Nr. 3 des § 28 fällt aus.

9. Im § 31 Abs. 1 Satz 2 ist statt „§ 28 Nr. 1, 2, 3" zu setzen: „§ 28 Nr. 1, 2".

Artikel II

Die infolge dieses Gesetzes notwendigen Änderungen an Firmen oder Vereinsnamen werden gebührenfrei in das Handelsregister oder das Vereinsregister eingetragen, wenn die Anmeldung zur Eintragung vor dem 1. Oktober 1923 erfolgt.

Artikel III

Dieses Gesetz tritt am 1. März 1923 in Kraft.

Berlin, den 1. Februar 1923.

Der Reichspräsident
Ebert

Der Reichsminister des Innern
Oeser

VO. zur Änderung der Ausführ.-Bestimmungen zum Weingesetze.

Vom 22. März 1923.
(RGBl. I S. 215)
und desgleichen vom 8. November 1923.
(RGBl. I S. 1084)

sind infolge der nachstehenden Fassung gegenstandslos geworden.

Bekanntmachung der neuen Fassung der Ausführungsbestimmungen zum Weingesetze.

Vom 1. Dezember 1925.
(RGBl. I S. 413).

Auf Grund des Artikels II der Verordnung zur Änderung der Ausführungsbestimmungen zum Weingesetz vom 1. Dezember 1925 (Reichsgesetzbl. I S. 412) werden die Bestimmungen zur Ausführung des Weingesetzes in der geltenden Fassung nachstehend bekanntgegeben.

Berlin, der 1. Dezember 1925.

Der Reichsminister des Innern
In Vertretung:
Zweigert

Bestimmungen zur Ausführung des Weingesetzes.

Artikel 1
(Zu § 3 Abs. 4).

Die Absicht, Traubenmaische, Most oder Wein zu zuckern, ist nach Maßgabe der beigefügten Muster schriftlich anzuzeigen; die zuständige Behörde kann die Eintragung in Listen gestatten, die diesen Mustern nachzubilden und an geeigneten Stellen aufzulegen sind

Für die neue Ernte ist die Anzeige vor Beginn des Zuckerns nach Muster 1 zu erstatten; dabei braucht die Menge der zu zuckernden Erzeugnisse sowie der Zeitpunkt des Zuckerns für die gesamte Ernte vom 1. September des betreffenden Jahres ab nicht angegeben zu werden. Für Wein früherer Jahrgänge ist jeder einzelne Fall des Zuckerns spätestens eine Woche zuvor nach Muster 2 anzuzeigen.

Artikel 2
(zu §§ 4, 11, 12)

Bei der Kellerbehandlung dürfen, unbeschadet der nach § 3 des Gesetzes zulässigen Zuckerung der Traubenmaische, dem Traubenmost oder dem Weine Stoffe irgendwelcher Art nur nach Maßgabe der folgenden Bestimmungen zugesetzt werden.

Gestattet ist

A. Allgemein:

1. Die Verwendung von frischer, gesunder, flüssiger Weinhefe (Drusen) oder von Reinhefe, um die Gärung einzuleiten oder zu fördern; die Reinhefe darf nur in Traubenmost oder Wein gezüchtet sein; dabei darf der Wein mit einer kleinen Menge Zucker versetzt und von Alkohol befreit werden. Der Zusatz der flüssigen Weinhefe darf nicht mehr als 20 Raumteile auf 1000 Raumteile der zu vergärenden Flüssigkeit betragen; doch darf diese Hefemenge zuvor in einem Teile des Mostes oder Weines vermehrt werden; dabei darf der Wein mit einer kleinen Menge Zucker versetzt und von Alkohol befreit werden;
2. die Verwendung von frischer, gesunder, flüssiger Weinhefe (Drusen), um Mängel von Farbe oder Geschmack des Weines zu beseitigen. Der Zusatz darf nicht mehr als 150 Raumteile auf 1000 Raumteile Wein betragen; ein Zusatz von Zucker ist hierbei nicht zulässig;
3. Die Entsäuerung mittels reinen, gefällten kohlensauren Kalkes;
4. Das Schwefeln mittels folgender Verfahren, sofern hierbei nur kleine Mengen von schwefliger Säure oder Schwefelsäure in die Flüssigkeiten gelangen:
   a) Verbrennen von Schwefel oder Schwefelschnitten mit Ausnahme von gewürzhaltigem Schwefel,
   b) Verwendung von reiner gasförmiger schwefliger Säure,
   c) Verwendung von Lösungen reiner gasförmiger schwefliger Säure in destilliertem Wasser, die mindestens 5 v. H. Schwefeldioxyd enthalten,

d) Verwendung von technisch reinem Kaliumpyrosulfit, auch in Tablettenform;

5. die Verwendung von reiner gasförmiger oder verdichteter Kohlensäure oder der bei der Gärung von Wein entstehenden Kohlensäure, sofern hierbei nur kleine Mengen des Gases in den Wein gelangen;

6. Die Klärung (Schönung) mittels nachgenannter technisch reiner Stoffe:
   a) in Wein gelöster Hausen-, Stör- oder Welsblase,
   b) Gelatine,
   c) Tannin bei gerbstoffarmem Weine bis zur Höchstmenge von 100 Gramm auf 1000 Liter,
   d) Eiweiß,
   e) Käsestoff (Kaseïn), Milch,
   f) spanischer Erde,
   g) mechanisch wirkender Filterdichtungsstoffe (Asbest, Zellulose und dergleichen);

7. die Verwendung von ausgewaschener Holzkohle und gereinigter Knochenkohle;

8. das Behandeln der Korkstopfen und das Ausspülen der Aufbewahrungsgefäße mit aus Wein gewonnenem Alkohol oder reinem, mindestens 90 Raumprozente Alkohol enthaltenden Sprit, wobei jedoch der Alkohol nach der Anwendung wieder tunlichst zu entfernen ist; bei dem Versand in Fässern nach tropischen Gegenden auch der Zusatz von solchem Alkohol bis zu 1 Raumteil auf 100 Raumteile Wein zur Haltbarmachung;

9. die Klärung (Schönung) des Weines mittels chemisch reinen Ferrocyankaliums, auch in Verbindung mit den in Nr. 6 unter a bis g genannten Stoffen, sofern der Zusatz so bemessen wird, daß in dem geklärten Weine keine Ferrocyanverbindungen gelöst verbleiben.

B. Bei ausländischem Dessertwein (Süd-, Süßwein):

10. der Zusatz von kleinen Mengen gebrannten Zuckers (Zuckercouleur);

11. der Zusatz von aus Wein gewonnenem Alkohol oder reinem, mindestens 90 Raumprozente Alkohol enthaltenden Sprit bis zu der im Ursprungslande gestatteten Alkoholmenge.

C. Bei der Herstellung von Haustrunk (§ 11 des Gesetzes):

12. die Verwendung von Zitronensäure bei der Verarbeitung von getrockneten Weinbeeren außerhalb solcher Betriebe, aus denen Wein gewerbsmäßig in den Verkehr gebracht wird.

Die Landeszentralbehörde kann die Verwendung von Zitronensäure auch bei der Verarbeitung von Rückständen der Weinbereitung und für Betriebe zulassen, aus denen Wein gewerbsmäßig in den Verkehr gebracht wird;

13. der Zusatz von Obstmaische und aus Obst bereiteten Getränken.

Artikel 3

(zu §§ 10, 16)

Die nachbezeichneten Stoffe:

lösliche Aluminiumsalze (Alaun und dergleichen), Ameisensäure, Bariumverbindungen, Benzoësäure, Borsäure, Eisencyanverbindungen (Blutlaugensalze), jedoch mit Ausnahme von chemisch reinem Ferrocyankalium zur Klärung (Schönung), sofern der Zusatz so bemessen wird, daß in den geklärten Getränken keine Ferrocyanverbindungen gelöst verbleiben, Farbstoffe mit Ausnahme von kleinen Mengen gebrannten Zuckers (Zuckercouleur), Fluorverbindungen, Formaldehyd und solche Stoffe, die bei ihrer Verwendung Formaldehyd abgeben, Glyzerin, Kermesbeeren, Magnesiumverbindungen, Oxalsäure, Salizylsäure, unreiner (freien Amylalkohol enthaltender) Sprit, unreiner Stärkezucker, Stärkesirup, Strontiumverbindungen, Wismutverbindungen, Zimtsäure, Zinksalze, Salze und Verbindungen der vorbezeichneten Säuren sowie der schwefligen Säure (Sulfite und dergleichen), jedoch mit Ausnahme von technisch reinem Kaliumpyrosulfit, auch in Tablettenform, sofern durch seine Verwendung nur kleine Mengen von schwefliger Säure oder Schwefelsäure in die Flüssigkeiten gelangen,

dürfen bei der Herstellung der im § 10 des Gesetzes bezeichneten dem Weine ähnlichen Getränke, von weinhaltigen Getränken, deren Bezeichnung die Verwendung von Wein andeutet, oder von Schaumwein nicht verwendet werden.

Bei der Herstellung von dem Weine ähnlichen Getränken aus Malzauszügen ist außerdem die Verwendung von Zucker und Säuren jeder Art, ausgenommen Tannin als Klärmittel, sowie von zuckerhaltigen und säurehaltigen Stoffen untersagt. Nur bei

Getränken, die Dessertweinen ähnlich sind und mehr als 10 Gramm Alkohol in 100 Kubikzentimeter Flüssigkeit enthalten, ist der Zusatz von Zucker gestattet; doch darf das Gewicht des Zuckers nicht mehr als das 1,8fache des Malzes betragen. Wasser darf höchstens in dem Verhältnis von 2 Gewichtsteilen Wasser auf 1 Gewichtsteil Malz verwendet werden; soweit der Zusatz von Zucker zugelassen ist, wird das Gewicht des Zuckers dem des Malzes zugerechnet.

Artikel 4

(zu § 13)

Traubenmaische, Traubenmost oder Wein ausländischen Ursprunges, die den Vorschriften des § 4 des Gesetzes nicht entsprechen, werden zum Verkehre zugelassen, wenn sie den für den Verkehr innerhalb des Ursprungslandes geltenden Vorschriften genügen.

Vom Verkehr ausgeschlossen bleiben jedoch:

a) roter Wein, mit Ausnahme von Dessertwein, desgleichen Traubenmost oder Traubenmaische zu rotem Weine, deren Gehalt an Schwefelsäure in 1 Liter Flüssigkeit mehr beträgt, als 2 Gramm neutralen schwefelsauren Kaliums entspricht;

b) Traubenmaische, Traubenmost oder Weine, die einen Zusatz von Alkalikarbonaten (Pottasche oder dergleichen), von organischen Säuren oder deren Salzen (Weinsäure, Zitronensäure, Weinstein, neutrales weinsaures Kalium, oder dergleichen) oder eines der in den Bestimmungen zu § 10 des Gesetzes genannten Stoffe erhalten haben;

c) Dessertwein, der unter Verwendung von Rosinen oder Zucker hergestellt worden ist.

Artikel 5

(zu § 14)

Traubenmaische, Traubenmost oder Wein dürfen nur über bestimmte Zollämter eingeführt werden. Die Reichsregierung bezeichnet mit Zustimmung des Reichsrats die Ämter sowie diejenigen Zollstellen, bei welchen die Untersuchung von Traubenmaische, Traubenmost oder Wein stattfinden kann.

Die aus dem Ausland eingehenden Sendungen unterliegen bei der Einfuhr einer amtlichen Untersuchung unter Mitwirkung der Zollbehörden. Die Kosten der Untersuchung einschließlich der Versendung der Proben hat der Verfügungsberechtigte zu tragen.

Die Untersuchung ist staatlichen Fachanstalten oder besonders hierzu verpflichteten geprüften Nahrungsmittelchemikern zu übertragen. Ausnahmsweise kann sie auch anderen Personen übertragen werden, welche genügend Kenntnisse und Erfahrung besitzen.

Das Ergebnis der Untersuchung ist der Zollstelle alsbald schriftlich mitzuteilen. Nur die etwaige Beanstandung ist ausführlich zu begründen.

Soweit die Sendung beanstandet wird, ist sie durch die Zollbehörde von der Einfuhr zurückzuweisen. Dem Verfügungsberechtigten, der unter Angabe des Grundes alsbald zu benachrichtigen ist, steht frei, innerhalb dreier Tage nach Empfang der Nachricht bei der die Zurückweisung verfügenden Zollstelle die Entscheidung einer von der Reichsregierung hierfür zu bezeichnenden höheren Verwaltungsbehörde zu beantragen. Diese Behörde entscheidet endgültig.

Von der Untersuchung befreit sind:

a) Sendungen im Einzelrohgewichte von nicht mehr als 5 Kilogramm;

b) Wein in Flaschen (Fläschchen), wenn nach den Umständen nicht zu bezweifeln ist, daß er nur als Muster zu dienen bestimmt ist;

c) Wein in Flaschen (Fläschchen), sofern das Gewicht des in einem Packstück enthaltenen Weines einschließlich seiner unmittelbaren Umschließung nicht mehr als 10 Kilogramm beträgt. Ist Wein, von dem mehrere Arten gleichzeitig in einer Sendung eingehen, nachweislich nicht zum gewerbsmäßigen Absatz bestimmt, so dürfen auch bei einem höheren Gewichte diejenigen Weinarten von der Untersuchung freigelassen werden, von denen nicht mehr als $2^1/_4$ Liter eingehen;

d) Mengen von nicht mehr als 10 Kilogramm Rohgewicht, die im kleinen Grenzverkehr eingehen;

e) zur Verpflegung von Reisenden, Fuhrleuten oder Schiffern während der Reise mitgeführte Mengen;

f) Erzeugnisse, die als Umzugsgut eingehen und nicht zum gewerbsmäßigen Absatz bestimmt sind;

g) zur unmittelbaren Durchfuhr bestimmte Sendungen.

Die Untersuchung kann unterbleiben, wenn die Einfuhrfähigkeit einer Sendung durch das Zeugnis einer wissenschaftlichen Anstalt des Ursprungslandes nachgewiesen wird, deren Berechtigung zur Ausstellung solcher Zeugnisse durch die Reichsregierung anerkannt ist.

Auch ohne solches Zeugnis kann ausnahmsweise bei hochwertigem Weine in Flaschen von der Untersuchung abgesehen werden, wenn die Einfuhrfähigkeit auf andere Weise glaubhaft gemacht wird.

Im übrigen wird das Verfahren bei der Einfuhr und der Untersuchung durch die Weinzollordnung geregelt.

Artikel 6

(zu § 16)

Bei der Herstellung von Weinbrand dürfen nur die nachbezeichneten Stoffe verwendet werden:

1. Weindestillate, denen die den Weinbrand kennzeichnenden Bestandteile des Weines nicht entzogen worden sind und die in 100 Raumteilen nicht mehr als 86 Raumteile Alkohol enthalten,
2. reines destilliertes Wasser,
3. technisch reiner Rüben- oder Rohrzucker in solcher Menge, daß der Gesamtgehalt an Zucker, einschließlich des durch sonstige Zusätze hineingelangenden (als Invertzucker berechnet), in 100 Kubikzentimeter des gebrauchsfertigen Weinbrandes bei 15 Grad Celsius nicht mehr als 2 Gramm beträgt,
4. gebrannter Zucker (Zuckercouleur), hergestellt aus technisch reinem Rüben- oder Rohrzucker,
5. im eigenen Betriebe durch Lagerung von Weindestillat (Nr. 1) auf Eichenholz oder Eichenholzspänen auf kaltem Wege hergestellte Auszüge,
6. im eigenen Betriebe durch Lagerung von Weindestillat (Nr. 1) auf Pflaumen, grünen (unreifen) Walnüssen oder getrockneten Mandelschalen auf kaltem Wege hergestellte Auszüge, jedoch nur in so geringer Menge, daß die Eigenart des verwendeten Weindestillats dadurch nicht wesentlich beeinflußt wird,
7. Dessertwein (Süd-, Süßwein), der keinen Zusatz von anderem als ausschließlich aus Wein gewonnenem Alkohol enthält, jedoch nur in solcher Menge, daß in 100 Raumteilen des gebrauchsfertigen Weinbrandes nicht mehr als 1 Raumteil Dessertwein enthalten ist,
8. mechanisch wirkende Filterdichtungsstoffe (Asbest, Zellulose oder dergleichen),

9. gereinigte Knochenkohle, technisch reine Gelatine und Hausenblase,
10. Sauerstoff.

Artikel 7
(zu § 17)

Schaumwein und ihm ähnliche Getränke, die gewerbsmäßig verkauft oder feilgehalten werden, sind wie folgt zu kennzeichnen:

a) Bei Schaumwein muß das Land, in dem der Wein auf Flaschen gefüllt ist, in der Weise kenntlich gemacht werden, daß auf den Flaschen die Bezeichnung

Deutscher Schaumwein,
Französischer Schaumwein,
Luxemburgischer Schaumwein

usw. angebracht wird. An Stelle der Bezeichnung „Schaumwein" kann auch das Wort „Sekt" treten.

b) Bei Schaumwein, dessen Kohlensäuregehalt ganz oder teilweise auf einem Zusatz fertiger Kohlensäure beruht, sind der unter a vorgeschriebenen Bezeichnung die Worte

Mit Zusatz von Kohlensäure

hinzuzufügen.

c) Bei den dem Schaumwein ähnlichen Getränken sind die zur Herstellung verwendeten dem Weine ähnlichen Getränke in der Weise kenntlich zu machen, daß auf den Flaschen in Verbindung mit dem Worte Schaumwein eine die benutzte Fruchtart erkennbar machende Bezeichnung, wie Apfel-Schaumwein, Johannisbeer-Schaumwein, angebracht wird.

An Stelle dieser Bezeichnungen können die Worte Frucht-Schaumwein, Obst-Schaumwein, Beeren-Schaumwein treten.

d) Die unter a, b vorgeschriebenen Bezeichnungen müssen in schwarzer Farbe auf weißem Grunde, deutlich und nicht verwischbar auf einem mit der Hauptinschrift zusammenhängenden Streifen in lateinischer Schrift aufgedruckt sein. Die Schriftzeichen auf dem Streifen müssen bei Flaschen, welche einen Raumgehalt von 425 oder mehr Kubikzentimeter haben, mindestens 0,5 Zentimeter hoch und so breit sein, daß im Durchschnitte je 10 Buchstaben eine Fläche von mindestens 3,5 Zentimeter Länge einnehmen. Die Inschrift darf, falls sie einen Streifen von mehr als

10 Zentimeter Länge beanspruchen würde, auf zwei Zeilen verteilt werden. Die Worte „Mit Zusatz von Kohlensäure" sind stets auf die zweite Zeile zu setzen. Der Streifen, der eine weitere Inschrift nicht tragen darf, ist gegen die Hauptinschrift durch einen mindestens 1 Millimeter breiten Strich deutlich abzugrenzen.

e) Die unter c vorgeschriebene Bezeichnung ist in deutlichen Schriftzeichen von mindestens der unter d angegebenen Größe auf der Hauptinschrift der Flasche oder auf einem mit dieser zusammenhängenden Streifen so anzubringen, daß sie sich von anderen Angaben auf dieser Inschrift (Firma, Sortennamen und dergleichen) sowie von etwa angebrachten Verzierungen deutlich abhebt.

Artikel 8

(zu § 18)

Kognak oder Weinbrand, der in Flaschen gewerbsmäßig verkauft oder feilgehalten wird, ist nach dem Lande, in dem er fertiggestellt ist, als

Deutscher, Französischer usw. Weinbrand,

Weinbrandverschnitt als

Deutscher, Französischer usw. Weinbrandverschnitt

zu bezeichnen.

Hat im Ausland hergestellter Weinbrand oder Weinbrandverschnitt in Deutschland lediglich einen Zusatz von destilliertem Wasser erhalten, um unbeschadet der Vorschrift des § 18 Abs. 5 des Gesetzes den Alkoholgehalt auf die übliche Trinkstärke herabzusetzen, so ist er als

Französischer usw. Weinbrand (Weinbrandverschnitt) in Deutschland fertiggestellt

zu bezeichnen.

Die Bezeichnung muß bei Weinbrand in schwarzer, bei Weinbrandverschnitt in roter Farbe auf weißem Grunde deutlich und nicht verwischbar auf einem bandförmigen Streifen in lateinischer Schrift aufgedruckt sein. Die Schriftzeichen müssen bei Flaschen, welche einen Raumgehalt von 350 Kubikzentimeter oder mehr haben, mindestens 0,5 Zentimeter hoch und so breit sein, daß im Durchschnitt je 10 Buchstaben eine Fläche von mindestens 3,5 Zentimeter Länge einnehmen. Die Inschrift darf, falls sie einen Streifen von mehr als 10 Zentimeter Länge beanspruchen würde, auf zwei Zeilen verteilt werden. Der Streifen, der eine weitere Inschrift nicht tragen darf, ist an einer in die Augen fallenden Stelle der Flasche, und zwar gegebenenfalls zwischen dem den Flaschenkopf bedeckenden Überzug und der die Bezeichnung der Firma enthaltenden Inschrift, dauerhaft zu befestigen. Wird der Streifen im Zusammenhange mit dieser oder einer anderen Inschrift hergestellt, so ist er gegen diese mindestens durch einen 1 Millimeter breiten Strich deutlich abzugrenzen.

Artikel 9

(zu § 19)

Wer durch § 19 des Gesetzes verpflichtet ist, Bücher zu führen, hat sich hierbei sowie bei allen mit der Buchführung zusammenhängenden Aufzeichnungen der deutschen Sprache zu bedienen. Die Landeszentralbehörde kann die Verwendung einer anderen Sprache gestatten.

Die Bücher müssen gebunden und Blatt für Blatt oder Seite für Seite mit fortlaufenden Zahlen versehen sein. Die Zahl der Blätter oder Seiten ist vor Beginn des Gebrauchs auf der ersten Seite des Buches anzugeben. Ein Blatt aus dem Buche zu entfernen ist verboten.

An Stellen, die der Regel nach zu beschreiben sind, dürfen keine leeren Zwischenräume gelassen werden. Der ursprüngliche Inhalt einer Eintragung darf nicht mittels Durchstreichens oder auf andere Weise unleserlich gemacht, es darf nichts radiert, auch dürfen solche Veränderungen nicht vorgenommen werden, deren Beschaffenheit es ungewiß läßt, ob sie bei der ursprünglichen Eintragung oder erst später gemacht worden sind.

Die Bücher und Belege sind sorgfältig aufzubewahren und auf Verlangen jederzeit den nach § 21 des Gesetzes zur Kontrolle berechtigten Beamten oder Sachverständigen vorzulegen. Sind die Geschäftsräume von den Kellereien oder sonstigen Lagerräumen getrennt, so sind die Bücher auf Verlangen auch in den zu kontrollierenden Räumen vorzulegen.

Im einzelnen ist den Vorschriften des Gesetzes nach den den Mustern A bis G beigefügten Anweisungen mit folgender Maßgabe zu genügen:

Es haben Buch zu führen:

a) Winzer, die in der Hauptsache eigenes Gewächs in den Verkehr bringen, auch wenn sie nach Erfordernis im In=

land gewonnene Trauben oder Traubenmaische zum Keltern zukaufen, nach Muster A.

Winzer, die im Durchschnitt der Jahre bei einer Ernte mehr als 30000 Liter Traubenmost einlegen, daneben auch nach Muster C oder D, jedoch jedenfalls nach Muster C, wenn sie mehr als 10000 Liter Traubenmost oder Wein einer Ernte zuckern;

b) Schankwirte, die ausschließlich für den eigenen Bedarf oder Ausschank im Inland gewonnene Trauben keltern, auch wenn sie nicht zu den Winzern gehören, sofern die im Durchschnitt der Jahre hergestellte Menge 3000 Liter nicht übersteigt, nach Muster A;

c) Schankwirte, Lebensmittelhändler, Krämer und sonstige Kleinverkäufer, die Traubenmost oder Wein nur in fertigem Zustand beziehen und unverändert wieder abgeben, nach Muster F;

d) Geschäftsvermittler über die von ihnen vermittelten Geschäfte nach Muster E;

Geschäftsvermittler, die für Rechnung ihrer Auftraggeber Traubenmaische, Traubenmost oder Wein einlegen oder behandeln, haben hierüber in gleicher Weise wie über eigene Geschäfte Buch zu führen;

e) Weinhändler, Winzergenossenschaften oder andere Gesellschaften, auch wenn sie nur die Erzeugnisse ihrer Mitglieder verwerten, endlich alle übrigen zur Buchführung Verpflichteten, soweit nicht die Vorschriften unter a bis d etwas anderes ergeben, nach Muster B und daneben nach Muster C oder D, jedenfalls jedoch nach Muster C, wenn sie Traubenmaische, Traubenmost oder Wein zuckern;

f) alle zur Buchführung Verpflichteten über den Bezug und die Verwendung von Zucker oder anderen für die Kellerbehandlung des Weines oder zur Herstellung von Haustrunk bestimmten Stoffen (§ 19 Abs. 1 Nr. 2 des Gesetzes) nach Muster G.

Die bei dem Inkrafttreten des Gesetzes vorhandenen Bestände sind längstens bis zum 1. Oktober 1909 in den Büchern vorzutragen. Mit Rücksicht auf die Vorschrift des § 34 Abs. 3 des Gesetzes ist bei Getränken, soweit sich dies nicht aus dem Eintrag ohne weiteres ergibt, in der Spalte für Bemerkungen anzugeben, wann sie hergestellt sind.

Den zur Buchführung Verpflichteten ist gestattet, nach Bedarf ihrer Betriebe die Bücher auch zu anderen, in dem Vordruck der Muster nicht vorgesehenen geschäftlichen Aufzeichnungen zu benutzen und den Vordruck entsprechend zu ergänzen, soweit es unbeschadet der Übersichtlichkeit geschehen kann.

Für Lager unter Zollverschluß ersetzt die von der Zollbehörde angeordnete und überwachte Buchführung die Buchführung nach Muster B, C, D.

Die Verwendung der Muster A bis G darf außerdem unterbleiben, wenn die vorgeschriebenen Angaben in Bücher anderer Form eingetragen werden, die nach den Grundsätzen ordnungsmäßiger Buchführung geführt werden, doch sind die Muster zu verwenden, wenn die von der Landeszentralbehörde hierfür bestimmte Behörde festgestellt hat, daß die geführten Bücher keine genügende Übersicht gewähren. Die Behörde entscheidet hierüber auf Anrufen des Betriebsinhabers oder des nach § 21 Abs. 2 des Gesetzes zur Kontrolle bestellten Sachverständigen endgültig.

Die Anlagen 1—9 sind unverändert geblieben und deshalb hier nicht abgedruckt. Siehe Hauptband S. 137 uff.

Das Weingesetz

vom 7. April 1909

mit den Ausführungsbestimmungen, den Kriegsverordnungen und dem Gesetze vom 30. Dez. 1920

erläutert von

Otto Zoeller,

Oberlandesgerichtsrat in München.

Zweite neubearbeitete Auflage.

1921

München, Berlin und Leipzig

J. Schweitzer Verlag (Arthur Sellier).

Druck von Dr. F. P. Datterer & Cie., Freising.

Vorwort zur 1. Auflage.

Meine Erläuterungen sind in erster Linie für den Gerichtsgebrauch bestimmt. Für Kollegen, die dem Weinfache vielleicht fremd gegenüberstehen, ist eine kurze Darstellung der Weinbereitung vorausgeschickt. Die bisherige Rechtsprechung ist berücksichtigt. Sie wird auch zum Verständnis des neuen Rechts wertvolle Anhaltspunkte geben. Eine Übersicht über die ausländische Gesetzgebung nach dem Stande des Jahres 1908 sowie die bis Mitte September 1909 erschienenen Ausführungsvorschriften des Reiches und der Einzelstaaten Baden, Bayern, Elsaß-Lothringen, Hessen, Preußen und Württemberg sind dem Gesetze als Anhang beigefügt. Weitere etwa noch ausstehende Vollzugsvorschriften abzuwarten, verbot die bereits beginnende Weinlese.

Mögen meine Ausführungen ferner auch dem Weinfachmann, dem Weinbauer und Weinhändler von Nutzen sein! Er muß vor allem wissen, was Rechtens ist, wenn er die gesetzlichen Vorschriften beachten, andererseits aber auch ungerechtfertigte Reklamationen und Schikanen seiner Abnehmer zurückweisen will. Bei der Behandlung des so wichtigen Zuckerungsparagraphen war ich bemüht, zu zeigen, nicht nur was das Gesetz theoretisch verlangt, sondern auch wie diesem Verlangen praktisch genügt werden kann. Hiezu war ein kleiner Abstecher in das Gebiet der Weinchemie erforderlich. Mögen mir die Herren Chemiker diesen Übergriff verzeihen! Dem praktischen Bedürfnisse zuliebe ist als Anhang II die Weinzollordnung abgedruckt, die den Einfuhrbestimmungen des Weingesetzes ergänzend sich anreiht.

Endlich sei das Werkchen auch noch demjenigen gewidmet, dessen man in der Hitze der Interessenkämpfe vielfach ganz vergessen hat, obwohl er eigentlich der Hauptbeteiligte ist. Ich meine den Weintrinker. Möge er sich Belehrung schöpfen darüber, was er von seinem Lieferanten verlangen kann, und was er nicht verlangen kann; mögen ihm die Augen geöffnet werden darüber, was ihm die Etikette verspricht und was sie nicht verspricht, damit er seine Rechte energisch vertreten, aber auch unbegründeter Ausstellungen sich enthalten möge.

Noch eins sei ihm vor Augen gehalten: Wein, der monatelang angebrochen im Fasse liegt, verdirbt, und wenn er zur Verhütung des Verderbs recht tüchtig geschwefelt wird, dann verdirbt er erst recht. Wer Wein im Faß beziehen und nur nach und nach trinken will, muß ihn auf Flaschen füllen und diese im Keller kühl und liegend aufbewahren. Wer diese Regeln nicht beachtet hat, der mag es sich selbst zuschreiben, wenn sein Wein eine abscheuliche Brühe geworden ist, seinen Lieferanten aber wolle er mit Klagen und den Staatsanwalt mit Strafanzeige verschonen.

Das Weingesetz mit seinen in das wirtschaftliche Leben tief einschneidenden Maßnahmen erfreut sich des regsten Interesses der Kommentatoren. Mögen meine vom juristischen Standpunkte aus gegebenen Erläuterungen neben anderen Bearbeitungen, die die schwierigen Fragen des Weingesetzes mehr unter dem Gesichtswinkel des Weinfachmannes oder des Chemikers beleuchten, mit dazu beitragen, das zu erreichen, was wir alle gemeinsam erstreben müssen: die **Einheitlichkeit** des Vollzugs.

Mit diesem Wunsche übergebe ich das Büchlein der Öffentlichkeit.

Landau (Pfalz), im September 1909.

Der Verfasser.

Vorwort zur 2. Auflage.

Das Weingesetz ist jetzt zwölf Jahre alt. Krieg und Revolution sind vorübergebraust. Die Not der Zeit hat außerordentliche Kriegsmaßnahmen veranlaßt, von denen auch das Weingesetz nicht unberührt geblieben ist. Schon vorher noch in Friedenszeiten waren die Ausführungsvorschriften und die Weinzollordnung mehrfach geändert worden. Auch Wissenschaft und Rechtsprechung sind nicht müßig gewesen. Alte Zweifelsfragen wurden gelöst. Dafür sind wieder neue aufgetaucht. Ich glaubte daher, aus dem Felde zurückgekehrt, dem wiederholten Ersuchen des Verlags um Neubearbeitung der veralteten und schon vor dem Kriege völlig vergriffenen ersten Auflage nachkommen zu sollen, wenn ich auch in meinem jetzigen Wirkungskreise keine Gelegenheit mehr habe, mich amtlich mit Weinsachen zu befassen.

Die Drucklegung hat sich infolge der Zeitverhältnisse erheblich verzögert. Unterdessen ist der Friede von Versailles geschlossen worden, der seine Schatten auch auf das Weingesetz wirft. Ein dem Reichstag am 23. Oktober 1920 vorgelegter Entwurf eines Gesetzes zu einer allgemeinen Änderung des § 3 WeinG. ist nicht angenommen worden; man hat sich vielmehr darauf beschränkt — ähnlich wie in früheren Jahren durch Kriegsverordnungen —, nunmehr nur für die Weine des Jahrgangs 1920 durch Reichsgesetz eine Sonderregelung zu treffen, die während des Druckes noch berücksichtigt werden konnte.

Die einzelstaatlichen Ausführungsvorschriften wurden ergänzt, die Kriegsverordnungen des Reiches und das erwähnte Reichsgesetz vom 30. Dezember 1920 beigefügt. Die Erläuterungen sind erheblich vermehrt. Dafür ist die Übersicht über das ausländische Recht, die auf dem Laufenden zu erhalten ein Werk für sich wäre, in Wegfall gekommen. Statt ihrer wird verwiesen auf „Dr. Adolf Günther, Die Gesetzgebung des Auslandes über den Verkehr mit Wein" (Berlin, Carl Heymanns Verlag) mit Nachträgen. Ebenso wurde der Raumersparnis wegen die Weinzollordnung nicht mehr beigedruckt. Zahlreiche früher an mich ergangene Anfragen aus Kreisen des Weinbaues und Weinhandels, von Weinkontrolleuren und Untersuchungsstationen haben in der Neubearbeitung ihre Beantwortung gefunden. Die Fülle des behandelten Stoffes hat den Verlag veranlaßt, die neue Auflage als braune Handausgabe erscheinen zu lassen.

Möge das Büchlein auch in seinem neuen Kleide sich seine alten Freunde erhalten und neue hinzugewinnen.

München, im Frühjahr 1921.

Der Verfasser.

Inhaltsverzeichnis.

Abkürzungen.

BGB. = Bürgerliches Gesetzbuch.
(Erl.) = Amtliche Erläuterungen zum Entwurf des Weingesetzes, Drucks. des Reichstags Nr. 987 von 1907/08.
GVG. = Reichsgerichtsverfassungsgesetz.
JME. = Entschließung des Bayerischen Staatsministeriums der Justiz.
(Komm.) = Bericht der XXXI. Kommission des Reichstages vom 4. März 1909 über den Entwurf des Weingesetzes, Drucks. des Reichstages Nr. 1238 von 1907/09.
NMG. = Reichsgesetz betr. den Verkehr mit Nahrungsmitteln, Genußmitteln und Gebrauchsgegenständen vom 14. Mai 1879.
RGE. = Entscheidung des Reichsgerichts in Strafsachen.
RGR. = Rechtsprechung des Reichsgerichts in Strafsachen.
ROLG. = Rechtsprechung der Oberlandesgerichte in Zivilsachen.
StGB. = Reichsstrafgesetzbuch.
StPO. = Reichsstrafprozeßordnung.
Veröff. d. K. GesA. Beil. = Auszüge aus gerichtl. Entscheidungen betr. d. Verkehr mit Nahrungsmitteln, Genußmitteln und Gebrauchsgegenständen, Beilagen zu den Veröffentlichunge[illegible] Kaiserlichen Gesundheitsamtes. Berlin, Julius Spring[illegible]
WeinGE. = Sammlung von Entsch. der Gerichte auf Gr. des [illegible] v. 7. April 1909, herausgegeben vom Kaiserl. Gesun[illegible] amte (Reg.-R. Dr. Günther), Verlag von Springer, [illegible] Heft I 1912, II 1913.
Günther = Die Gesetzgebung des Auslandes über den Verkehr mit Wei[illegible] von Dr. Adolf Günther. Berlin 1910/1913, Carl Heymann.
Günther u. Marschner = Weingesetz. Vom techn. u. jur. Standpunkt erläutert von Dr. Adolf Günther und Dr. Rich. Marschner. Berlin 1910. Carl Heymann.
Hofacker = Weingesetz. Erläutert von Dr. W. Hofacker, Stuttgart 1914. W. Kohlhammer.
Kulisch = Anleitung zur sachgemäßen Weinbereitung. Von Dr. P. Kulisch. Berlin 1909. Paul Parey.
Stenglein = Stenglein, Strafrechtl. Nebengesetze. 4. Aufl. Berlin 1911, Otto Liebmann.
v. d. Pfordten = Weingesetz, bearb. v. Th. v. d. Pfordten. München 1910, C. H. Beck.
Windisch = Weingesetz, erläutert von Dr. Karl Windisch. Berlin 1910, Paul Parey.
Ztschr. f. R. = Zeitschrift für Rechtspflege in Bayern, herausgegeben von Th. von der Pfordten, J. Schweitzer Verlag, München und Berlin.
DWZtg. = Deutsche Weinzeitung, Fritz Goldschmidt. Verlag J. Diemer, Mainz.
LZ. = Leipziger Zeitschrift für deutsches Recht, J. Schweitzer Verlag, München, Berlin, Leipzig.

A.

Einleitung.

I.

Die Herstellung des Weins.

Zum richtigen Verständnis des Weingesetzes ist die — wenigstens allgemeine — **Kenntnis der Weinbereitung** erforderlich.

Die Weintrauben reifen in Deutschland je nach Gegend und **Witterungsverhältnissen im** September oder Oktober, manchmal auch noch später. Der Beginn der Weinlese wird in weinbautreibenden Ortschaften vielfach durch Ortspolizeibeschluß festgesetzt. Bei der Lese werden die Trauben mit den Stielen („Kämmen", „Rappen") abgeschnitten und alsdann mittels der Traubenmühle zerquetscht. So entsteht die „Traubenmaische", auch „Trebermost" genannt. Sie setzt sich zusammen aus den Stielen, Häuten, Kernen und dem Safte der Trauben. Werden vor oder bei der Bereitung der Maische die Stiele (Rappen) entfernt, so nennt man die Traubenmaische „entrappt".

Bei der Herstellung von Weißwein wird die Maische alsbald abgepreßt, gekeltert. Der Saft — Most — fließt ab, zurück bleiben die ausgepreßten, entmosteten Trauben, die „Trester". Der Most übersteht die erste sog. stürmische Gärung und wird zum neuen Wein, der noch langsam weiter gärt. Hefe und Trub setzen sich allmählich zu Boden, der Wein hellt sich und im Dezember oder Januar erfolgt gewöhnlich der erste Abstich. Das im Fasse zurückbleibende „Geläger" (der Hefetrub) enthält noch viel Wein. Um diesen zu gewinnen, kann man das Hefegeläger in einem Sacke keltern oder durch eine Filter pressen. Der hiebei ablaufende Wein wird „Hefepreßwein" genannt. Er ist minderwertig, aber Wein im Sinne des Gesetzes, vorausgesetzt, daß er aus ganz frischer Hefe ausgepreßt wird, da er nur dann als Getränk genießbar ist (WeinGE. I 1). Hievon wohl zu unterscheiden ist der unter Verwendung von Aufgüssen von Zuckerwasser auf Hefen hergestellte, nachgemachte Wein, der „Hefenwein".

Zur Rotweinbereitung läßt man die Maische vergären und keltert erst nach Beendigung der Hauptgärung. Mit Ausnahme der Färbertraube haben auch die roten Trauben einen hellen, nur leicht rötlichen Saft. Erst durch die Gärung auf der Maische nimmt der Saft aus den Traubenhäuten, Kernen und Stielen, Bestandteile, vor allem Farbstoffe und Gerbstoffe, in sich auf, färbt sich rot und nimmt den herben Rotweingeschmack an.

Werden Rotweintrauben, insbesondere Portugieser, oder rote und weiße Trauben vermischt, sofort abgekeltert, so entsteht ein rötlich schillernder Wein, der „Schillerwein", in Lothringen „vin gris" genannt. Da dieser weder die Farbe noch die sonstigen für Rotwein charakteristischen Stoffe aus den Beerenhäuten usw. hat aufnehmen können, ähnelt er nach chemischer Zusammensetzung, Aussehen, Geruch und Geschmack mehr dem Weißwein wie dem Rotwein, und ist daher auch rechtlich nicht als Rotwein zu betrachten. Im Verkehr wird Schillerwein als Wein eigener Art, als Mittelding zwischen Rot- und Weißwein angesehen. Im Sinne der §§ 2 Satz 2 und 8 WeinG. gilt er als Weißwein. — Zuweilen wird jedoch eine Rotweinmaische, die schon einige Zeit herumgestanden ist oder einen längeren Bahn- oder Landtransport hinter sich hat, erst mitten in kräftiger Gärung abgekeltert und der Wein trotzdem noch Schillerwein genannt, obwohl er in der Tat Rotwein ist. Auch werden sogenannte Schillerweine (falsche Schillerweine), durch Verschnitt von Rot- und Weißwein hergestellt. Endlich soll, wie die Erfahrung lehrt, jeder durch übermäßigen Zuckerwasserzusatz überstreckte, zu dünne und verwässerte Rotwein angeblich süß abgekelterter Schillerwein sein. Für die Frage, ob ein gegebenenfalls vorliegender Wein Rotwein oder Weißwein im Sinne des Gesetzes ist, ist daher weder die Bezeichnung des Weines entscheidend, noch die angebliche Art der Herstellung, sondern die objektive Beschaffenheit des betr. Getränkes nach Aussehen, Geruch, Geschmack und chemischer Zusammensetzung, da hieraus immer noch die sichersten Anhaltspunkte für die wirkliche Herstellungsart zu gewinnen sind.

In schlechten Jahren werden die Trauben in klimatisch weniger begünstigten Lagen nicht ganz reif. Der Wein wird sauer und alkoholarm. Um ihn leichter verkäuflich zu machen, pflegt man dem Moste oder Weine — bei der Rotweinbereitung der vollen Traubenmaische — Zucker oder Zuckerwasser zuzusetzen und ihn damit vergären bzw. nochmals vergären zu lassen. Der Zucker verwandelt sich durch die Gärung in Alkohol und Kohlensäure. Letztere entweicht. Bei entsprechendem Zuckerzusatz erhöht sich trotz der Wässerung der Alkoholgehalt. Die Säure wird prozentual vermindert und geschmacklich abgestumpft. Diesen Zusatz von Zuckerwasser so zu regeln, daß den wirtschaftlichen Ansprüchen entgegengekommen, ein Übermaß aber verhindert wird, ist die schwierigste Aufgabe des Gesetzes gewesen.

II.
Geschichte des Gesetzes.

Die Herstellung und der Betrieb von Wein unterlag reichsstrafrechtlich ursprünglich nur den allgemeinen gesetzlichen Vorschriften. Nach diesen war die Nachmachung und Verfälschung von Wein straflos, nur das Feilhalten und Verkaufen verfälschten Weines konnte als Übertretung gemäß § 367 Nr. 7 StGB., möglicherweise auch als Betrug oder Betrugsversuch geahndet werden. Gerade der Verkauf verfälschten Weines ließ sich jedoch erfahrungsgemäß schwer nachweisen, da die Abnehmer billiger Weine diese baldmöglichst mit anderen besseren Sorten zu verschneiden pflegten; und zum Tatbestand des Betrugs fehlte es in der Regel an der Vermögensschädigung. Die Händler, die gefälschten Wein zu Schleuderpreisen kauften, waren nicht betrogen. Sie erhielten, was sie für ihr Geld erhalten konnten. Bis der Wein schließlich zum Verbraucher kam, war er, zumeist vielfach verschnitten, durch die Hände mehrerer, mehr oder minder gutgläubiger Zwischenhändler gegangen.

Das Nahrungsmittelgesetz vom 14. Mai 1879 brachte vor allem das Verbot der Nachmachung und Verfälschung, und erforderte weder die pekuniäre Schädigung noch — der richtigen Auslegung nach, s. RGE. 31 S. 73, u. 34 S. 230 — die Täuschung des unmittelbaren Abnehmers Allein die schwierigste Frage: Wann ist ein Wein verfälscht und wann gehören Zusätze zur sog. erlaubten und üblichen Kellerbehandlung? — blieb noch immer strittig. Insbesondere die Aufzuckerung von Wein mit Zucker oder Zuckerwasser zu dem Zwecke, saure Weine schlechter Jahrgänge oder Lagen „mundgerechter" zu machen, wurde in weinbautreibenden Kreisen vielfach als erlaubt angesehen, während andererseits die sog. Puristen hierin eine Nahrungsmittelfälschung erblickten und nur ein Erzeugnis aus reinem Traubensaft als Wein gelten lassen wollten. Die Rechtsprechung schwankte. Theoretisch ist aber zweifellos richtig, daß dem Weine infolge des Zuckerwasserzusatzes durch Verdeckung seiner Mängel der Schein einer besseren Herkunft verliehen wird. So RGE. 15 S. 192. Streitig war demgemäß auch, ob die Aufzuckerung nicht wenigstens deklariert werden müsse.

Diesen Mißständen sollte durch das Weingesetz vom 20. April 1892 ein Ende gemacht werden. Es erläuterte, wenn auch nicht erschöpfend, die anerkannte Kellerbehandlung und gab die ausdrückliche Erlaubnis Weine aufzuzuckern und solche ohne weitere Deklaration als Wein zu verkaufen. Andererseits verbot es die Verwendung bestimmter, wie man annahm, gesundheitsschädlicher Stoffe, namentlich des Glyzerins, bei der Weinbereitung und untersagte den Verkauf gezuckerten Weines unter einer diesen Zusatz ausschließenden Bezeichnung. Auch setzte das Gesetz, in Verbindung mit der Bundesratsbekanntmachung vom 29. April 1892, eine Mindestgrenze fest, bis zu welcher der Wein durch Zuckerwasserzusatz verdünnt werden durfte, ohne seinen Charakter als Wein zu verlieren. Es wurde u. a. zum mindesten verlangt, in 100 ccm Wein 1,5 g Extrakt (= Rückstand nach Verdunstung der flüssigen Bestandteile) und 0,14 g Mineralbestandteile, auch Asche genannt (= Rückstand nach Verbrennung des Extrakts). Mit diesen auf dem Wege der chemischen Analyse zu ermittelnden Grenzzahlen begann die in ihren Begleiterscheinungen, man darf wohl sagen unheilvolle Herrschaft des vielfach nur nach den Grenzzahlen urteilenden Chemikers. Immer mehr machte sich nämlich im Weinverkehr die Anschauung breit, jedes Fabrikat sei Wein, wenn es nur den Grenzzahlen genüge. Dazu kam dann noch die ebenso unheilvolle Erlaubnis des Gesetzes zur Fabrikation von Kunstwein, wenn dieser als solcher deklariert wurde. Was war die Folge? Die Verfälschung von Wein nahm einen nie geahnten Umfang an. Moste, die mit der gleichen Menge Zuckerwasser aufgegoren wurden, blieben ja als Wein erfahrungsgemäß zumeist über den Mindestgrenzen oder, wie der Fachausdruck heißt, „hielten die Analyse". Fielen die Weine unter die Grenze, so wurden sie mit Chemikalien wieder in die Grenzen gerückt, „analysenfest" gemacht. Viele Weinproduzenten und Händler ließen sich als Kunstweinfabrikanten versteuern, natürlich nur, um sich, wenn nötig, hierauf berufen zu können. Aus Trestern, Hefe, Säuren, Rosinen und sonstigen Früchten wurde mit gesetzlicher Bewilligung Kunstwein in enormen Mengen hergestellt, aber kaum einmal als solcher deklariert. Der Konsument hat wohl niemals deklarierten Kunstwein getrunken. Mit diesen minderwertigen Produkten wurde der Weinmarkt geradezu überschwemmt. Die Preise fielen immer mehr und 120 Mk. für das Fuder (1000 l) Wein waren keine Seltenheit. Ja hie und da wurden sogar nur 80 bis 100 Mark und noch weniger für das Fuder bezahlt. Mit den Weinpreisen sank auch der Wert der Weinberge und ihre Rentabilität, und die Lage der Winzer wurde immer schlechter.

So kam man zum Weingesetz vom 24. Mai 1901. Es war in erster Linie bestimmt die wirtschaftliche Lage der Winzer zu verbessern. Es verbot die gewerbsmäßige Herstellung und den Verkauf von Kunstwein, erlaubte die Aufzuckerung nur zwecks Verbesserung und ohne erhebliche Vermehrung des Weines, setzte in Verbindung mit der Bundesratsbekanntmachung vom 2. Juli 1901 u. a. den Mindestextraktgehalt für Weißwein auf 1,6 g, für Rotwein auf 1,7 g hinauf, erhöhte den Mindestaschengehalt für Rotwein auf 0,16 g (nur der Mindestaschengehalt für Weißwein wurde auf 0,13 g ermäßigt) und führte vor allem die Kellerkontrolle ein. Ihre Ausführung wurde aber bis zur reichsgesetzlichen Regelung, die nie erfolgte, den Landesregierungen überlassen. Das Gesetz hat sich gut bewährt, immerhin wurden aber auch manche berechtigten Ausstellungen erhoben:

Es wurde gerügt die Verquickung des Weingesetzes mit dem

Nahrungsmittelgesetz, die zu unerwünschten Konsequenzen führte — s. RGE. 38 S. 360 — und die Rechtsunsicherheit infolge der Dehnbarkeit des Begriffes der erheblichen Vermehrung. (Das Landgericht Landau, das am 1. September 1908 mit 220 von 749 in Deutschland auf Grund des Weingesetzes vom Jahre 1901 verurteilten Personen an der Spitze marschierte, hat in feststehender Rechtsprechung bei einem Mischungsverhältnis von 1 Teil Zuckerwasser bis herab zu 3 Teilen Wein niemals verurteilt, während man anderwärts bald noch höhere Zuckerwasserzusätze für zulässig hielt, bald schon die Zufügung von 1 Teil Zuckerwasser zu 4 oder gar zu 5 Teilen Wein für erhebliche Vermehrung erachtete.)

Gerügt wurde ferner die fortdauernde Notwendigkeit der Zuziehung des Chemikers, und der bisher kaum zu belangende Etikettenschwindel.

Gefordert wurde der Wegfall der Grenzzahlen, die Einschränkung des Gebrauchs von Zuckerwasser, die räumliche und zeitliche Begrenzung des Zuckerwasserzusatzes, die Deklaration des Rotweißverschnittes, strengere Überwachung des Verkehrs mit Wein und der Herstellung von Haustrunk, Verbot des Verkaufs von Weinfälschungsmitteln zu Fälschungszwecken, Verschärfung der Strafen und vor allem eine einheitliche Durchführung der Weinkontrolle durch Sachverständige im Hauptamte.

Derartigen Wünschen wurde insbesondere auch im Reichstage Ausdruck verliehen. Vgl. die am 7. März 1907 verhandelten Interpellationen Dr. Rösicke bzw. Schellhorn und Genossen und die am 17. April 1907 angenommene Resolution Baumann und Genossen.

Die Regierung hatte bereits im November 1906 eine Anzahl besonders berufener Vertreter, hauptsächlich aus Kreisen des Weinbaues und des Weinhandels, nach Berlin zu einem Weinparlament eingeladen und dort mit ihnen in dreitägigen Verhandlungen am 8., 9. und 10. November 1906 eine Reihe von Resolutionen und Anträgen besprochen.

Am 18. April 1908 veröffentlichte sie den vorläufigen Entwurf eines neuen Weingesetzes im Reichsanzeiger. Unter Berücksichtigung der zahlreich erfolgten Gegenäußerungen von Interessenten wurde der Entwurf alsdann umgearbeitet und am 19. Oktober 1908 dem Reichstage vorgelegt. Der Reichstag überwies am 9. November 1908 die Vorberatung des Entwurfs einer Kommission, die ihn in 20 Sitzungen beriet und zum Teil grundlegend abänderte. Die Kommissionsbeschlüsse wurden mit Bericht vom 4. März 1909 dem Reichstage vorgelegt. Dieser nahm am 9. und 11. März 1909 in 2. Lesung den Entwurf unverändert nach den Beschlüssen der Kommission an. Am 16. März 1909 wurden in 3. Lesung die §§ 6a und 6b (jetzt 7 und 8) nochmals geändert, insbesondere wurde das Verbot, einen Verschnitt aus deutschem Weißwein mit Ausländer als deutschen Wein zu verkaufen, infolge des Widerstands der Regierung gestrichen und alsdann das ganze Gesetz angenommen. Am 25. März 1909 erklärte der Bundesrat seine Zustimmung.

Die Ausfertigung des Gesetzes erfolgte am 7. April 1909, die Verkündigung am 16. April 1909 (RGBl. Nr. 20 S. 393 ff.).

Das Gesetz ist am 1. September 1909 in Kraft getreten.

Im Anschluß an das WeinG. erließ der Bundesrat eine Weinzollordnung, Bek. vom 17. Juli 1909, gültig vom 1. September 1909 ab (Zentralbl. f. d. Deutsche Reich S. 333), abgeändert durch Bek. vom 29. April 1910 (Zentralblatt S. 137 [173]), durch Bek. vom 20. Juli 1910 (Zentralblatt S. 404) und durch Bek. vom 15. April 1911 (Zentralblatt S. 165), erläutert durch Bundesratsbeschluß vom 26. Oktober 1911 (Veröffentl. des Kaiserl. GesA. S. 773).

Zur Ausführung des WeinG. sind erschienen:

1. Bundesratsbek. vom 9. Juli 1909 (RGBl. S. 393) über Anzeige der Zuckerungsabsicht, Kellerbehandlung, Verwendung gesundheitsschädlicher Stoffe, Einfuhr ausländischer Weine, Bezeichnung von Schaumwein und Kognak, Buchführung; abgeändert durch Bek. v. 20. Juli 1910 (RGBl. S. 945), 6. Juli 1911 (RGBl. S. 475), 21. Mai 1914 (RGBl. S. 127), 27. Juni 1914 (RGBl. S. 235) und 26. November 1914 (RGBl. S. 486).

2. Bek. des Reichskanzlers vom 1. August 1910 enthaltend eine Zusammenstellung der von den Landeszentralbehörden getroffenen Anordnungen betr. die am Weinbau beteiligten Gebiete des Reiches (Zentralbl. f. d. Deutsche Reich 1910 S. 442).

3. Bundesratsbek. vom 15. Juni 1912 (RGBl. S. 394), wonach die in Luxemburg gewonnenen Erzeugnisse des Weinbaues den inländischen gleichgestellt wurden.

Als Kriegs- und Notmaßnahmen endlich, die das Weingesetz unmittelbar berühren und abändern, kommen in Betracht, die vorübergehende Erhöhung des höchstzulässigen Zuckerwasserzusatzes auf ein Viertel der Gesamtflüssigkeit und die vorübergehende Verlängerung der Zuckerungsfristen nach den Bek. vom 26. November 1914 (RGBl. 486), 22. Dezember 1915 (RGBl. 834), 21. Dezember 1916 (RGBl. 1409), 23. Januar 1919 (RGBl. 98) und dem Gesetze vom 30. Dezember 1920 (RGBl. 1921 S. 53). Ferner wurde der Reichskanzler ermächtigt Ausnahmen von dem Verbote des § 13 zuzulassen. Bek. vom 28. März 1918 (RGBl. 155).

III.

Geltendes Recht.

Das Gesetz regelt nicht bloß die Herstellung und den Verkehr mit Wein, sondern zieht — und zwar in noch ausgedehnterem Maße wie die älteren Weingesetze — auch einige verwandte Gebiete mit in den Kreis seiner Vorschriften.

Es enthalten

die §§ 1—4 Vorschriften über die Herstellung von Wein;

die §§ 5—8 Vorschriften über die Bezeichnung von Wein;

§ 9 das Verbot der Weinnachmachung;

§ 10 Vorschriften über die Herstellung und Bezeichnung von weinähnlichen Getränken;

§ 11 Vorschriften über Haustrunk;

§ 12 Vorschriften über Traubenmost und Traubenmaische;

§§ 13 und 14 ein Verkehrs- und Einfuhrverbot für gesetzwidrige Getränke;

§§ 15 und 16 Vorschriften über die Herstellung von weinhaltigen Getränken, Schaumwein und Kognak;

§ 17 Vorschriften über die Bezeichnung von Schaumwein;

§ 18 Vorschriften über die Bezeichnung von Kognak;

§ 19 Vorschriften über die Buchführung;

§ 20 Vorschriften über die Kennzeichnung anderer Getränke in Weinkellern;

§§ 21—24 Kontrollvorschriften

§ 25 Vollzugsvorschriften;

§§ 26—31 Strafvorschriften;

§§ 32—34 Einführungs- und Übergangsvorschriften.

Das Gesetz hat die von den früheren Weingesetzen beliebte Anlehnung an das Nahrungsmittelgesetz aufgegeben. Während die §§ 3, 4, 5 und 6 des Weingesetzes vom 17. März 1892 und § 2 des Weingesetzes vom 24. Mai 1901 nur gesetzgeberische Auslegungen des § 10 NMG. waren und eine Verletzung der angeführten Vorschriften nur aus dem Nahrungsmittelgesetze bestraft werden konnte, hat das neue Weingesetz sich selbständig gemacht und Zuwiderhandlungen gegen seine Vorschriften in der Hauptsache selbst unter Strafe gestellt. Bei einigen Bezeichnungsvorschriften muß allerdings auf die Strafbestimmungen der Gesetze zum Schutze der Warenbezeichnungen und zur Bekämpfung des unlauteren Wettbewerbs zurückgegriffen werden. An Stelle des letztgenannten Gesetzes ist vom 1. Oktober 1909 ab das Gesetz gegen den unlauteren Wettbewerb vom 7. Juni 1909 getreten.

Die wichtigsten Vorschriften für die Herstellung des Weines sind dem bisherigen Rechte gegenüber wie folgt geändert:

Bei der Kellerbehandlung sind nur die ausdrücklich angeführten Zusätze erlaubt.

Es darf nicht mehr jeder Wein, sondern nur noch das inländische Erzeugnis aufgezuckert werden.

Die Höchstgrenze des Zuckerwasserzusatzes ist von 25 % der gesamten Flüssigkeit (bisherige Gerichtspraxis) auf 20 % (gesetzlich festgelegte Grenze) herabgesetzt.

Innerhalb dieser Grenze ist für die Bemessung und Beurteilung des Zucker- oder Zuckerwasserzusatzes nicht mehr maßgebend der Extrakt-

und Mineralstoffgehalt des Durchschnitts der ungezuckerten Weine des Weinbaugebietes, dem der Wein nach seiner Bezeichnung entsprechen soll, und daneben noch als Mindesterfordernis die Einhaltung bestimmt festgesetzter Grenzzahlen, sondern der Alkohol- und Säuregehalt eines Naturweines gleicher Art und Herkunft aus guten Jahrgängen.

Die Aufzuckerung darf nur noch zu bestimmten Zeiten und in bestimmten Gegenden vorgenommen werden.

Bei der Bezeichnung von Wein auf Etiketten, Preislisten usw. ist wenigstens eine gewisse beschränkte Ehrlichkeit zur Pflicht gemacht.

Die Zuziehung des Chemikers, dem jedoch bei der Beurteilung des Weines keine Schablone mehr zur Verfügung steht, wird auch künftig nicht ganz in Wegfall kommen.

Dagegen ist den übrigen, unter Ziff. II oben angeführten Forderungen genügt.

Bezüglich der Einzelheiten wird auf die einzelnen Gesetzesstellen und die beigefügten Erläuterungen verwiesen.

B.

Weingesetz

vom 7. April 1909.

(RGBl. S. 393 ff.)

Wir **Wilhelm**, von Gottes Gnaden Deutscher Kaiser, König von Preußen ꝛc., verordnen im Namen des Reichs, nach erfolgter Zustimmung des Bundesrats und des Reichstags, was folgt:

Vorbemerkung.

Das Weingesetz enthält Vorschriften über die Herstellung von Wein, weinähnlichen Getränken, Haustrunk, weinhaltigen Getränken, Schaumwein und Kognak, und über den Verkehr mit diesen Getränken.

Soweit das Weingesetz nicht selbst ausdrücklich gewisse Ausnahmen zuläßt (für die Herstellung von Wein zur Schaumweinbereitung in den Schaumweinfabriken gem. § 3 Abs. 5 und für die Haustrunkbereitung gem. § 11), gelten die Vorschriften des Gesetzes ohne Rücksicht darauf, zu welchem Zwecke der Wein hergestellt wird. Erl. S. 14 und 26. Günther und Marschner zu § 3 Anm. 14 und zu § 4 Anm. 2b a. A.M. Hofacker, Einleitung S. VII ff. und „Fehler in der bisherigen Auslegung des Weingesetzes" Recht 1914 S. 220. Dagegen meine Ausführungen in Ztschr. f. R. 1914 S. 53. (Deshalb braucht man jemand noch nicht für strafbar zu halten, der ein Stück Zucker in sein Glas Wein tut. S. § 4 Note 4. Man nimmt übrigens bei vernünftiger Gesetzesauslegung auch nicht an, daß eine Maische verkehrsunfähig wird, wenn ein Regentropfen hineinfällt [anders liegt die Sache allerdings bei erheblicher Verwässerung durch starke Regengüsse, RGE. 54 S. 167] oder daß ein Wein„verschnitt" vorliegt, wenn ein unbenütztes Probegläschen voll Wein aus Versehen zu einer anderen Weinsorte in ein 10 Fuderfaß zurückgeschüttet wird. Minima non curat praetor. Der Gesetzgeber kann, der Richter soll sich um Kleinigkeiten nicht kümmern.)

Die Vorschriften über die Herstellung der Getränke greifen in vollem Umfange auch dann Platz, wenn die betr. Getränke zum Export ins Ausland bestimmt sind. Vgl. RGE. Bd. 35 S. 169 (175) und Bd. 41 S. 35 (zu § 10 des NMG. bzw. §§ 7, 13 Nr. 1 des WeinG. vom 24. Mai 1901).

Bei Faßversand nach tropischen Gegenden ist Alkoholzusatz zugelassen. Bundesratsbek. vom 9. Juli 1909 zu §§ 4, 11, 12 A 8 (s. hinten Anhang I, 1).

Begriff Wein.[1]

§ 1.

Wein ist das durch alkoholische Gärung aus dem Safte der frischen Weintraube hergestellte Getränk.

1. „Durch alkoholische Gärung." Eine wesentliche Eigenschaft des Weines ist ein Gehalt an Alkohol. S. RGE. 37 S. 203 ff.

a) Alkoholfreie Weine, die durch alkoholische Gärung von Traubensaft gewonnen und dann entgeistet sind, sind daher weder Wein noch weinhaltig oder weinähnlich im Sinne des Gesetzes, sondern aus Wein hergestellte Kunstprodukte. Der Verkehr mit solchen Getränken untersteht nicht, ihre Herstellung nur insoweit dem Weingesetze, als der Betrieb der Kontrolle untersteht (§ 22 Note 3) u. buchungspflichtig ist (§ 19 Note 2) und der zur Herstellung verwendete Most oder Wein gesetzentsprechend sein muß. §§ 13 u. 15 Satz 2. Die Beschaffenheit dieser Getränke kommt daher weingesetzlich nur insoweit in Betracht, als daraus möglicherweise die Verwendung gesetzwidrigen Weines zur Herstellung nachgewiesen werden kann. (A. M. anscheinend Komm. u. Windisch S. 9.)

Die Bezeichnung „Alkoholfreier Wein" ist nicht zu beanstanden, da man auch nach der Anschauung des Verkehrs hierunter keinen „Wein" versteht, eine Verwechselung sohin ausgeschlossen ist.

Wird einem alkoholfreien Wein eine Herkunftsbezeichnung beigefügt, wie z. B. „alkoholfreier Deidesheimer", so können die Bezeichnungsvorschriften des WeinG. analog angewendet werden, nicht jedoch in dem Sinne, daß bei falscher Bezeichnung eine Bestrafung nach dem WeinG. möglich wäre, was ausgeschlossen ist, da das Strafrecht die analoge Anwendung strafrechtlicher Normen nicht kennt, sondern in dem Sinne, daß eine Bezeichnung, die den analog angewendeten weingesetzlichen Vorschriften entspricht, nicht als falsch angesehen werden darf, und zwar deshalb nicht, weil sie einer durch die weingesetzlichen Bezeichnungsvorschriften beeinflußten Verkehrsanschauung entspricht. Das Publikum kann und wird von der Herkunftsbezeichnung eines alkoholfreien Weines keine größere Ehrlichkeit verlangen, als sie für Wein vorgeschrieben ist.

b) „Alkoholfreier Most" oder „Alkoholfreier Traubensaft" (hie und da zu Unrecht alkoholfreier Wein genannt), der durch Verhinderung der alkoholischen Gärung aus Traubensaft hergestellt wird, ist „Traubenmost" i. S. des WeinG. und unterliegt allen hiefür einschlägigen weingesetzl. Vorschriften (§ 12), vorausgesetzt allerdings, daß im übrigen eine wesentliche Veränderung des Traubensaftes nicht stattgefunden hat. „Solange dem Most sein Wesen, seine Art und Beschaffenheit erhalten bleibt, ist er Most. Wird aber zwecks Herstellung eines anderen Erzeugnisses Most mit anderen Stoffen vermischt oder zum Zwecke der Gewinnung anderer Erzeugnisse derart bearbeitet, daß Veränderungen in der Beschaffenheit und stofflichen Zusammensetzung eintreten, so kann möglicherweise dadurch das Wesen

[1]) Die Überschriften sind vom Verfasser beigefügt.

des Rohstoffes völlig aufgehoben werden. Aussehen, Geruch und Geschmack können derart beeinflußt sein, daß der Rohstoff sich nicht mehr als Most erweist, diesen Namen verliert. Wenn die festgestellten chemischen Veränderungen äußerlich in Geschmack, Geruch und Aussehen derart hervortreten, daß das Getränk im Verkehr mit Most überhaupt nicht verwechselt werden kann, dann findet das WeinG. keine Anwendung, während im umgekehrten Falle, nämlich dann, wenn die Sterilisierung lediglich die Abtötung der Gärerreger bewirkt, im übrigen aber eine durch die Sinne wahrnehmbare Änderung im Wesen des Mosts nicht zufolge gehabt hat, die Anwendung des WeinG. ausschließlich davon abhängt, ob die Gärfähigkeit, deren der Most verlustig ging, eine i. S. des WeinG. wesentliche und begrifflich unerläßliche Eigenschaft des „Mosts" bildet. Es rechtfertigt sich nicht, das Vorhandensein der natürlichen im Most schlummernden Gärfähigkeit begrifflich zum Wesen des Mosts zu erfordern. Ein der Gärerreger beraubter Most, der aber künstlich zu alkoholischer Gärung gebracht werden kann durch Zusatz von Stoffen, wie sie auch zur Umgärung ausgegorener, insbesondere kranker Weine benutzt werden, ein solcher Most, aus dem also nach wie vor Wein gewonnen werden kann, bleibt Most, denn das Bestehen dieser Möglichkeit beweist, daß er seine Wesensart nicht geändert, daß er ein zur erlaubten Weinbereitung tauglicher Grundstoff geblieben und auch geeignet ist, als Most genossen zu werden. Deshalb ist anzunehmen, daß § 12 WeinG. auch auf den Traubenmost anwendbar ist, in dem durch Erhitzung die Gärung unterdrückt wurde, vorausgesetzt, daß der Most infolge der Art der Bearbeitung nicht die Eigenschaft eingebüßt hat, sich demnächst, sei es selbständig durch natürliche Gärung, sei es durch Einleitung künstlicher Gärung, zu Wein zu entwickeln, und daß er auch in den anderen oben hervorgehobenen Beziehungen das Wesen von Most bewahrt hat, die bei der Sterilisierung notwendig eintretenden Verschiebungen in der Zusammensetzung also, obwohl chemisch nachweisbar, doch nicht derart sinnfällig bemerkbar sind, daß es für den Verkehr von Bedeutung wäre. Wie ein derartiger, durch einfache mäßige Erhitzung sterilisierter Most regelmäßig dann im Verkehr den Beschränkungen des WeinG. unterliegen wird, so wird er andererseits auch Anspruch darauf haben, daß er mit Wein oder frischem Most, selbst solchem eines anderen Jahrgangs, verschnitten werden kann, und überhaupt in der Kellerbehandlung anderem Most an und für sich gleichsteht." RGE. 45 S. 143, WeinGE. I S. 73. (A. M. 1. Aufl. und Hofacker zu § 1 Bem. 4).

Zu a und b. Getränke, die in 100 g nicht mehr als 0,5 g Alkohol enthalten, können noch als alkoholfrei angesehen werden. Deutsches Nahrungsmittelbuch 2. Aufl. S. 214.

c) Wegen vorzeitiger Unterbrechung der Gärung durch Spritzusatz bei ausländischen Dessertweinen s. § 2 Note 3 und § 13 Note 5.

2. „Aus dem Safte." Hierunter ist nicht bloß der freie Saft, sondern auch der in den Beerenhäuten enthaltene, erst durch Auspressen zu gewinnende Saft zu verstehen. Auch die über der Maische vergorenen Weine sind aus dem Safte frischer Trauben gewonnen. WeinGE. Heft I S. 3.

3. „Frische Weintrauben" im Gegensatz zu getrockneten Weintrauben, d. s. Rosinen. Rosinen dürfen zur Herstellung von Wein nicht verwendet werden (s. § 9), auch nicht zur Herstellung von Getränken, welche als Dessertweine (s. § 2) ausländischen Ursprungs in den Verkehr kommen. Eine dem § 3 Nr. 3 des WeinG. vom 24. Mai 1901 entsprechende Bestimmung fehlt im neuen Weingesetz.

Dagegen bleibt die Bereitung von Trockenbeerauslesen oder Strohwein aus Trauben, die über die Reife hinaus am Stock belassen oder vor der Kelterung eine Zeitlang gelagert werden und dabei einen Teil ihres Saftes verlieren, auch ferner zulässig. Solche Trauben sind von Rosinen wohl zu unterscheiden; sie können noch so lange für „frisch" gelten, als sie noch ohne Flüssigkeitszufuhr gekeltert werden können.

Die Herstellung von Haustrunk aus Rosinen ist gestattet. § 11.

4. „Getränk." Ein durch alkoholische Gärung aus Traubensaft hergestelltes Produkt ist „Wein" nur dann, wenn es sich als ein Getränk darstellt, d. h. als eine Flüssigkeit, die bestimmt und geeignet ist getrunken zu werden.

Hefepreßwein (s. S. 9) ist „Wein" nur dann, wenn er aus ganz frischer Hefe abgepreßt ist. WeinGE. Heft I S. 1 und RGE. vom 5. März 1906, angef. in WeinGE. Heft I S. 3. Dagegen ist ein aus nicht mehr ganz frischer Hefe abgepreßter Hefepreßwein oder ein völlig stichig gewordener Wein, weil ohne Vermischung mit Wein ungenießbar, kein „Getränk" und daher auch kein „Wein" i. S. des WeinG. WeinGE. Heft I S. 1 und Heft II S. 51ff.

Weinschlempe (d. i. die Flüssigkeit, die beim Brennen von Wein zu Kognak rückständig bleibt) ist kein Getränk. Wird Weinschlempe, sei es unverändert, sei es z. B. mit Hefe und Zuckerwasser aufgegoren, Getränken beigemischt, so stellt dies eine Verfälschung dar.

5. Schaumwein ist kein Wein i. S. des WeinG. (s. § 16).

6. Die Bestimmung des § 1 wird erweitert durch die §§ 3 und 4. Hienach sind gewisse Zusätze ausdrücklich erlaubt. Ein unter Verwendung erlaubter Zusätze durch alkoholische Gärung aus dem Safte der frischen Weintraube hergestelltes Getränk bleibt „Wein" im Sinne des § 1.

Bezüglich der Bezeichnung „Naturwein" s. § 4 Note 2a am Ende und Nachtrag zu § 5.

Alle nicht ausdrücklich durch Gesetz oder Bundesratsbekanntmachung erlaubten Zusätze sind bei der Herstellung von Wein verboten. S. § 4.

Verschnitt.

§ 2.

Es ist gestattet, Wein aus Erzeugnissen verschiedener Herkunft oder Jahre herzustellen (Verschnitt). Dessertwein (Süd-, Süßwein) darf jedoch zum Verschneiden von weißem Wein anderer Art nicht verwendet werden.

1. Unter „Herkunft" ist, wie sich aus der Gegenüberstellung der Begriffe „Herkunft" und „Jahre" ergibt, der Ort (= Platz, Stelle, nicht Ortsgemeinde, Ortsbezirk) der Traubengewinnung zu verstehen.

„Erzeugnisse", die vermischt werden dürfen, sind nicht nur fertige Weine, sondern auch Trauben, Traubenmaischen und Traubenmoste (Erl.).

Hienach darf ohne Rücksicht auf Herkunft (insbes. Auslands- oder

Inlandsherkunft), Jahrgang, Traubensorte, Rot- oder Weißweineigenschaft als Regel — Ausnahmen s. Bem. 2 — vermischt werden:

a) Traubenmaische mit Traubenmaische, Most mit Most — auch mit Most eines früheren Jahrgangs, der sterilisiert ist (§ 1 Bem. 1 b u. WeinGE. Heft I S. 7) —, Wein mit Wein, Most mit Wein,

b) Wein oder Most mit Traubenmaische, u. zwar nicht bloß mit der vollen, sondern auch mit der teilweise entmosteten. (Ebenso Günther und Marschner zu § 2 Bem. 2 a, RGE. 45 S. 215, WeinGE. Heft I S. 1, Heft II S. 2, meine Abhandlung in BayZfR. 1912 S. 450 und in der WZtg. 1912 Nr. 92; Kulisch in BayZfR. 1913 S. 60. A. M. 1. Aufl. und für das frühere Recht RGE. 37 S. 221.)

Nicht zulässig dagegen dürfte sein die Vermischung von Wein, Most oder Traubenmaische mit völlig ausgepreßten Trestern. (A. M. Kulisch a. a. O.) Damit will nicht gesagt sein, daß es unzulässig wäre, die gekelterte Maische, den sog. Sekker, zwecks Fortsetzung der Kelterung von der Kelter zu nehmen, zu zerschneiden und alsbald allein oder gemeinschaftlich mit frischer Maische, mit Most oder Wein wieder neuerdings auf die Kelter zu schütten und auszupressen. Solange von der frisch ausgepreßten Maische durch weiteres oder nochmaliges Keltern noch auszupressender Saft zu erwarten ist, liegen noch keine völlig ausgepreßten Trester vor. Völlig ausgepreßte Trester sind keine zur Weinbereitung dienlichen und erlaubten Erzeugnisse i. S. des § 2 (vgl. WeinGE. Heft II S. 2), sondern Rückstände der Weinbereitung i. S. des § 11, deren Verwendung nur zur Haustrunkbereitung gestattet ist, im übrigen aber dem § 4 oder § 9 zuwiderläuft. Sind die Trester nicht mehr frisch, dann verstößt ihre Verwendung zur Weinbereitung auch gegen § 1.

2. Von der Regel des § 2 Satz 1 ergeben sich aus den nachfolgenden Vorschriften des Gesetzes, nämlich aus § 2 Satz 2, ferner aus §§ 3, 4, 9, 13 eine Reihe von Ausnahmen.

Verboten ist nach § 2 Satz 2 der Zusatz von Dessertwein zu Weißwein anderer Art. (S. Bem. 3.)

Verboten ist nach §§ 3, 4 die Vermischung eines Erzeugnisses, dessen Zuckerung nicht oder nicht mehr gestattet ist, mit einem anderen, gezuckerten Erzeugnisse, solange bei letzterem der zugesetzte Zucker noch in Natur vorhanden und noch nicht vergoren ist, weil dieser Verschnitt zu einer mittelbaren verbotswidrigen Zuckerung des ersten Erzeugnisses und zugleich der ganzen Mischung führen würde (s. § 3 Bem. 4). Diese Schlußfolgerung, auf die schon die 1. Aufl. in Bem. 2 zu § 3 hingewiesen, damit aber manchen Gegner gefunden hatte (s. z. B. Hofacker zu § 3 Note 9 und „Weinbau und Weinhandel" v. 8. Jan. 1910: „Spitzfindigkeiten zum WeinG."), wurde vom RG. in ständiger Rechtsprechung gebilligt. WeinGE. Heft I S. 37, II S. 5, 6, 9, 10, 12. Allerkleinste Reste unvergorenen Zuckers, wie solche auch noch in fertigen Inlandweinen vorkommen, sind aber unbeachtlich und machen den Verschnitt nicht zu einem ungesetzlichen. (S. auch Vorbem. vor § 1). Mittelbare Zuckerung auf dem Wege des Verschnitts ist, wenn auch eine Zuckerung zunächst verboten ist, dann zulässig, wenn das Zuckerungsverbot nicht absolut besteht, sondern eben durch den Verschnitt wegfällt. Es ist daher gestattet, einen guten, nicht zuckerungsbedürftigen Naturmost oder -Wein mit mindergutem gesetzlich gezuckerten Most zu vermischen, da durch den Verschnitt das Zuckerungsverbot wegfällt und auch die Mischung aus gutem und mindergutem Most, falls letzterer noch nicht gezuckert wäre, gezuckert werden dürfte.

Verboten ist endlich nach § 4 die Vermischung eines Erzeugnisses mit einem anderen gesetzwidrig hergestellten Erzeugnisse. Alle zum Verschnitt bestimmten Anteile müssen vielmehr den gesetzlichen Vorschriften entsprechen. S. § 4 Note 1 und § 13 Note 3. WeinGE. Heft I S. 7; RGE. 44 S. 411; 49 S. 53. Ein gesetzwidrig hergestelltes Erzeugnis ist nicht mehr „Wein" (Most, Traubenmaische) i. S. des Gesetzes, seine Beimischung daher nicht ein erlaubter Verschnitt, sondern unerlaubter Zusatz eines nach § 4 verbotenen Stoffes. Verbotener Stoff ist beispielsweise nicht nur die Weinsteinsäure, die gesetzwidrig einem Erzeugnisse zugesetzt wird und die durch Verschnitt dieses Erzeugnisses mit einem anderen mittelbar auch in das andere Erzeugnis übergeht, sondern das ganze mit Weinsteinsäure durchsetzte ersterwähnte Erzeugnis wird selbst verbotener Stoff, darf daher einem anderen Erzeugnisse nicht mehr beigemischt werden; es ist gemäß § 13 verkehrsunfähig geworden, ist und bleibt dies selbst dann, wenn es nachträglich gelänge die zugesetzte Weinsteinsäure wieder zu entfernen.

3. Der Ausdruck Dessertwein (Süd-, Süßwein) — im Gegensatz zu Tisch- und Tafelwein — ist dem Weingesetz von 1901 entnommen und wird als der Praxis geläufig gelten dürfen. Vgl. übrigens Technische Erläuterungen zu dem Entwurfe des Gesetzes von 1892 (Erl.). Dort war S. 35 der Begriff umschrieben wie folgt: „Unter Dessertweinen sind im allgemeinen solche Weine zu verstehen, welche an Alkohol bzw. an Alkohol und Zucker reich sind und sich dabei durch eine eigenartige Feinheit des Geschmackes auszeichnen. (So z. B. Sherry oder Madeira, nicht aber Benicarlo). Als Süßweine gelten insbesondere solche an Alkohol verhältnismäßig reiche Weine, welche nach vollendeter Gärung, also als fertige Weine, einen ausgeprägt süßen Geschmack zeigen. Eine scharfe, für alle Fälle gültige Begriffsbestimmung läßt sich kaum geben. In zweifelhaften Fällen wird stets die Zunge des erfahrenen Weinkenners, nicht aber die Analyse des Chemikers den Ausschlag geben müssen."

Bei den Kommissionsberatungen zum jetzigen Weingesetz gab ein Regierungsvertreter folgende Erklärung ab: „Unter Dessertwein (Süd-, Süßwein) versteht der Verkehr gemeinhin Wein, der zur Erzielung eines durch die Gärung des Saftes frischer Trauben allein nicht erreichbaren hohen Gehalts an Alkohol oder an Alkohol und Zucker besonderen Verfahren (Eindicken des Mostes und dgl.), in der Regel unter Verwendung gewisser Zusätze (Alkohol, Trockenbeeren u. a.) unterworfen worden ist und sich durch solchen Getränken eigentümlichen Geschmack auszeichnet. Als „Südwein" ist demgemäß nicht ohne weiteres jeder Wein anzusehen, der aus südlichen Ländern stammt, es müssen vielmehr bei solchem Weine die angegebenen Merkmale zutreffen, wenn er unter diesen Begriff fallen soll." (Komm.) Durch den Inhalt dieser Erklärung wird die Annahme nahegelegt, als wende der Verkehr und mit ihm das Gesetz die Bezeichnung nur auf solche Weine oder richtiger Getränke an, deren Herstellung in einem besonderen Verfahren erfolgt ist, das von der gewöhnlichen Kellerbehandlung bei ausländischen Erzeugnissen, die vorzugsweise in Frage kommen, also von der im Ursprungslande üblichen oder zugelassenen, abweicht und gerade den Zweck verfolgt, sei es durch Ausschaltung der Gärung oder durch Zusätze, einen eigenartigen Geschmack zu erzeugen. Wäre das der Fall, so könnten ausländische Naturweine, auch dann, wenn sie ganz ähnliche Eigenschaften aufweisen, nicht unter den Begriff fallen und andrerseits wäre dieser anscheinend auf Getränke für anwendbar erklärt, die i. S. des deutschen WeinG. überhaupt nicht als Wein gelten und die schon aus diesem Grunde nicht verschnittfähig sind..... Für die Zwecke des Verbots ist es aber gleichgültig, ob ein besonderes Verfahren, namentlich die Ausschaltung der Gärung, die Eindickung des Mostes, der erlaubte oder unerlaubte Zusatz von Alkohol und Zucker, Trockenbeeren oder Rosinen, dem Dessertwein die ihn kennzeichnenden Eigenschaften verliehen hat oder ob diese sich aus der natürlichen Beschaffenheit des Weines und einer von der üblichen Kellerbehandlung nicht abweichenden Herstellungsart von selbst ergeben. Denn durch das Verbot sollen Weine von ausgeprägter Süße und besonders hohem Alkoholgehalt und dem eigenartigen und durchgreifenden Geschmack schwerer Süßweine vom Verschnitt ausgeschlossen sein. Entscheidend für die Zugehörigkeit des Weines zur Klasse der Dessertweine ist nicht die Art der Gewinnung, sondern die Eigentümlichkeiten des Geschmackes neben Herkunft, Süße und Alkoholgehalt. RGE. 48 S. 112. Deutscher Edelwein ist kein „Süßwein", mag er auch einen feinen süßen Geschmack zeigen.

Dessertwein ist „Wein". (S. § 2: „Wein anderer Art", § 4 und Bundesratsbek. vom 9. Juli 1909 zu §§ 4, 11, 12, Lit. B, § 9 Note 1 am Ende. A. M. Hofacker zu § 2 Bem. 7). Die Herstellung und Behandlung von Dessertwein in Deutschland unterliegt daher den Vorschriften des Weingesetzes in Verbindung mit der Bundesratsbek. vom 9. Juli 1909 (abgedr. im Anh. I). Unter Beachtung dieser Vorschriften, insbesondere der AusfBek. zu §§ 4, 11, 12 Lit. B, ist die Herstellung von Dessertwein auch im Inland zulässig. Eine sonstige Ausnahmebestimmung für im Inland hergestellte Dessertweine besteht jedoch nicht mehr. S. § 1 Bem. 3. Ausländische, den deutschen Vorschriften zuwider hergestellte Dessertweine sind auf Grund des § 13 Satz 2 durch die angeführte Bundesratsbek. mit gewissen Einschränkungen zum Verkehre zugelassen; daß ihr Alkoholgehalt ganz oder zu einem bestimmten Teil auf Eigengärung zurückzuführen sei, kann, sofern sie nur den in ihrem Ursprungslande geltenden Vorschriften entsprechen, nicht gefordert werden. S. § 13 Note 5.

Dessertwein darf gewöhnlichem Wein (Tisch- und Tafelwein) oder Weißmost (§ 12) nicht zugesetzt werden, auch nicht zur Auffüllung des Schwundes. Auch der Zusatz von Dessertwein zur Weißweintraubenmaische anderer Art ist, sofern er zum Zwecke des mittelbaren Zusatzes zu dem daraus gewonnenen Moste oder Weine erfolgt, unzulässig als strafbarer Versuch einer Zuwiderhandlung gegen § 2 Satz 2 mit §§ 12 und 26 Abs. 4. Vgl. WeinGE. Heft I S. 4. S. § 12 Note 3. Das Verbot will verhindern, daß kleinen deutschen weißen Weinen durch Zusatz von Dessertwein der Anschein wertvollerer Beschaffenheit gegeben wird, um dem Abnehmer Edelsorten oder Auslesen vorzutäuschen. (Erl.) Das Verbot ist jedoch nicht auf deutschen Weißwein beschränkt, es erstreckt sich daher auch auf ausländischen Weißwein (und -Most). RGE. 48 S. 112. Dagegen ist umgekehrt der Zusatz von Weißwein oder Weißmost zu Dessertwein insoweit weingesetzlich nicht verboten, als die Mischung zweifelsfrei noch „Dessertwein" bleibt. (S. auch § 7.) RGE. 49 S. 298.

4. Ob ein sogenannter Schillerwein (vin gris) als „weißer Wein" i. S. des § 2 oder als Rotwein zu erachten sei, ist Frage des einzelnen Falles. S. Einleitung I und § 8 Note 4.

5. Hienach ergibt sich folgende Rechtslage:

a) Verboten ist die Vermischung von Erzeugnissen mit gesetzwidrig hergestellten Erzeugnissen (z. B. mit gezuckerter Weißweintraubenmaische oder mit Wein aus solcher).

b) Verboten ist der Zusatz von Dessertwein, gleichgültig ob rot oder weiß, zu inländischem und ausländischem Weißwein oder Weißmost anderer Art, und zwar auch dann, wenn der Zusatz nur versucht wird auf dem Wege der Vermischung mit Weißweintraubenmaische anderer Art.

c) Hievon abgesehen ist unbeschränkt zulässig die Vermischung von Naturerzeugnissen mit Naturerzeugnissen, die Vermischung von Naturerzeugnissen mit gezuckertem fertigem Weine, die Vermischung von gezuckertem fertigem Weine mit ebensolchem, die Vermischung von gezuckertem Inlands-Moste mit ebensolchem, oder mit gezuckerter Inlands-Rotweintraubenmaische.

d) Dagegen ist verboten die Vermischung von gezuckertem fertigem Weine mit gezuckertem Moste oder mit gezuckerter Rotweintraubenmaische, weil dadurch eine unzulässige Doppelzuckerung des Weines eintreten würde.

e) Endlich ist verboten Weißweintraubenmaische oder teilweise entmostete Rotweintraubenmaische oder Erzeugnisse, die ganz oder teilweise aus ausländischen Trauben stammen (wegen des Verbots der wenn auch nur mittelbaren Zuckerung), zu vermischen mit einem gezuckerten Erzeugnis, dessen künstlicher Zuckerzusatz noch in Natur vorhanden d. h. noch nicht vergoren ist.

f) Im übrigen ist der Verschnitt von Naturerzeugnissen mit Erzeugnissen, die den zugesetzten Zucker noch unvergoren enthalten, nicht verboten; ein solcher Verschnitt ist aber, weil eine mittelbare Zuckerung darstellend, nur in den sachlichen, räumlichen, zeitlichen und örtlichen Schranken des § 3 zulässig, darf also insbesondere nur innerhalb der gesetzlich bestimmten Zeit, nur innerhalb der am Weinbau beteiligten Gebiete und nur nach vorheriger Anzeige stattfinden. Bei mittelbarer Zuckerung von Maische, Most oder Wein neuer Ernte ist gesonderte Anzeige nicht erforderlich, falls die allgemeine Anzeige der Herbstzuckerung erstattet ist. S. § 3 Note 13. Da die mittelbare Zuckerung gleichzeitig mit dem Verschnitt und durch den Verschnitt stattfindet, bemessen sich die Schranken des § 3 nach der Beschaffenheit der ganzen Mischung, nicht nach der eines einzelnen Bestandteils.

Die Benennung der Verschnitte wird durch §§ 7 und 8 geregelt.

6. Die Mischung von Wein mit Weinneigen ist kein erlaubter Verschnitt, sondern Nahrungsmittelfälschung. Vgl. RGE. 12 S. 400 für Neigebier u. Ztschr. f. R. 1909 S. 299 für Schorle-Morle. S. auch § 13 Note 7.

7. Strafbestimmung: § 26 Abs. 1 Nr. 1 für vorsätzliche, § 29 Nr. 6 für fahrlässige Zuwiderhandlung gegen das Verbot des Zusatzes von Dessertwein zu Weißwein oder Weißmost.

Aufzuckerung.

§ 3.

I Dem aus inländischen Trauben gewonnenen Traubenmost oder Weine, bei Herstellung von Rotwein auch der vollen Traubenmaische, darf Zucker, auch in reinem Wasser gelöst, zugesetzt werden, um einem natürlichen Mangel an Zucker bzw. Alkohol oder einem Übermaß an Säure insoweit abzuhelfen, als es der Beschaffenheit des aus Trauben gleicher Art und Herkunft in guten Jahrgängen ohne Zusatz gewonnenen Erzeugnisses entspricht. Der Zusatz an Zuckerwasser darf jedoch in keinem Falle mehr als ein Fünftel der gesamten Flüssigkeit betragen.

II Die Zuckerung darf nur in der Zeit vom Beginne der Weinlese bis zum 31. Dezember des Jahres vorgenommen werden; sie darf in der Zeit vom 1. Oktober bis 31. Dezember bei ungezuckerten Weinen früherer Jahrgänge nachgeholt werden.

III Die Zuckerung darf nur innerhalb der am Weinbaue beteiligten Gebiete des Deutschen Reichs vorgenommen werden.

IV Die Absicht, Traubenmaische, Most oder Wein zu zuckern, ist der zuständigen Behörde anzuzeigen.

V Auf die Herstellung von Wein zur Schaumweinbereitung in den Schaumweinfabriken finden die Vorschriften der Abs. 2, 3 keine Anwendung.

VI In allen Fällen darf zur Weinbereitung nur technisch reiner nicht färbender Rüben-, Rohr-, Invert- oder Stärkezucker verwendet werden.

§ 3 erlaubt und regelt die Aufzuckerung.

Abs. 1 Satz 1. Sachliche Beschränkungen der Aufzuckerung:

1. **Bei der Herstellung von Weißwein ist nur die Aufzuckerung des Mostes oder Weines erlaubt, dagegen nicht die der Traubenmaische.**

Bei der Herstellung von Rotwein darf statt des Weines oder Mostes auch die volle Traubenmaische aufgezuckert werden. „Volle Traubenmaische" ist auch die entrappte (s. Einleitung I); die Maische gilt solange als voll, als nicht der Saft ganz oder teilweise abgekeltert oder auch von selbst abgelaufen ist. Auch im letzteren Falle liegt eine teilweise Entmostung vor (WeinGE. II S. 5).

Unzulässig ist hienach die Aufzuckerung bei Weißweintraubenmaische, gleichgültig, ob sie voll oder teilweise entmostet ist, ferner bei teilweise entmosteter Rotweintraubenmaische, endlich bei einem Gemische aus weißen und roten Trauben, falls der roten Trauben so wenige sind oder das Gemisch so rasch abgekeltert wird, daß kein Rotwein entsteht.

2. Nur aus inländischen Trauben gewonnene Moste oder Weine (Rotweintraubenmaischen) dürfen aufgezuckert werden (die im Großherzogtum Luxemburg gewonnenen Erzeugnisse des Weinbaues sind den inländischen gleichgestellt. S. § 33 Noten 1 und 2. Andrerseits ist Elsaß-Lothringen durch den Versailler Frieden französisch, also Ausland geworden.) Demnach ist die Aufzuckerung ausgeschlossen:

a) bei ausländischen Maischen,

b) bei ausländischen Mosten und Weinen, mögen sie nun vom Ausland eingeführt, oder zwar im Inland, aber aus ausländischen Trauben oder Maischen abgekeltert worden sein,

c) bei Verschnitten von Inlands- und Auslandsweinen (Maischen, Mosten) oder bei Weinen und Mosten, die aus vermischten inländischen und ausländischen Trauben oder Maischen gekeltert sind, mag die Kelterung auch im Inlande erfolgt sein. Verbotene Zuckerung eines solchen Verschnitts läge auch dann vor, wenn Inlandsmost (Maische, Wein) zunächst unvermischt gezuckert, aber alsbald nachher mit Ausländer verschnitten würde. Sobald dagegen der aufgezuckerte Inländer den zugesetzten Zucker infolge Vergärung nicht mehr in Natur enthält, kann er unbeanstandet mit ausländischem Most oder Wein verschnitten werden. S. unten Bem. 4 und § 2 Bem. 2 und 5.

An dem Verbote unter c wird nichts geändert durch die Vorschrift des § 7, welche gestattet, einen Verschnitt nach dem die Art bestimmenden und der Menge nach überwiegenden Anteile zu benennen. Es kann beispielsweise möglich sein, daß ein Verschnitt aus nordfranzösischem und Pfälzer (Ungsteiner) Wein als „Pfälzer" („Ungsteiner") verkauft wird. Dieser Wein darf in Deutschland nicht aufgezuckert werden, da er, wenn auch als Pfälzer oder gar als Ungsteiner bezeichnet, doch tatsächlich ein Verschnitt von Inlands- und Auslandswein ist. Den vom Gesetze gewährten Freiheiten in der Bezeichnung der Weine kann ein Einfluß auf die strengen Gesetzesvorschriften über die Herstellung der Weine nicht zugestanden werden, andernfalls die Herstellungsvorschriften überhaupt gegenstandslos gemacht würden.

Wer gekauften Wein aufzuckern und nicht Schaden (s. § 13) oder gar Strafe gewärtigen will, muß daher die inländische Abstammung des Weines, bei Verschnitten die aller Bestandteile, feststellen. (Das beantragte Verbot, einen Verschnitt von inländischem Weißwein mit Ausländer als deutschen Wein zu bezeichnen, ist nicht Gesetz geworden).

Wer ein ausländisches Erzeugnis vor sich zu haben glaubt, und diesen vermeintlichen Ausländer aufzuckert, ist immerhin wegen Versuchs der unerlaubten Aufzuckerung strafbar, auch wenn sich später herausstellt, daß der vermeintliche Ausländer ein Inländer war. (Versuch am untauglichen Objekt). WeinGE. Heft II S. 12.

3. „Zucker, auch in reinem Wasser gelöst."

Der bei der Aufzuckerung zur Verwendung gelangende Zucker muß rein sein und darf nicht färben. S. Abs. 6.

Zucker darf allein oder in Verbindung mit Wasser, Wasser dagegen stets nur in der Form von Zuckerwasser zugesetzt werden. Zusatz von Wasser allein ist nicht zulässig und würde gegen § 4 verstoßen. WeinGE. Heft I S. 37. Zur Herstellung des Zuckerwassers darf nur reines Wasser, also z. B. kein Bachwasser (WeinGE. I S. 32), Faßschwänkwasser oder Tresterwasser verwendet werden. Ein Mindestgehalt an Zucker ist nicht vorgeschrieben, da sich eine nennenswerte Streckung ohne gleichzeitige Erhöhung des Alkoholgehalts bei den in Betracht kommenden deutschen Erzeugnissen von selbst verbietet. (Erl.) Die Lösung des zuzusetzenden Zuckers in Wasser ist als Regel selbst dann zulässig, wenn kein Übermaß an Säure, sondern nur ein Mangel an Zucker bzw. Alkohol vorliegt. Es steht also regelmäßig im Belieben des Aufzuckernden, ob er mit Zuckerwasser oder lieber mit Zucker allein aufzuckern will. Nur ausnahmsweise, wenn die Säure bereits ohnehin an der unterst zulässigen

Grenze stünde (s. Bem. 6), wäre nur Trockenzuckerung zulässig. Umgekehrt wäre denkbar, daß der Most in seinem Zuckergehalt dem eines guten Jahrganges voll entspräche, aber einen übermäßigen Säuregehalt hätte; dann dürfte, wenn durch Trockenzuckerung der Alkoholgehalt über die Grenze eines guten Jahrganges hinaus vermehrt werden würde, nur ein Zusatz von soviel Zuckerwasser erlaubt sein, daß dadurch der Säuregehalt auf das Mindestmaß eines guten Jahrgangs hinunter gebracht, der Alkoholgehalt aber nicht gesteigert würde. Überschreitet aber der durch Zuckerung verbesserte Wein weder hinsichtlich des Zucker- (Alkohol-) noch hinsichtlich des Säuregehalts die für einen guten Jahrgang nach oben und nach unten gezogenen Grenzen, so ist es gleichgültig, durch welche Art der Zuckerung — Trockenzuckerung oder Zusatz von Zuckerwasser — dieses Resultat erzielt worden ist, und für eine Bestrafung lediglich deshalb, weil allein Trockenzuckerung oder allein Zusatz von Zuckerwasser hätte angewendet werden dürfen, bietet das Gesetz für solche Fälle nicht den mindesten Anhalt. RG. 45 S. 106; WeinGE. Heft I S. 19 und S. 25.

4. Darf Zucker „zugesetzt werden".

a) Ein Zuckerzusatz kann auch mittelbar stattfinden durch Vermischung mit einem aufgezuckerten Erzeugnis, das noch künstlich zugesetzten unvergorenen Zucker enthält. (S. § 2 Bem. 2 und 5). So wird z. B. ein ausländisches Erzeugnis und gleichzeitig das nicht ausschließlich inländische Gesamtmischungserzeugnis unzulässig gezuckert, wenn das Auslandserzeugnis mit gezuckertem Inländer, der noch unvergorenen zugesetzten Zucker enthält, verschnitten wird, und zwar auch dann, wenn der Inländer nicht übermäßig, sondern nur innerhalb der gesetzlich zulässigen Grenzen gezuckert war. S. insbes. WeinGE. Heft II S. 10: „Zutreffend nimmt das Urteil an, daß der Angeklagte eine Mischung, die nicht ausschließlich aus inländischen Trauben gewonnen war, einheitlich dadurch gezuckert habe, daß er den in einem Mischungsbestandteil enthaltenen, sei es zu erlaubtem Zwecke, sei es unerlaubt, zugesetzten unvergorenen Zucker als solchen der Gesamtmenge zuführte."

b) Für die Frage, ob die Vermischung von Zucker oder Zuckerwasser mit Wein (Most usw.) in einer bestimmten Reihenfolge erfolgen muß, s. Bem. 9.

5. „Um einem natürlichen Mangel usw. abzuhelfen."

a) Durch die Aufzuckerung darf nur einem „natürlichen" Mangel an Zucker bzw. Alkohol oder einem (zu ergänzen) natürlichen Übermaß an Säure abgeholfen werden. Wird durch grundloses Vorherbsten ein Mangel an Zucker oder ein Übermaß an Säure absichtlich erzielt, so ist eine Aufzuckerung nicht gestattet.

b) Weitere Voraussetzung einer zulässigen Aufzuckerung ist, daß ein Mangel an Zucker (bzw. Alkohol) oder ein Übermaß an Säure vorliegt. Der Entwurf ging von dem reinen Weine aus, wie er in einer Gegend, Gemarkung oder Lage aus einer bestimmten Traubensorte oder aus der Mischung mehrerer Traubensorten in Jahren der Traubenreife gewonnen wird, und gestattete, Erzeugnisse gleicher Art und Herkunft bei ungenügender Reife der Trauben solchem Weine durch Zusatz von Zucker oder Zuckerwasser anzunähern. Entscheidend sollte sein der Reifegrad der im einzelnen Falle in Betracht kommenden Traubenmenge, nicht etwa der in dem betreffenden Jahre in einer Gemarkung oder in einem anderen örtlichen Bezirke von den Trauben durchschnittlich erreichte Reifegrad (Erl.). Hieran wollte sachlich nichts geändert werden. Die jetzige Fassung des Gesetzes wurde nur deshalb gewählt, um auch dort eine Zuckerung möglich zu machen, wo die Trauben überhaupt nie reif werden (Komm. S. 10). Man wende nicht ein, daß im Gesetze selbst diese Absicht nicht genügend deutlich ausgedrückt worden sei. Das Gesetz schreibt noch im gleichen Satze vor, wie weit die Verbesserung gehen darf, wie weit dem „Mangel" an Zucker und dem „Übermaß" an Säure abgeholfen werden darf. Es wäre widersinnig und kann nicht vom Gesetze gewollt sein, dem Weine eines schlechten Jahrganges die Erhöhung des Zuckergehalts bis zu einer bestimmten Grenze zu erlauben, die Hinaufzuckerung bis zu der gleichen Grenze aber dem gleichen Erzeugnisse eines besseren (nicht guten) Jahrgangs zu versagen. Ob eine Verbesserungsbedürftigkeit (ein „Mangel" oder ein „Übermaß") besteht, muß sich daher darnach beurteilen, ob das Erzeugnis die nach Bem. 6 zulässigen Verbesserungsgrenzen für Zuckergehalt und Säure nach oben und unten erreicht hat oder nicht. Ebenso RGE. 47 S. 371: „Mangel an Zucker und Alkohol, Übermaß an Säure hat der zu zuckernde Wein dann, wenn er, so wie er als Naturerzeugnis gewonnen ist, sich hinsichtlich des Zucker-, Alkohol- und Säuregehaltes ungünstig von dem Durchschnittswein (Note 6) aus guten Jahrgängen unterscheidet, die in gleicher Lage wachsen oder die, soweit Erzeugnisse verschiedener Herkunft und Herstellung benutzt werden, in gleichartiger Weise gewonnen sind wie der zu zuckernde Wein."

Aus der Entstehungsgeschichte der Gesetzesbestimmung und aus dem Umfange, in welchem das Gesetz Abhilfe des „Mangels" und „Übermaßes" zuläßt, ergibt sich also, daß die Ausdrücke „Mangel" und „Übermaß" relativ zu verstehen sind (a. M. Hofacker zu § 3 Bem. 6), d. h. daß ein Mangel oder ein Übermaß dann vorliegt, wenn das Erzeugnis infolge ungenügender Reife der Trauben weniger Zucker oder mehr Säure hat, als das gleiche Erzeugnis in Jahren, in denen die betr. Trauben reif geworden sind (oder, wenn sie überhaupt nie reif werden, dem Reifezustand am nächsten gekommen sind). Das betr. Erzeugnis in solchen Jahren bietet als Normalwein (s. Bem. 6) den Maßstab für die Frage, ob und in welchem Umfange das gleiche Erzeugnis in anderen Jahren gezuckert werden darf. (S. RGE. bei Bem. 6.)

Besteht ein natürlicher Mangel an Zucker oder ein Übermaß an Säure in dem hier dargelegten Sinne, besteht also ein Minus (bzw. Plus) gegenüber der Normalbeschaffenheit, dann darf das Erzeugnis gezuckert werden, und zwar auch dann, wenn der Zuckermangel oder das Säureübermaß auf lokalem Mißwachs beruht und anderswo und im allgemeinen die Trauben reif geworden sind und der Jahrgang gut geraten ist. WeinGE. Heft I S. 30.

Besteht dagegen kein Mangel an Zucker und kein Übermaß an Säure, ist also in beiden die Normalbeschaffenheit erreicht, dann ist die Aufzuckerung des Erzeugnisses unzulässig, mag auch anderswo und im allgemeinen der Jahrgang schlecht geraten sein.

Es ist daher unrichtig, allgemein zu sagen, daß in einem guten Jahrgange nirgends und in einem schlechten Jahrgange überall gezuckert werden dürfe, es kommt vielmehr, wie schon in den Erläuterungen zum Entwurf hervorgehoben war, jeweils auf die Beschaffenheit des einzelnen Erzeugnisses an.

6. Abhilfe ist nur insoweit zulässig, „als es der Beschaffenheit des aus Trauben gleicher Art und Herkunft in guten Jahrgängen ohne Zusatz gewonnenen Erzeugnisses entspricht." (Grenzen der Aufzuckerung in qualitativer Hinsicht.)

Zu diesem umstrittensten Punkte des Gesetzes hat sich das Reichsgericht in seiner berühmt gewordenen Entscheidung vom 25. April 1911 (RGE. 45 S. 106; WeinGE. Heft I S. 19) folgendermaßen geäußert:

„Maßgebend und grundlegend für die Frage, ob und in welchem Umfange im einzelnen Falle gezuckert werden darf, ist der Begriff des „guten Jahrgangs". Darüber, was unter einem solchen zu verstehen sei, waren in der Kommission des Reichstages Zweifel entstanden; man wies darauf hin, daß einerseits das Produkt auch in sogenannten guten Jahren nach Gegenden und Lagen verschieden sei, und daß andererseits reiche Ernten meist ein geringeres Produkt gäben, während sich umgekehrt oft geringe Menge mit guter Qualität vereinige. Es wurde jedoch in der Kommission Einverständnis darüber erzielt, „daß als gute Jahrgänge nur solche mit guter Qualität zu betrachten seien, daß aber auch in solchen die nach Gegend und Lage vorhandenen Unterschiede bei der Beurteilung des einzelnen Falles berücksichtigt werden müßten; in zweifelhaften Fällen werde man hierbei nicht zu streng sein dürfen". (Komm. S. 10.) Für die Frage, ob ein Jahrgang von guter Qualität sei, ist vom Standpunkt des Gesetzes aus nur der Gehalt an Zucker bzw. Alkohol und der Grad des Säuregehaltes in Betracht zu ziehen; die übrigen, chemisch nicht oder nicht genügend sicher nachweisbaren Eigenschaften, die ein guter Jahrgang zeigen soll, wie z. B. die Blume oder der Gehalt an Extraktstoffen und Mineralbestandteilen, spielt für die Zulässigkeit der Zuckerung keine Rolle. Der Winzer, der seine Weinberge kennt und, wie der Vertreter der Regierung im Reichstage ausführte, eine ganz gute Vorstellung davon hat, wie das Produkt dieser Weinberge in einem guten Jahrgange hätte werden können, hat daran eine genügende Anlehnung, um zu prüfen, ob er zuckern darf. Daraus ergibt sich, daß ein — theoretischer — Normalwein der betreffenden Lage, wie ihn gute Jahrgänge ergeben, in bezug auf den Zucker- und Säuregehalt entscheidend sein soll. Ein einzelner konkreter „guter Jahrgang" kann nicht für alle Fälle als vorbildlich angesehen werden, da als ein solcher unter Umständen auch ein Wein bezeichnet werden kann, der einen vollen natürlichen Zuckergehalt, daneben aber eine beträchtliche Säure aufweist, oder umgekehrt ein Wein, der eine auffällig geringe Säure hat, den normalen Zuckergehalt aber noch eben erreicht. Als ein „in guten Jahrgängen gewonnenes Erzeugnis" kann also nur ein solches bezeichnet werden, welches sowohl wegen des hohen Zucker-, als wegen des niedrigen Säuregehaltes nach der Art der verwendeten Trauben und der Lage des Weinberges als gut anzuerkennen ist. Abzulehnen ist demnach, daß für das Maß von Zucker und Säure ein außergewöhnlich vorzüglicher Jahrgang zugrunde gelegt werden dürfe (ebenso RGE. 44 S. 330; WeinGE. Heft I S. 14); hohe Zuckergehalte und niedrige Säuregrade, wie sie etwa in den Jahren 1811, 1846, 1862, 1893 vorgekommen sind, dürfen mit der nach dem Gesetze vom 7. April 1909 zulässigen Zuckerung nicht erstrebt werden; es kann sich immer nur darum handeln, in beiden Beziehungen den Durchschnittsmaßstab eines für die Art der Trauben und die Lage der Gemarkung guten Jahrganges zu erreichen. Dieser Durchschnittsmaßstab, der dem erfahrenen Winzer nach dem vorher Gesagten meist bekannt oder von ihm leicht festzustellen sein wird, ergibt sich aus der Vergleichung einer Reihe von relativ „guten Jahrgängen", ist für die größere Zahl der Gemarkungen, in denen in Deutschland Weinbau betrieben wird, durch die Statistik von sachverständiger Seite bereits festgestellt und bildet für das Maß der zulässigen Zuckerung, soweit der Zuckergehalt in Frage kommt, eine brauchbare Grundlage: bei der Verbesserung eines einen Mangel an Zucker und ein Übermaß an Säure zeigenden Weines dürfen durch die Zuckerung die Grenzen für den Zuckergehalt nach oben und für den Säuregehalt nach unten, die sich aus dem Durchschnittsmaßstab eines guten Jahrganges für die betr. Lage und die Art der verwendeten Trauben ergeben, nicht überschritten werden. In den so bestimmten Grenzen hat aber der Winzer, da das Gesetz weitere Unterscheidungen nicht aufstellt, die freie Wahl, wie und in welchem Maße er seinen schlechten Wein durch Zuckerung umgestalten will. Auch wenn er die seither beobachtete Höchstgrenze des Zuckergehaltes von einem nur guten Weine seiner Lage und andererseits die bisher vorgekommene Mindestgrenze des Säuregehaltes von einem ebenfalls nur als gut, nicht als vorzüglich zu bezeichnenden Weine seiner Lage erreichen will und erreicht, bleibt er immer noch in der Zucker- und Säuregrenze eines guten Jahrgangs. Es kann nicht, wie schon betont, irgend ein bestimmter früherer guter Jahrgang zum Maßstabe genommen werden, sondern das Vorbild ist allein die Durchschnittsbeschaffenheit eines guten Normalweines in dem vorbezeichneten Sinne, wie er sich nach den bisherigen Erfahrungen in der betreffenden Lage und bei diesen Reben als möglich erwiesen hat. Dieses Vorbild bleibt unter allen Umständen maßgebend, gleichviel, ob den Anlaß zur Zuckerung der Mangel an Zucker (bzw. Alkohol) gegeben hat oder das Übermaß an Säure. In jedem dieser beiden Fälle (selbstverständlich auch dann, wenn beide Mängel vorhanden sind) darf sich daher der Winzer nach jenem Vorbilde richten. Er darf dies nach dem Gesetze auch dann, wenn die Säure an sich nicht übermäßig ist, allein betrachtet also keinen Anlaß zur Zuckerung bieten würde, wenn letztere aber infolge des Mangels an Zucker nötig wird. Schreitet er einmal zur Zuckerung, gleichviel aus welchem der drei dazu berechtigenden Anlässe, so muß und darf er sich das natürliche Weinerzeugnis eines guten Jahrganges in bezug auf Zucker- und Säuregehalt vergegenwärtigen, und er ist dann befugt, seinen schlechten Wein nach Maßgabe dieses vorgestellten — theoretischen — Normalweines durch Zusatz von Zucker, auch in reinem Wasser gelöst, umzugestalten und in dessen Grenzen zu verbessern. Daraus ergibt sich die Befugnis, bei vorliegendem Mangel an Zucker auch den Säuregehalt zu verbessern bzw. herabzusetzen, selbst wenn er an sich nicht übermäßig sein sollte, sofern er nur nicht bis unter das Maß dessen herabgedrückt wird, was an Säuregehalt bei den Trauben und der Gemarkung in guten Jahrgängen noch vorkommt. Das Landgericht irrt ferner rechtlich insoweit, als es davon ausgeht, nach den Absichten des Gesetzgebers hätten alle Zusätze ...., also auch die Verwendung von Zucker oder Zuckerwasser, unterbleiben sollen, wenn sie nicht unter den Begriff ‚Unentbehrlichen' fielen."

Ebenso RGE. 47 S. 368 und 44 S. 324; WeinGE. Heft I S. 11. Gute Jahrgänge sind Jahre der Reife. S. letztangef. E. am Ende.

Die Konstruktion des „theoretischen Normalweines" wird zu Unrecht heftig bekämpft. Sie ergibt sich von selbst aus dem gesetzlichen Maßstabe des Erzeugnisses in guten Jahrgängen (man beachte den Plural!), die naturgemäß nicht unter sich gleiche Erzeugnisse hervorbringen, sondern verschiedene Erzeugnisse, von denen nicht willkürlich ein einzelnes herausgerissen werden kann, die vielmehr in ihrer Gesamtheit maßgebend sein sollen. A. M. Günther u. Marschner zu § 3 Bem. 6 c und Hofacker zu § 3 Note 6.

Maßgebend ist der Normalwein aus Trauben gleicher Art und Herkunft. (Herkunft i. S. der Bem. 1 zu § 2.)

Soll also z. B. Most aus Rieslingtrauben einer bestimmten Lage aufgezuckert werden, so darf der Zusatz so hoch bemessen werden, daß das fertige Erzeugnis im Alkohol- und Säuregehalt dem Durchschnittsmaßstab (Normalwein) derjenigen Weine gleichsteht, die in guten Jahrgängen aus den Rieslingtrauben der gleichen Lage gewonnen werden.

Irrig ist die vielfach vertretene Meinung, daß der zu zuckernde Most oder Wein unverschnitten sein müsse. Entstammt der Most oder Wein, der aufgezuckert werden soll, allen möglichen Traubensorten und Gemarkungen einer bestimmten Gegend, so ist der Durchschnittsmaßstab (Normalwein) der in guten Jahren erzielten Weine dieser Gegend für die Aufzuckerung maßgebend oder, anders ausgedrückt: „der Durchschnittswein aus guten Jahrgängen, die, soweit Erzeugnisse verschiedener Herkunft zur Herstellung benutzt werden, in gleichartiger Weise gewonnen sind wie der zu zuckernde Wein". RGE. 47 S. 371.

Fehlt ein Maßstab für die Vergangenheit, soll also z. B. Wein aus neuangelegten Weinbergen gezuckert werden, so ist der Normalwein aus Weinbergen mit gleichen Traubensorten und gleichen Produktionsverhältnissen maßgebend.

Wird ein Erzeugnis in einer bestimmten Lage überhaupt nie reif, dann darf es durch die Aufzuckerung in seiner Beschaffenheit dem gleichen Erzeugnis in solchen Jahren angeglichen werden, in denen es dem Reifezustand am nächsten gekommen ist. (Günther u. Marschner zu § 3 Bem. 6 a.) Ist diese Beschaffenheit erreicht (sei es in guten Jahren von Natur, sei es in schlechteren infolge Aufzuckerung) und ist der Wein auch dann noch zu sauer, so kann dem nicht mehr durch Aufzuckern, sondern nur durch Entsäuern, durch Lagernlassen — wobei ein natürlicher Säurerückgang stattfindet — oder durch Verschnitt mit säurearmem Weine abgeholfen werden.

7. Unzulässig wäre es, über die hier erläuterten gesetzlichen Grenzen mit der Zuckerung hinauszugehen, etwa um einen Geschmacksfehler zu verdecken, um den Wein durch höheren Alkoholgehalt haltbarer zu machen, um ihn im Geschmack den Erzeugnissen edlerer Traubensorten oder besserer Lagen anzugleichen oder gar um einer gewissen Geschmacksrichtung entgegenzukommen, die brandige und anormal alkoholreiche Weine verlangt. (Reich, Ztschr. f. R. 1909 S. 183.) Derartige „Verbesserungen" kennt das neue WeinG. nicht mehr. Unzulässig ist auch, „blindlings" darauf loszuzuckern, ohne die Herkunft des Weines und seine Beschaffenheit zu kennen und ohne zu wissen, wie ein Wein gleicher Herkunft in guten Jahren beschaffen sei. RGE. 47 S. 360.

8. Bei Vornahme der Aufzuckerung kommt folgendes in Betracht: Die Verwendung von Zucker allein (Trockenzuckerung) erhöht den Alkohol und läßt den Säuregehalt beinahe unverändert; immerhin tritt die Säure infolge des höheren Alkoholgehalts mehr zurück, sie wird geschmacklich abgestumpft. Eine erheblichere Verminderung der Säure wird durch Verwendung des Zuckerwassers erreicht.

a) Bei der Trockenzuckerung gibt das Mostgewicht, das durch die Mostwage ermittelt werden kann, ein hinreichend sicheres Maß für den Zuckerzusatz. Voraussetzung ist allerdings, daß eine richtig zeigende, reine Mostwage benützt wird, daß nur klarer, filtrierter, oder wenigstens durch ein Haarsieb geseihter, noch nicht gärender Most gewogen wird und daß der Most dabei die vorgeschriebene Temperatur — bei der Öchslewage 15° Celsius — hat. An warmen Tagen empfiehlt es sich, der rasch eintretenden Gärung wegen Brühe von der Maische zu wiegen.

1 kg Zucker erhöht bei 100 Liter Most das Mostgewicht um etwa 4 Grad nach Öchsle. Zeigt der Most aus einer bestimmten Lage in guten Jahren beispielsweise 80 Grad Öchsle, und in einem schlechten Jahre 68 Grad, so darf der Most des schlechten Jahrgangs durch Zusatz von $\frac{80-68}{4}$ = 3 kg Zucker zu je 100 Litern auf 80 Grad Öchsle (= ca. 8 g Alkohol in 100 ccm des fertigen Weines) aufgebessert werden. Bez. des Zusatzes von Zuckerwasser s. Note b.

Bei Mosten, die auch in guten Jahren nicht mehr wie 80° Öchsle zeigen, wird die früher vielfach übliche Einstellung auf 100 Grad und die hiedurch bewirkte Hinaufsetzung des Alkoholgehalts des Weines auf 10 g in 100 ccm künftighin nicht mehr zulässig sein.

b) Weitaus häufiger als die Trockenzuckerung ist die Aufzuckerung mit Zuckerwasser.

Wieviel Zuckerwasser im einzelnen Falle zugesetzt werden darf, ist schwierig zu ermitteln, zumal die Mengevermehrung durch die zugesetzte Flüssigkeit und überdies bei Most neben dem augenblicklich vorhandenen Säuregrade der erst nach der Hauptgärung eintretende natürliche Säureverlust in Betracht gezogen werden muß. Wer nicht selbst die hiezu erforderlichen Kenntnisse besitzt, muß sich bei Sachverständigen Rat erholen. Auch gibt es Aufzuckerungstabellen, aus denen das Nötige zu ersehen ist. Bei Benutzung solcher Tabellen ist jedoch Vorsicht geboten, da in älteren Ausgaben die jetzt festgesetzte Höchstgrenze des Zuckerwasserzusatzes mit 20% der Gesamtmenge nicht berücksichtigt, sondern vielfach überschritten ist.

Zur Berechnung des Zuckerwasserzusatzes verfährt man folgendermaßen: Man bestimmt den Säuregehalt des zu verbessernden Mostes, zieht hievon diejenige Säuremenge ab, die erfahrungsgemäß bei Weinen der betreffenden Art und Herkunft durch den natürlichen Säurerückgang von selbst verschwindet, berechnet alsdann die Verdünnung, die nötig ist, um den gewünschten Säuregehalt zu erzielen, errechnet das Mostgewicht der verdünnten Mischung und stellt schließlich, wie bei der Trockenzuckerung, den nunmehr erforderlichen Zuckerzusatz fest. Die Erfahrung lehrt, daß bei sachgemäßer Behandlung der Weine bei sauren Mosten mit einem Säurerückgang von 4—5‰ gerechnet werden kann. Bei sehr sauren Mosten kommen noch erheblich größere Rückgänge vor.

Zur Erläuterung des Rechnungsverfahrens diene nachstehendes

Beispiel, das in der Hauptsache der „Anleitung zur sachgemäßen Weinverbesserung" von Prof. Dr. Kulisch in Colmar entnommen ist:

Es liegt ein mittelguter Rieslingmost vor mit 75° Öchsle und 12‰ Säure. Gewünscht wird ein Wein von 8 g Alkohol in 100 ccm (= einem Mostgewicht von 80° Öchsle) und mit 7‰ Säure. Zunächst ist der mutmaßliche Säurerückgang gegebenenfalls geschätzt auf 4‰, von den vorhandenen 12‰ Säure abzuziehen; es verbleiben 8‰. Um diese 8‰ auf die gewünschten 7‰ herabzudrücken, müßte man den Most im Verhältnis von $^7/_8$ Most zu $^1/_8$ Wasser verdünnen; man müßte also, um 100 Liter verdünnten Most zu erzielen, $^7/_8 \times 100$ = rund 87 Liter Most und $^1/_8 \times 100$ = rund 13 Liter Wasser nehmen. Das Mostgewicht dieser verdünnten Flüssigkeit betrüge alsdann aber nicht mehr 75° Öchsle, sondern nur noch $75 \times {}^{87}/_{100} = 65^1/_4$° Öchsle. Diese wären alsdann um rund 15° Öchsle auf die gewünschten 80° Öchsle zu erhöhen. Den 100 Litern Mischung von Most und Wasser müßten daher $^{15}/_4$ = 3,75 kg Zucker zugesetzt werden. Da nun 1 kg Zucker, in Wasser aufgelöst, dessen Menge um etwa 0,6 Liter vermehrt, ergäben 13 Liter Wasser und 3,75 kg Zucker eine Zuckerwassermenge von $15^1/_4$ Liter. Dieser Zusatz hält sich — was stets nachzuprüfen ist — auch innerhalb der im allgemeinen zulässigen gesetzlichen Grenzen. S. Note 4.

Demnach wären — die Rechnung in Wirklichkeit umgesetzt — je 87 Liter dieses Rieslingmostes mit $15^1/_4$ Liter Zuckerwasser (aus 13 Liter Wasser und 3,75 kg Zucker) aufzuzuckern. Um ein Fuderfaß gärvoll zu machen, wären also etwa zu nehmen:

9×87 Liter = 783 Liter Naturmost,
$9 \times 15^1/_4$ Liter = $137^1/_4$ Liter Zuckerwasser aus 9×13 = 117 Liter Wasser
und $9 \times 3{,}75$ = 33,75 kg Zucker,

zusammen $920^1/_4$ Liter Mischung.

Bezeichnet man die nach Abzug des voraussichtlichen Rückgangs gegebene Säure mit a, die gewünschte Säure mit b, das gegebene Öchslegewicht mit G, das gewünschte (erhoffte) Öchslegewicht mit H, so ergeben sich für eine Mischung von rund 100 Litern folgende Formeln:

$$\text{Naturmost} = 100 \times \frac{b}{a}\ \text{Liter}$$

$$\text{Zuckerwasser aus} \begin{cases} \text{Wasser} = 100 \times \dfrac{a-b}{a}\ \text{Liter} \\ \text{Zucker} = \dfrac{H - \left(G \times \frac{b}{a}\right)}{4}\ \text{kg.} \end{cases}$$

Ehe jedoch nach dieser Formel aufgezuckert wird, ist nachzuprüfen, ob die übrigen gesetzlichen Vorschriften — s. insbes. Note 9 — eingehalten sind.

Wird Wein aufgezuckert, so gelten die gleichen Formeln, wobei für je 1 g Alkohol in 100 ccm Wein 10° Öchsle in Rechnung zu stellen sind.

Abs. 1 Satz 2. „Quantitative oder räumliche Beschränkung der Aufzuckerung."

9. Der Zuckerwasserzusatz darf keinesfalls mehr als ein Fünftel der gesamten Flüssigkeit, d. i. ein Viertel des in die Mischung gelangenden Mostes oder Weines, betragen. Erfolgt der Zusatz, wie bei Rotwein zulässig und üblich, zur Maische, so muß das aus der Erfahrung bekannte Ausbeuteverhältnis der Rechnung zugrunde gelegt werden. Es darf also an Zuckerwasser nicht 1/4 der Maische, sondern nur 1/4 der aus der Maische gewinnbaren Flüssigkeit genommen werden. Für die Regel ergeben sich aus 100 Litern Maische etwa 75 Liter Most, bei entrappter Maische etwas mehr, bei Maische mit Rappen etwas weniger. (Komm.)

1 Zentner (50 kg) Zucker vermehrt, in Wasser aufgelöst, die Menge des Wassers um etwa 30 Liter. Sohin darf bei der Bereitung des Zuckerwassers nicht schon ein Viertel des Mostes oder Weines an Wasser genommen werden, da infolge des Zuckerzusatzes die Menge des Zuckerwassers alsdann die zulässige Höchstgrenze übersteigen würde.

Der Zuckerwasserzusatz darf die zulässige Höchstgrenze auch dann nicht überschreiten, wenn etwa beabsichtigt wäre, der Mischung nachträglich wieder Naturwein beizufügen. Dies wäre vollendete Weinfälschung, verbunden mit nachträglicher unzulässiger Rückverbesserung. S. § 13 Note 3 und die dort angeführten Entscheidungen, auch WeinGE. Heft I S. 31. Nur wenn sich der nachträgliche Weinzusatz ohne jede Unterbrechung unmittelbar dem Zuckerwasserzusatz anschlösse, könnte das Verfahren geduldet werden. Ebenso müßte, wenn dem Wortlaute des Gesetzes zuwider nicht das Zuckerwasser dem Weine, sondern der Wein dem Zuckerwasser zugefügt würde, gefordert werden, daß mit dem Zupumpen von Wein nicht eher aufgehört wird, als bis der zugesetzte Wein mindestens 4/5 der Gesamtmenge beträgt. (Strenger: Günther u. Marschner zu § 3 Bem. 8c, die den Zusatz von Wein zu Zuckerwasser überhaupt für unstatthaft halten.)

9a. Als außergewöhnliche Kriegsmaßnahme wurde der höchstzulässige Zuckerwasserzusatz auf keinesfalls mehr als ein Viertel der gesamten Flüssigkeit erhöht für die Zeit vom 26. November 1914 bis zum 28. Februar 1915 durch VO. vom 26. November 1914 (RGBl. S. 486), und ohne Zeitbeschränkung, aber nur für die Weine des Jahrgangs 1916 durch VO. vom 21. Dezember 1916 (RGBl. S. 1409). S. Anhang II. Von der Erlaubnis des erhöhten Zuckerwasserzusatzes gem. VO vom 21. Dezember 1916 können ungezuckerte 1916er Weine auch in späteren Jahren noch in den zulässigen Zuckerungszeiten (s. Note 11 und 11a) so lange Gebrauch machen, als die VO. nicht gem. § 4 des Gesetzes vom 4. August 1914 über die Ermächtigung des Bundesrats zu wirtschaftlichen Maßnahmen (RGBl. S. 327) wieder aufgehoben wird. Von der erhöhten Zuckerungserlaubnis gem. VO. vom 26. November 1914 können dagegen Gebrauch machen die 1914er Weine nur in der Zeit vom 26. November 1914 bis 28. Februar 1915, ältere ungezuckerte Weine nur in der Zeit vom 26. November 1914 bis 31. Dezember 1914. Für letztgenannte Weine ist die Frist des § 3 Abs. 2 Halbsatz 2 über den 31. Dezember 1914 hinaus nicht verlängert, bei ihnen daher eine Aufzuckerung in der Zeit vom 1. Januar bis 28. Febr. 1915 überhaupt nicht zulässig. S. Note 11a.

10. Es dürfen nur Naturweine (-Moste, -Maischen) aufgezuckert werden. Näheres s. Note 11.

Abs. 2. Zeitliche Beschränkung der Aufzuckerung.

11. Durch die zeitliche Begrenzung der Aufzuckerung soll die Kontrolle erleichtert, die fabrikmäßige, das ganze Jahr über fortgesetzte Aufgärung von Wein unmöglich gemacht, auch eine unzulässige Verwertung der beim Ablassen des Weines (s. Einleitung I) sich ergebenden Rückstände erschwert werden.

Die Aufzuckerung ist nur zulässig: bei Most und neuem Wein in der Zeit der Weinlese bis Ende Dezember desselben Jahres, bei Weinen früherer Jahrgänge (im weiteren kurz „alte" Weine genannt) in der Zeit vom 1. Oktober bis Ende Dezember jeden Jahres. (Verlängerung dieser Fristen als Kriegsmaßnahme s. Note 11 a). Unter „Zuckerung" ist der Zusatz von Zucker oder Zuckerwasser im Sinne des Abs. 1 zu verstehen. Nur dieser Zusatz muß Ende Dezember vollendet sein, die Vergärung dagegen darf sich auch noch in das folgende Jahr hinein ziehen. Ein Verschnitt von Most und altem Wein darf ebenfalls erst vom 1. Oktober ab gezuckert werden.

Nach Sinn und Zweck des Gesetzes ist hier sterilisierter Most früherer Jahrgänge nicht dem neuen Moste, sondern dem Weine früherer Jahrgänge gleich zu achten. A. M. Günther u. Marschner § 3 Note 9e: Zuckerung alten Mostes sei überhaupt nicht zulässig, die Ausnahmebestimmung erstrecke sich nur auf alte Weine, in § 12 sei § 3 nicht angeführt. Es wäre aber ein gewiß nicht gewollter und ganz unnötiger Umweg, den sterilisierten Most zuerst in Wein umwandeln zu müssen, um die alsdann zweifellos zulässige Zuckerung zu ermöglichen. S. auch § 12 Note 1.

Mehrfache Aufzuckerung ist unzulässig, und zwar auch dann, wenn bei der späteren (2. oder gar 3.) Aufzuckerung immer noch die gesetzlichen Grenzen des § 3 Abs. 1 eingehalten würden.

Bei bereits gezuckerten alten Weinen, gleichgültig, ob die erste Zuckerung schon im Vorjahr oder erst im laufenden Jahre erfolgt ist, läßt der Wortlaut des Gesetzes an der Unzulässigkeit einer weiteren Zuckerung keinen Zweifel. Ein 1909er Wein, der am 1. Oktober 1910 aufgezuckert wird, darf nicht im Dezember 1910 nochmals gezuckert werden. Fraglicher Wein ist im Dezember 1910 kein ungezuckerter alter Wein mehr.

Das gleiche muß aber auch für die Frage gelten, ob Most oder neuer Wein von der Weinlese bis Ende Dezember mehrmals aufgezuckert werden darf. Das Gesetz sagt: „Die Zuckerung" darf vorgenommen werden. Dieser Wortlaut spricht für eine nur einmalige Zuckerung. Dafür spricht auch der Gang der Kommissionsberatung. Im Entwurf hieß es: Die Zuckerung darf bei Wein früherer Jahrgänge nachgeholt werden. „Nachgeholt", nicht etwa „wiederholt". „Nachholen" kann man nur Unterlassenes. Trotzdem, so wurde von einem Regierungsvertreter ausgeführt, würde diese Fassung des Abs. 2 zulassen, daß die Zuckerung unzureichend gezuckerten Weines im folgenden Jahre ergänzt werde. Es sprächen manche Gründe dafür, eine solche Nachzuckerung zuzulassen, insbesondere der Gesichtspunkt, daß bei der Offenhaltung dieser Möglichkeit in zweifelhaften Fällen der Anreiz fortfiele, mit der Zuckerung ohne weiteres bis an die Grenze des Zulässigen zu gehen. Andererseits sei nicht zu verkennen, daß mit der Gestattung der Nachzuckerung in späteren Jahren die Gefahr der Umgehung der Vorschrift des Abs. 1 beträchtlich wachse. Letztere Erwägung war im Gegensatze zur Regierung für die Kommission ausschlaggebend. Sie wollte, um die Gefahr einer Umgehung des Gesetzes zu beseitigen, die Nachholung der Zuckerung nur bei ungezuckerten Weinen zulassen und fügte deshalb im

Halbsatz 2 des Abs. 2 das Wort „ungezuckert“ ein. Das gleiche auch für den neuen Wein ausdrücklich vorzuschreiben, wurde offensichtlich nur deshalb unterlassen, weil man es für ausgeschlossen hielt, daß in der kurzen Zeit von Herbst bis Ende Dezember der neue Wein zweimal mit Zucker oder Zuckerwasser auf- und umgegoren werde, zumal ja auch bis Ende Dezember der neue Wein seinen natürlichen Säurerückgang noch nicht vollständig durchgemacht hat und deshalb zu dieser Zeit die Notwendigkeit und das Maß einer zweiten Aufzuckerung nicht mit Sicherheit festgestellt werden kann.

Die von der Kommission gemachte Änderung „bei ungezuckerten Weinen“ sollte das Verbot einer zweiten Zuckerung nur noch deutlicher zum Ausdruck bringen, nicht etwa einen Unterschied begründen zwischen neuem und altem Weine. Es ließe sich auch kein Grund einsehen, warum man bei unzureichender Zuckerung des Mostes eine zweite Zuckerung im gleichen Jahre hätte erlauben, im folgenden aber hätte verbieten wollen. (Höchst. bedenklich ist ein Urteil des LG. Colmar, WeinGE. Heft I S. 33, das zwar eine zweimalige Zuckerung für gesetzwidrig hält, trotzdem aber den Angeklagten, der im Herbst gezuckert, einen großen Teil des gezuckerten Erzeugnisses verkauft und den Rest am 22. Dezember nochmals gezuckert hatte, mit der Begründung freisprach, der Wein habe noch nicht ausgegoren gehabt, weshalb keine zweifache, sondern nur eine fortgesetzte Zuckerung vorliege. Diese Zusammenfassung zweier, nicht vom gleichen Entschluß umfaßter, Monate auseinanderliegender Handlungen zu einer einzigen geht denn doch nicht an, und auf die Frage, ob der Most samt zugesetztem Zucker schon vergoren hatte oder nicht, kommt es hier nicht an, da die Wiederholung der Zuckerung auch bei Most unzulässig ist und das Gesetz unter „Zuckerung“, wie bereits zu Beginn der Bem. 11 erwähnt, den Zusatz von Zucker oder Zuckerwasser ohne Rücksicht auf die Vergärung versteht. — (Das Reichsgericht hat [RGE. 47 S. 368] die Frage der Zulässigkeit mehrfacher Zuckerung offen gelassen, da es aus anderen Gründen zur Aufhebung des freisprechenden Urteils gekommen ist.)

Hienach hat ganz allgemein der Satz zu gelten: Nur Naturweine (-Moste, -Maischen) oder Verschnitte von solchen dürfen aufgezuckert werden. Gezuckerte Weine (Moste, Maischen) oder Verschnitte von solchen sind von der Aufzuckerung ausgeschlossen. Es ist zu wünschen, daß nunmehr die sog. „naturgezuckerten“ (!) Weine aus dem Weinverkehr verschwinden. Diese sind zwar leicht gezuckert, sollen aber, wie ihr Name andeutet, doch noch als Naturweine gelten und zur Grundlage weiterer Zuckerung dienlich sein.

Wer Wein kauft, um ihn aufzuzuckern, und durch die Aufzuckerung nicht in Schaden (§ 13) oder in Strafe kommen will, wird sich daher über die Naturreinheit des Weines Gewißheit verschaffen müssen. Gemäß § 5 Abs. 2 ist der Verkäufer zur Auskunft hierüber verpflichtet. Dagegen besteht eine Auskunftspflicht nicht hinsichtlich des Prozentverhältnisses des Zuckerwasserzusatzes, ein weiterer Anhaltspunkt dafür, daß eine zweite Zuckerung durch den Käufer, sei es auch im Jahre des Wachstums, nicht für zulässig erachtet wurde.

11a. Als außergewöhnliche Kriegsmaßnahme wurden die Zukkerungsfristen verlängert für 1914er Weine bis 28. Februar 1915 durch VO. vom 26. Nov. 1914 (RGBl. S. 486), für 1915er Weine bis 29. Febr. 1916 durch VO. vom 22. Dezember 1915 (RGBl. S. 834), für 1916er Weine und ungezuckerte Weine früherer Jahrgänge bis 30. Juni 1917 durch VO. vom 21. Dezember 1916 (RGBl. S. 1409), für 1918er Weine bis 30. Juni 1919 durch VO. vom 23. Januar 1919 (RGBl. S. 98). S. Anhang II.

Mit Rücksicht auf die auch nach dem Kriege noch bestehende Zuckerknappheit wurde die Zuckerungsfrist für 1920er Weine bis zum 31. März 1921 erstreckt. Gesetz v. 30. Dez. 1920 (RGBl. 1921 S. 53). S. Anhang III.

Abs. 3. Örtliche Beschränkung der Zuckerung.

12. Der Entwurf des Gesetzes ging von der Anschauung aus, daß die Zuckerung an den Ort der Traubengewinnung zu binden sei, wo die Beschaffenheit des Weines gleicher Herkunft aus guten Jahrgängen allgemein ausreichend bekannt, auch vergleichbare Erzeugnisse stets zur Hand seien, und wollte daher die Aufzuckerung nur in der Gegend gestatten, aus der die Trauben stammen. Die an Weinbau und Weinhandel beteiligten Kreise haben jedoch im Interesse ihrer Bewegungsfreiheit die jetzige Fassung des Abs. 3 durchgesetzt. Hienach darf Wein (Most, Maische) inländischer Abstammung ohne Rücksicht auf seine speziellere Herkunft in allen am Weinbau beteiligten Gebieten Deutschlands aufgezuckert werden. Da aber die sachlichen Grenzen des Abs. 1 dabei doch immer eingehalten werden müssen, so wird ein Weinhändler am Rhein oder an der Mosel, der z. B. den Wein eines pfälzischen Weinortes aufzuckern will, und den Alkohol- und Säuregehalt eines Weines gleicher Art und Herkunft aus guten Jahren aus eigener Erfahrung nicht kennt, hierüber zuverlässige Erkundigungen einziehen müssen.

Über die Abgrenzung der am Weinbau beteiligten Gebiete s. § 25 Abs. 4 und die Vollzugsvorschr. im Anhang I 2, für Bayern MinBek. vom 14. September 1909. Zusammenstellung aller Weinbaugebiete des Deutschen Reichs in Bek. des Reichskanzlers vom 1. Aug. 1910, s. Anhang I 1b. Innerhalb der abgegrenzten Gebiete darf die Aufzuckerung überall, insbesondere auch an Nichtweinorten, vorgenommen werden. Außerhalb dieser Gebiete ist jede — auch eine nur mittelbare, s. Bem. 4 — Aufzuckerung unstatthaft.

Abs. 4.

13. Zeitpunkt, Form und Inhalt der Anzeige wird durch den Bundesrat bestimmt. § 25 Abs. 2. Für die Herbstzuckerung genügt allgemeine Anzeige. Bei der Zuckerung von Weinen früherer Jahrgänge werden genauere Angaben verlangt. Näheres s. Bundesratsbek. vom 9. Juli 1909 (Anhang I 1) zu § 3 Abs. 4.

„Zuständige Behörde" s. Anhang I 2, in Bayern die Ortspolizeibehörde gem. § 1 der VO. vom 17. Juli 1909. Wo Zuckerung überhaupt verboten ist, z. B. bei ausländischen Erzeugnissen oder außerhalb der am Weinbau beteiligten Gebiete, besteht keine Anzeigepflicht für beabsichtigte Zuckerung. WeinGE. Heft I S. 33, 35.

Neben der Anzeigepflicht besteht in den Fällen des § 19 auch noch die Buchführungspflicht. S. § 19.

Abs. 5.

14. Schaumweinfabriken dürfen — nach vorheriger Anzeige gem. Abs. 4 und mit den Beschränkungen des Abs. 1 und 6 — ohne Rücksicht auf die geographische Lage der Fabrik, also auch wenn die Fabrik nicht in einem am Weinbau beteiligten Gebiete liegt, innerhalb ihrer Fabrikräume Weine, aus denen später Schaumwein bereitet werden soll, das ganze Jahr über aufzuckern. Solche Weine dürfen alsdann aber nicht ihrer ursprünglichen Bestimmung zuwider von den Fabriken als Stillweine verkauft werden. Sie sind bei ihrer Herstellung begünstigt, aber in ihrer Verwendung beschränkt, nämlich infolge ihrer Bestimmung nur beschränkt verkehrsfähig. Sie dürfen zwar von einer Schaumweinfabrik an die andere zur Schaumweinbereitung verkauft werden; werden sie aber ihrer Bestimmung — zur Schaumweinbereitung in den Schaumweinfabriken zu dienen — entkleidet, so fällt die ihnen gewährte Vergünstigung weg, und wer sie in den allgemeinen Verkehr bringt, verstößt gegen die §§ 3 (Abs. 2, 3, 5), 13, 26 Abs. 1 Nr. 1. A. M. Hofacker zu § 15 Note 5.

Von der Herstellung von Wein zur Schaumweinbereitung ist zu unterscheiden die Herstellung von Schaumwein aus Wein. Die Verwendung von Zucker bei der Verarbeitung von Wein zu Schaumwein fällt nicht mehr unter § 3, sondern unter § 16.

Abs. 6.

15. „Technisch rein", d. h. nicht mehr als 1% fremde Stoffe enthaltend. Der im Handel übliche Kandis- und Hutzucker ist technisch rein. Verwendet jemand anderen Zucker, so wird er gut daran tun, sich die Reinheit ausdrücklich garantieren zu lassen.

Färbender Zucker ist verboten. Der Zusatz von Zuckerkouleur, hergestellt durch Erhitzen von Zucker, beurteilt sich nach § 4. Bei der Behandlung von ausländischen Dessertweinen, sowie bei der Herstellung von weinähnlichen Getränken, weinhaltigen Getränken, Schaumwein und Kognak sollen kleine Mengen von Zuckerkouleur zugelassen sein. S. Bundesratsbek. vom 9. Juli 1909 (abgedruckt im Anhang C) zu §§ 4, 11, 12 Lit. B Nr. 9 und zu §§ 10, 16. Im übrigen ist Zuckerkouleurzusatz nicht gestattet. Vgl. für das frühere Recht Urteil des Bayer. Obersten Landesgerichtes in Straff. vom 22. März 1906 Bd. VI S. 373.

Abs. 1—6.

16. Von der in § 3 Abs. 5 den Schaumweinfabriken gewährten und der durch § 11 für Haustrunk bewilligten Ausnahme abgesehen gelten die Vorschriften über die Zuckerung allgemein, ohne Rücksicht darauf, zu welchem Zweck der Wein hergestellt wird (s. Erl. S. 21) und ob er im Inlande oder im Auslande in den Verkehr gebracht werden soll. Vgl. zu letzterem Punkte Vorbemerkung vor § 1. — Die Vorschriften über das Zuckern des Weines und über die Herstellung von Wein überhaupt dürfen nicht auf die gewerbsmäßige Herstellung oder die Herstellung für Handel und Verkehr beschränkt werden. Die enge Verknüpfung gewerbsmäßiger und nicht gewerbsmäßiger Tätigkeit erfordert vielmehr, wenn nicht der Umgehung Tür und Tor geöffnet bleiben soll, die Vorschriften grundsätzlich für die Herstellung schlechthin zu erlassen (Erl. S. 14).

17. Verhältnis des § 3 zu § 4.

Soweit nicht ausdrücklich erlaubt, ist Zuckerung verbotener Zusatz. § 4. Wer zuckert, wo Zuckerung überhaupt verboten ist, z. B. bei Weißweintraubenmaische oder bei ausländischen Erzeugnissen, verfehlt sich nicht gegen § 3, sondern gegen § 4 (WeinGE. Heft I S. 37, II S. 10).

Wer dagegen bei an sich erlaubter Zuckerung nur das im gegebenen Falle zulässige Maß überschreitet oder die formellen Zuckerungsvorschriften außer acht läßt, verstößt gegen § 3.

18. Strafdrohungen:

a) zu § 3 Abs. 1, 2, 3, 5, 6 in § 26 Abs. 1 Nr. 1 für vorsätzl. Verf., in § 29 Nr. 6 für fahrl. Verf.

b) zu § 3 Abs. 4 in § 29 Nr. 2 für vorsätzl. Verf., in § 30 für fahrl. Verf.

Zum Begriff des „Vorsatzes" im allgemeinen s. Bem. 1 zu § 26. Bei vorsätzlicher Zuwiderhandlung gegen die Zuckerungsvorschriften muß der Nachweis des inneren Tatbestands jetzt anders geführt werden als unter dem früheren Gesetze. Früher — vgl. RGE. 36 S. 120; 39 S. 279 — konnte die Feststellung genügen, daß der Zusatz von Zuckerwasser mit Wissen und Willen des Angeklagten gemacht worden sei. Unter dem neuen Rechte ist dagegen zur Verurteilung wegen vorsätzlicher Zuwiderhandlung erforderlich festzustellen entweder, daß der Angeklagte überhaupt nicht verbessern (i. S. von Bem. 5, nicht 7), also durch die Zuckerung nicht einem natürlichen Mangel an Zucker bzw. Alkohol oder einem Übermaß an Säure abhelfen wollte, oder daß der Zuckernde von vornherein wußte oder doch als möglich annahm und billigte, daß sein Zuckerzusatz nicht unter den vom Gesetze vorgeschriebenen Voraussetzungen erfolge. RG. 44, 324; Bd. 45 S. 106; WeinGE. I S. 11, 19 und 25. Letzteres kann z. B. dann angenommen werden, wenn der Angeklagte mehr Zuckerwasser verwendet hat als der Sachverständige ihm geraten hat (WeinGE. II S. 3) oder wenn er blindlings darauf los gezuckert hat, ohne die Herkunft des Weines zu kennen, ohne also einen Maßstab für die Grenzen der zulässigen Zuckerung zu haben, oder gar ohne zu wissen, ob er einen In- oder Ausländer vor sich hat. S. auch RGE. 47 S. 370.

Kellerbehandlung. § 4.

I Unbeschadet der Vorschriften des § 3 dürfen Stoffe irgendwelcher Art dem Weine bei der Kellerbehandlung nur insoweit zugesetzt werden, als diese es erfordert. Der Bundesrat ist ermächtigt, zu bestimmen, welche Stoffe verwendet werden dürfen, und Vorschriften über die Verwendung zu erlassen. Die Kellerbehandlung umfaßt die nach Gewinnung der Trauben auf die Herstellung, Erhaltung und Zurichtung des Weines bis zur Abgabe an den Verbraucher gerichtete Tätigkeit.

II Versuche, die mit Genehmigung der zuständigen Behörde angestellt werden, unterliegen diesen Beschränkungen nicht.

Abs. 1.

1. Dem Weine darf nichts zugesetzt werden, was nicht ausdrücklich erlaubt ist. Der Zusatz darf auch nicht auf dem Wege des Verschnitts mit Wein erfolgen, der seinerseits unerlaubte Zusätze erhalten hat — vgl. RGE. Bd. 41 S. 35 (41) zu § 3 des WeinG. vom 24. Mai 1901 — oder auf sonstigem Wege indirekt in den Wein gelangen — vgl. RGE. v. 2. Oktober 1905 Veröff. d. K. GesA. Beil. Bd. VII S. 268 u. Ztschr. f. R. 1905 S. 471 betr. Auflösung der als Schönungsmittel erlaubten Hausenblase mittels der verbotenen Weinsteinsäure, § 3 des WeinG. vom 24. Mai 1901.

Hienach ist insbesondere als Zuwiderhandlung gegen § 4 verboten: Der Zusatz von Zucker zu ausländischem Most oder Wein, mag der Zusatz auch nur mittelbar stattfinden auf dem Wege der Vermischung mit aufgezuckertem Inländer, der den zugesetzten Zucker noch unvergoren enthält, s. § 2 Bem. 2 und 5, § 3 Bem. 4 und die dort angef. Entsch., der Zusatz von Wasser (WeinGE. Heft I S. 37), und zwar, von der Verwendung als Haustrunk abgesehen ohne Rücksicht auf die Zweckbestimmung des Weines, also auch dann, wenn der gewässerte Wein zur Schaumweinbereitung bestimmt war (RGE. 50 S. 208), der Zusatz von Drusenbranntwein (WeinGE. I S. 39), der Zusatz von Gewürzstoffen durch Ausschwefeln der Fässer mit Gewürzschwefel (WeinGE. Heft II S. 14), die Verwendung von Hollunderbeeren zur Erhöhung des Farbstoffes bei Rotwein (ebenda Heft II S. 16), der Zusatz von Alkohol zwecks Stärkung eines alkoholschwachen, zur Erkrankung neigenden Weines auf dem Wege der Ausschwenkung des Fasses mit Zwetschenschnaps (ebenda Heft II S. 16), der Verschnitt mit einem gesetzwidrig hergestellten oder behandelten Erzeugnis (ebenda I S. 7; RGE. 44 S. 411; 49 S. 53, die Verwendung von Salzen und Säuren zur Innendesinfektion schimmeliger Weinfässer, falls nicht nachträglich die Fässer so sorgfältig gereinigt werden, daß eine Verunreinigung des Weines ausgeschlossen ist.

2. Erlaubt ist:

a) Die Kellerbehandlung:

Welche Stoffe hiebei verwendet werden dürfen und die Art ihrer Verwendung ergibt sich aus der Bundesratsbek. vom 9. Juli 1909 (abgedr. in Anhang I 1) zu §§ 4, 11, 12 Lit. A u. B. Verboten ist die Verwendung an sich erlaubter Stoffe in nicht erlaubter Weise oder Menge.

Über Verfahren bei der Kellerbehandlung, bei denen ein Zusatz von Stoffen nicht stattfindet, schweigt das Gesetz. Daraus ist zu schließen, daß solche Verfahren nicht verboten sind, soweit nicht sonstige gesetzliche Vorschriften entgegenstehen.

Hienach ist z. B. nicht gestattet das Eindicken des Mostes, das dem § 1 zuwider zur Herstellung von Wein aus eingedickten Moststoffen statt aus frischem Traubensafte führen würde. Andererseits sind beispielsweise als zulässig zu erachten das Lüften, Erwärmen, Umrühren, Peitschen, Pasteurisieren (Erwärmen auf etwa 60° Celsius zwecks Abtötung störender Lebewesen), wohl auch das Gefrierenlassen, und vor allem das Vergärenlassen des noch unabgekelterten Saftes auf der Maische (zur Rotweinbereitung erforderlich, bei der Weißweinbereitung des entstehenden Abgeschmackes wegen unzweckmäßig). S. auch § 2 Note 1 und 5. Das Entgeisten ist kein Verfahren der Weinbereitung. S. § 1 Note 1 a.

Inländischer Wein, der nur die erlaubte Kellerbehandlung erfahren hat, bleibt „reiner Naturwein", auch dann, wenn ihm bei der Kellerbehandlung fremde Stoffe zugesetzt worden sind.

Bezüglich ausländischen Weines s. Nachtrag zu § 5.

b) Der Zusatz von Zucker oder Zuckerwasser gem. § 3. Wein, der gem. § 3 aufgezuckert wurde, bleibt „Wein" schlechthin. Weiteres s. § 5.

3. Die Weiterverarbeitung von Wein zu Schaumwein oder weinhaltigen Getränken, insbesondere auch zu sogenanntem aromatisierten Weine (Maiwein, Wermutwein u. dgl.) oder zu Arzneiwein (Chinawein, Pepsinwein u. dgl.) fällt nicht unter § 4, sondern unter § 16. (Erl. S. 21.)

4. Zusätze, die der Weintrinker seinem zum alsbaldigen Genusse bestimmten Weine zufügt, wie z. B. die Vermischung mit Wasser oder anderen Stoffen, fallen, soweit nicht ohnehin zulässige Herstellung weinhaltiger Getränke in Frage kommt (s. oben Note 3 und § 16 Note 2), als Verbrauchshandlungen nicht unter das Gesetz, das sich mit Recht mit der Regelung solcher Kleinigkeiten überhaupt nicht befaßt hat. Ebenso Günther u. Marschner zu § 4 Note 5. S. auch Vorbem vor § 1.

Abs. 2.

5. Diese Bestimmung verfolgt den doppelten Zweck, einerseits eine Fortbildung der erlaubten Kellerbehandlung unter behördlicher Aufsicht zu ermöglichen, andererseits Weinfälschern die Ausrede angeblicher wissenschaftlicher Versuche abzuschneiden.

„Zur Genehmigung von Versuchen zuständige Behörde", s. Anhang I 2, in Bayern die Regierung, Kammer des Innern. VO. v. 17. Juli 1909 § 3.

Abs. 1 und 2.

6. Die Vorschriften des § 4 gelten auch für Traubenmaische und Traubenmost (§ 12).

Nicht erlaubte Stoffe, wie z. B. Weinsteinsäure oder Gips, dürfen dem Moste oder der Maische auch nicht dadurch zugesetzt werden, daß sie auf die noch unzerquetschten Trauben gegossen oder gestreut werden, ehe diese in die Traubenmühle kommen.

7. Strafdrohung: § 26 Abs. 1 Nr. 1 für vorsätzliche, § 29 Nr. 6 für fahrlässige Zuwiderhandlung gegen § 4 oder die auf Grund dieses Paragraphen vom Bundesrate erlassenen Vorschriften.

Bezeichnung gezuckerten Weins.
Auskunfts- und Fragepflicht. § 5.

I Es ist verboten, gezuckerten Wein unter einer Bezeichnung feilzuhalten oder zu verkaufen, die auf Reinheit des Weines oder auf besondere Sorgfalt bei Gewinnung der Trauben deutet; auch ist es verboten, in der Benennung anzugeben oder anzudeuten, daß der Wein Wachstum eines bestimmten Weinbergbesitzers sei.

II Wer Wein gewerbsmäßig in Verkehr bringt, ist verpflichtet, dem Abnehmer auf Verlangen vor der Übergabe mitzuteilen, ob der Wein gezuckert ist, und sich beim Erwerbe von Wein die zur Erteilung dieser Auskunft erforderliche Kenntnis zu sichern.

Abs. 1.

1. Die Vorschrift entspringt der Erwägung, daß Wein durch einen Zuckerzusatz, selbst wenn er an Geschmack und Handelswert gewinnt, an Eigenart verliert und deshalb keinen Anspruch auf Bezeichnungen hat, durch welche die Eigenart besonders betont wird. (Erl.)

2. a) Ein Wein ist „gezuckert", wenn er zugesetzten Zucker oder aus Zuckerzusatz entstandenen Alkohol (s. Einleitung I) enthält. Dies ist der Fall sowohl dann, wenn der Wein (der Most, die Maische) mit Zucker oder Zuckerwasser aufgezuckert worden ist, als auch dann, wenn der ursprünglich vorhandene Naturwein mit gezuckertem Weine verschnitten oder aufgefüllt worden ist.

Die im Entwurf in § 5 enthaltene Bezugnahme auf § 3 wurde in der Kommission gestrichen. Daraus ergibt sich: Die Vorschrift bezieht sich nicht nur auf einen gem. § 3 in zulässiger Weise gezuckerten Wein, sondern auch auf einen in unzulässiger Weise, etwa unter Nichtachtung der sachlichen, räumlichen, zeitlichen oder örtlichen Beschränkungen gezuckerten Wein und ebenso auf einen im Auslande unter Verletzung der dortigen Vorschriften gezuckerten Wein. Werden solche gesetzwidrigen Erzeugnisse den §§ 13, 14 zuwider verkauft und dabei gleichzeitig die Bezeichnungsvorschriften verletzt, so treffen eben mehrere Zuwiderhandlungen zusammen. (Hofacker Anm. 2; a. M. Günther u. Marschner Anm. 2.) Weiß der Verkäufer von der Zuckerung, aber nichts davon, daß sie in unzulässiger Weise erfolgte, so bleibt immer noch Verfehlung gegen § 5 Abs. 1 übrig. Nach der gegenteiligen Meinung aber, wonach § 5 einen in zulässiger Weise gezuckerten Wein voraussetzt, müßte ein Verstoß gegen § 5 Abs. 1 straflos bleiben, wenn der Wein beispielsweise ohne Wissen des Besitzers von dem Vorbesitzer außerhalb der zulässigen Zeit gezuckert worden ist.

Die Vorschrift bezieht sich insbesondere auf gezuckerten ausländischen Wein auch dann, wenn er im Auslande noch als Naturwein gilt, wie dies z. B. für Wein aus trocken gezuckertem Most in Italien unter dem Namen vino genuino der Fall und in Frankreich unter dem Namen vin naturel üblich ist. (Günther S. 38, 77. S. für das frühere Recht RGE. v. 6. April 1903, Veröffentl. d. K. Gesundheitsamts, Beil. VI S. 185).

Der nach Ausf.-Bekanntmachung zu §§ 4, 11, 12 A 1 als Kellerbehandlung zugelassene geringe Zusatz von Zucker zur Hefevermehrung (nach Kulisch S. 131 genügen 4 kg Zucker aufgelöst in 150 Liter möglichst alkoholarmen oder entgeisteten Weines und 3/4 Liter Hefe nach Übergang in Gärung zur Umgärung von 3—5000 Liter Most) macht den daraus entstandenen Wein nicht zum gezuckerten Wein. S. S. 127 und § 4 Note 2a. Ebenso Hofacker zu § 4 Note 5d; a. M. Windisch S. 39, Günther u. Marschner zu § 5 Note 2.

Die Vorschrift des § 7 Abs. 3 bezieht sich nicht auf § 5. S. § 7 Note 7.

b) Gezuckerter Wein braucht in der Regel — Ausnahme s. Abs. 2 — nicht als „gezuckert" deklariert zu werden; er darf im Verkehr, auf Etiketten, Preisverzeichnissen u. dgl. als „Wein" bezeichnet werden. Das bloße Verschweigen der Aufzuckerung ist nicht strafbar, s. RGE. Bd. 40 S. 44 zu § 4 d. WeinG. v. 21. Mai 1907. (S. jedoch Note 3.)

Die Angabe eines Jahrgangs, einer Traubensorte, Gegend, Gemarkung oder Weinbergslage, also z. B. die Bezeichnung

1897er, Riesling, Pfälzer, Neustadter, Erkenbrecht (d. i. Lagename) allein oder in Verbindung miteinander ist zulässig, falls dies auch bei dem ungezuckerten Weine zulässig wäre, mit der Einschränkung, daß bei Bezeichnung von gezuckertem Verschnittwein mit dem Namen einer Lage, die nur einer Gemarkung angehört, der Anteil dieser Lage ungezuckert sein muß. Näheres s. §§ 6 u. 7, insbes. § 7 Noten 4 u. 7. Die Meinung, daß die Bezeichnung der Traubensorte (z. B. Riesling, Traminer) bei Sammelnamen und Verschnitten unzulässig sei, hat im WeinG. keinen Anhalt.

3. a) Auf „Reinheit" des Weines deuten Bezeichnungen wie: „Naturwein" (WeinGE. II, 17, RGE. 46 S. 192), „reiner Wein", „ungezuckerter Wein" „Originalwein", Meßwein, Medizinalwein u. dgl. Die Bezeichnung Medizinalwein kann als zulässig angesehen werden bei konzentrierten, ungezuckerten Süßweinen von besonderer Güte und Reinheit, die nach Herstellung und Beschaffenheit dem deutschen Weingesetz und den im Ursprungslande geltenden Vorschriften entsprechen. Pr. MinErl. vom 24. September 1912. S. C I 2 hinten. Der Anschauung, daß die Bezeichnung „echter Wein" oder „garantiert echter Wein" nicht auf Reinheit deute, kann nicht beigetreten werden. Erfahrungsgemäß versteht das Publikum auch hierunter reinen Naturwein und macht zwischen „echtem" und „reinem" Wein keinen Unterschied. (So auch Komm.) Das gleiche gilt für die Bezeichnung „unverfälscht" oder „garantiert unverfälscht". Auch Fantasienamen können möglicherweise den Eindruck von Naturwein erwecken, so z. B. Bezeichnungen wie „Reiner Traubennektar" und ähnliche. Der „Korkbrand" bedeutet der Verkehrsanschauung nach die durch die Garantie der Originalabfüllung im Keller des Produzenten verstärkte Garantie der Naturreinheit, ist daher nur bei Naturwein zulässig. Der Bezeichnung „Blutwein", die auch auf Reinheit des Weines deutet, ist entgegenzutreten, da keinem Weine mit Sicherheit blutbildende oder blutverbessernde Eigenschaften beigelegt werden können. S. den angef. preuß. MinErl. vom 14. September 1912.

b) Auf besondere „Sorgfalt bei der Gewinnung der Trauben" deuten Bezeichnungen wie: Auslese, Spätlese, Ausbruch, Ausbeer, Edelgewächs, Schloßabzug, grand vin, vin supérieur u. dgl.

c) Unter den zu a und b genannten Bezeichnungen darf gezuckerter Wein nicht „feilgehalten" oder „verkauft" werden. Unter Verkaufen ist jede Veräußerung gegen Entgelt zu verstehen. Der, wenn auch feste, Abschluß des obligatorischen Kaufvertrags allein genügt nicht, sondern es muß die Übergabe der Ware hinzukommen, der Verkauf muß durch Auslieferung der Ware vollzogen sein. RGE. 4 S. 92; 39 S. 73; 42 S. 179; WeinGE. I S. 40 (zum WeinG. von 1901). Feilhalten ist das Bereithalten einer Ware zum Zwecke des Verkaufs an einem hiezu bestimmten und im Kreise der Kunden bekannten Orte. S. Stenglein, Strafrechtl. Nebengesetze zu § 10 NMG. Noten 10 u. 11. RGE. Bd. IV S. 275, RGR. Bd. IV S. 137 u. Ztschr. f. R. 1909 S. 170. Nach RGE. 42 S. 179 u. WeinGE. I S. 40 vom 9. Januar 1911 (zum WeinG. von 1901) ist zum Begriffe des Feilhaltens erforderlich, daß die Ware dem Publikum allgemein erkennbar zum Ankauf angeboten wird, es genügt nicht, wenn der Besitzer sich auf eine besondere Nachfrage zum Verkauf bereit zeigt. Weitere Rechtsprechung s. zu § 12 des NMG.

Die „Bezeichnung“ als Naturwein (usw.) kann in der verschiedenartigsten Form und Weise erfolgen, sei es ausdrücklich durch mündliche Erklärung, durch Aufdruck auf der Etikette, in Offerten und Preisverzeichnissen, durch Aufschriften im Laden u. dgl., sei es indirekt durch schlüssige Handlungen, so durch die Bezeichnung des Verkaufslokals als Naturweinstube oder der verkaufenden Gesellschaft als Naturweinvertriebsgesellschaft u. dgl. A. M. Komm. S. 25. S. aber RGE. 46 S. 192, WeinGE. II, 19: „Das Weingesetz erfordert zur Strafbarkeit nicht, daß der gezuckerte Wein mit der fälschlich auf Reinheit hinweisenden Bezeichnung „versehen“ wird; Flaschen und Fässer brauchen also nicht auf Etiketten oder Aufschriften die Bezeichnung zu tragen; ebensowenig wird verlangt, daß die Bezeichnung in einer Weise erfolgt, in der sie im Verkehr für die Abnehmerkreise als die Benennung des Weines oder als Angabe oder Zusicherung einer bestimmten Beschaffenheit erkennbar wird; also namentlich nicht, daß die Bezeichnung Aufnahme in Drucksachen, Weinkarten, Preisverzeichnissen, Anzeigen, geschäftlichen Kundgebungen, Aufschriften in den Verkaufsräumen findet; die Bezeichnung kann ebensowohl schriftlich in Briefen, sie kann in bildlichen Darstellungen, die auf Reinheit des Weines hinweisen, sie kann durch schlüssige Maßnahmen jeder Art und sie kann auch mündlich erfolgen. Freilich wird da, wo das Feilhalten unter einer täuschenden Bezeichnung in Frage steht, weil hier begrifflich notwendig die Ware einer unbeschränkten Mehrzahl von Personen zum Verkauf angeboten und zugänglich gemacht werden muß, die Bezeichnung sich regelmäßig nicht mündlich, sondern in einer anderen, für Kundgebungen an das Publikum üblichen Weise vollziehen müssen; ganz ausgeschlossen ist es aber auch beim Feilhalten nicht, daß beispielsweise durch Anpreisungen an öffentlichen Plätzen, durch Ausrufen bei Versteigerungen u. dgl. die verbotenen Bezeichnungen dem Weine mündlich beigelegt werden. Beim Verkauf von Wein wird umgekehrt vielfach die mündlich an die Person des Käufers erfolgte Mitteilung über die Beschaffung des Weines die verbotene Bezeichnung enthalten .... Genügt hiernach nicht nur die mündliche Angabe der Beschaffenheit, sondern sogar schlüssiges Verhalten, so ist es auch ohne Bedeutung, daß der Angeklagte die Bezeichnungen „Naturwein“ und „naturrein“ nicht selbst auswählte, sondern diese in den Fragen des Käufers verwendeten Bezeichnungen als zutreffend bestätigte.“

Ein Wein wird daher auch dann unter der Bezeichnung Naturwein verkauft, wenn der Verkäufer nach vorausgegangener Bestellung reinen Naturweines dem Käufer bei der Übersendung mitteilt, er liefere bestellungsgemäß.

d) Die strittige Frage, ob es zulässig ist, Weine mit entliehener Herkunftsbezeichnung und Verschnittweine (§§ 6, 7) als echt, naturrein, Auslese u. dgl. zu bezeichnen, ist vom WeinG. nicht entschieden. Sie ist nach dem Wettbewerbsgesetz und sonstigen etwa einschlägigen Rechtsvorschriften zu beurteilen. Dabei kommt in Betracht: die Ausdrücke „echt“ und „Original“ in Verbindung mit einer Herkunftsbezeichnung versichern nicht nur die Reinheit des Weines, sondern auch dessen wirkliche Abstammung, der Ausdruck „naturrein“ dagegen nur, daß der Wein nicht gezuckert, der Ausdruck „Auslese“ nur, daß die Trauben ausgelesen sind, was eine entliehene Herkunftsbezeichnung und einen Verschnitt nicht ausschließt.

4. Enger wie das allgemeinere Verbot der „Bezeichnung" i. S. des § 5 Abs. 1 Halbsatz 1 ist aufzufassen das in Halbsatz 2 enthaltene Verbot der „Angabe (oder Andeutung) des Wachstums in der Benennung". Als „in die Benennung des Weines" aufgenommen ist eine Angabe anzusehen, wenn sie auf Etiketten, in Preisverzeichnissen u. dgl. mit den sonstigen Namen des Weines derart in Verbindung gebracht ist, daß sie in den Augen des Abnehmers als zur Kennzeichnung der Eigenart des Weines dienend erscheinen muß. Dies ist z. B. bei dem Namen eines Weinbergbesitzers der Fall in Angaben wie „Wachstum des N. N.", „Kreszenz N. N.", „Aus den Weinbergen des N. N." und ähnlichen, während die Vorschrift der Angabe des Verkäufers, auch wenn er Weinbergbesitzer sein sollte, nicht entgegensteht, sofern eine solche Beziehung zu der Benennung des Weines vermieden wird. (Erl. und Komm.) Das Verbot der Wachstumsangabe bei gezuckertem Weine setzt sohin voraus, daß dem Weine ein Namen gegeben und daß diesem Namen die Wachstumsangabe (oder -andeutung) beigefügt wird. Das Verbot trifft nur die etikettenmäßige oder etikettenähnliche, gewissermaßen zeichenrechtliche (oder durch bildliche Darstellungen mögliche) Verwendung der Wachstumsangabe auf der Ware selbst oder in sonstigen im geschäftlichen Verkehre üblichen Kundgebungen, nicht aber anderweitige (sei es mündliche, schriftliche oder schlüssige) Wachstumsangaben, also nur die Form, nicht den Inhalt (Hofacker S. 48, Günther u. Marschner S. 118, Brauer in Rhein. Archiv 8. Bd. n. F. S. 17).

Nicht verboten ist daher z. B.

a) wenn der Verkäufer eines gezuckerten Weines auf Befragen mündlich oder schriftlich dessen Wachstum mitteilt (a. M. Reich, Zeitschr. f. R. 1909 S. 222),
b) wenn ein Winzer bekannt macht, daß er seine selbstgebauten Weine — die gezuckert sind — versteigere, solange nicht in der Art und Form der Ankündigung nach der Anschauung der beteiligten Kreise eine etikettenähnliche Benennung der einzelnen Weine nebst Wachstumsangabe zu erblicken ist (WeinGE. I S. 40),
c) wenn ein „Straußwirt" selbstgebauten gezuckerten Wein ausschänkt, woran er trotz der Zuckerung weder durch weingesetzliche noch mit gewissen Beschränkungen durch gewerbepolizeiliche Vorschriften gehindert ist.

(Näheres s. meine Ausführungen in Zeitschr. f. R. 1911 S. 14ff., Bayer. Oberstes Landesgericht E. vom 20. Mai 1911, ObLGE. 1911 S. 194, WeinGE I S. 41, und wegen der Beschränkungen ObLGE. 1911 S. 145; a. M. Michel, Zeitschr. f. R. 1911 S. 106ff.)

Das Verbot gilt auch dann, wenn der Wein gleichzeitig als gezuckert bezeichnet würde. (Vgl. Gesetzestext und Entwurf.) Das Sätzchen „sofern nicht gleichzeitig der Wein als gezuckert bezeichnet wird" wurde in der Kommission gestrichen, so daß das Verbot jetzt absolut besteht. Man will damit verhindern, daß Erzeugnisse eines grundsätzlichen Puristen von einem späteren Erwerber, vielleicht einem übelwollenden Konkurrenten, aufgezuckert und trotzdem noch unter Angabe des Produzenten als gezuckert in den Verkehr gebracht werden. (Komm.)

Angedeutet wird der Name eines Weinbergbesitzers ebenso durch den Gebrauch erfundener Namen wie durch verschleierte oder zweideutige Angaben. Hierunter fallen also Bezeichnungen wie „eigenes

Gewächs" oder „Eigenbau" unter gleichzeitiger, wenn auch äußerlich getrennter Angabe des Liefernden, dann Angaben wie „Selbstgebaut von N. N.", „Selbstgeerntet von N. N." oder „Selbstgezogen von N. N. (Komm.) Dagegen wird durch die Angabe einer Lage, die sich im Alleinbesitz eines Weinbergbesitzers befindet, dessen Name nicht angedeutet. So ist die Angabe „Schloß Vollradser", obgleich im Alleinbesitz, gestattet.

Demnach sind folgende Etiketten eines gezuckerten Weines, der in allen Teilen aus der angegebenen Lage stammt, nicht zu beanstanden:

1905er Neustadter Erkenbrecht.
Hotel X. in Y.

oder

1905er Neustadter Erkenbrecht.
Weingutsbesitzer N. in Neustadt,

unzulässig dagegen wären für gezuckerte Weine Etiketten und Bezeichnungen wie:

Josephshöfer, Graf X. X., geliefert von N.,

oder

Oppenheimer Goldberg,
X. X., Besitzer im Oppenheimer Goldberg,

da die Angabe des X. X. unter diesen Umständen Andeutung des Weinbergbesitzers ist.

Wird dem Namen des Weines der Name eines Weingutes beigefügt, wie z. B. „Pfarrgut N. N.", „K. Domäne X." u. dgl., so stellt dies eine Kreszenzangabe dar.

Marken, wie „Schloß Vollradser" und „Josephshöfer" sowie die meisten sogenannten Château-Weine, leiten ihren Namen zwar von Weingütern und nicht von Lagen ab, werden aber im Verkehr nicht als Weingutsnamen, sondern als Lagennamen angesehen und unterliegen als solche nicht den Beschränkungen der Wachstumsangabe; sie dürfen also gezuckert sein, falls daneben der Name des Besitzers nicht angegeben ist. Günther u. Marschner Note 3 c.

Abs. 2.

5. Abs. 2 begründet keine allgemeine Deklarationspflicht für gezuckerte Weine, sondern nur die Pflicht unter Umständen einer bestimmten Person mitzuteilen, ob ein bestimmter Wein gezuckert ist. Die Auskunftspflicht besteht nur, wenn der Wein gewerbsmäßig in Verkehr gebracht wird und wenn überdies der Abnehmer bezüglich des von ihm gekauften (eingetauschten usw.) Weines die Auskunft verlangt. Auskunft über das Maß der Zuckerung braucht nicht gegeben zu werden.

a) „Inverkehrbringen" ist jedes überlassen an andere Personen (RGE. 4 S. 448 u. 768), so daß der Andere die Verfügungsgewalt erlangt. Nicht in den Verkehr bringt, wer eine Sache einem anderen nur zur Verwahrung übergibt. In der Übergabe an einen anderen zum Zwecke der Beförderung liegt noch kein vollendetes Inverkehrbringen, möglicherweise aber ein Versuch hiezu. S. auch § 13 Note 1 und die Rechtsprechung zu § 12 des NMG.

„Gewerbsmäßig" i. S. des Weingesetzes = innerhalb der Grenzen des Gewerbebetriebs zu gewerblichen Zwecken; einmaliges Handeln genügt, s. RGE. Bd. 36 S. 427. Erfordert wird die Absicht gewinnbringender Verwertung im Gewerbebetrieb, Bayer. ObersttLG. 17 S. 69. Der Begriff „gewerbsmäßig“ ist nicht zu eng zu nehmen, sondern so aufzufassen, daß er jede Erwerbstätigkeit umfaßt, er trifft also auch den, der aus eigenem Gewächs gewonnenen Wein in den Verkehr bringt und ebenso den, der für fremde Rechnung handelt. Die Vorschriften finden daher Anwendung ebensowohl auf Winzer und Kommissionäre, wie auf Weinhändler und Wirte. In diesem Sinne ist der Ausdruck auch an anderen Stellen des Entwurfs gebraucht. (Erl.) Zu weit geht RGE. Bd. 41 S. 35, wonach „gewerbsmäßig“ i. S. des früheren WeinG. nicht eine persönliche Eigenschaft des Täters, sondern den Zweck der rechtsgeschäftlichen Verwertung bedeute. Ein Privatmann, der gelegentlich einmal einem Freunde sechs Flaschen Wein gegen Bezahlung zum Selbstkostenpreis überläßt, handelt nicht gewerbsmäßig. Hiezu ist vielmehr erforderlich, daß das entgeltliche Überlassen in der Absicht geschieht, hieraus eine dauernde Einnahmequelle zu erzielen, was aber schon dann der Fall ist, wenn die Absicht besteht bei sich bietender Gelegenheit wieder Wein usw. zu verkaufen. Eine solche Absicht kann sich auch bei einmaligem Handeln aus der Natur des Gewerbebetriebs ergeben, z. B. bei einem Lebensmittelhändler. S. auch § 19 Note 1.

Läßt der Geschäftsherr Wein durch Hilfspersonal in den Verkehr bringen, so ist er verpflichtet, durch dieses die Auskunft geben zu lassen. Ein Wirt muß daher seine Kellner derart belehren, daß sie in der Lage sind, an seiner Stelle wahrheitsgemäße Auskunft zu geben.

b) Auskunft braucht nur auf Befragen erteilt zu werden. Nicht jeder Beliebige hat das Recht auf Auskunft, sondern nur der Abnehmer. Als solcher ist eine Person erst dann zu erachten, wenn der Besitzer mit ihr den Abnahmevertrag d. i. für den Regelfall den Kaufvertrag abgeschlossen hat. Dem Kaufliebhaber steht es natürlich frei, auch schon bei den dem Abschlusse des Kaufs vorangehenden Verhandlungen nach dem Zustande der Ware zu fragen und auch die in diesem Zeitpunkte gegebene Auskunft steht unter dem Schutz des Gesetzes (als ev. Zuwiderhandl. gegen § 5 Abs. 1). Vor Abschluß des Vertrags aber sollte dem Verkäufer eine gesetzliche Auskunftspflicht nicht auferlegt, Dritten ein gesetzliches Recht auf Auskunft und damit auf Einblick in die Geschäftsführung nicht gegeben werden. S. auch RGE. 46 S. 194.

6. Die Auskunftspflicht erlischt mit der vollendeten Übergabe. Solange auch nur ein Teil des gekauften Weines noch nicht übergeben ist, wird die Auskunft noch vor der Übergabe des Restes verlangt.

Bei großen Weinmengen, die nicht mit Faß übergeben werden können, ist unter Übergabe nicht etwa die übliche Siegelung, sondern die tatsächliche Abfüllung des Weines zu verstehen. Die Siegelung verfolgt mehr den Zweck, eine Veränderung des Weines durch Zufüllen hintanzuhalten, als ein Wegnehmen zu verhindern, zumal die zu bezahlende Weinmenge regelmäßig erst beim Abfüllen festgestellt wird. Verkäufer und Geschäftsvermittler sind sohin noch während des Abfüllungsgeschäftes zur Auskunfterteilung verpflichtet.

7. Wer die Erkundigung beim Erwerb des Weines unterläßt, ist deshalb noch nicht strafbar. Das Gesetz schreibt zwar die Erkundigung beim Ankauf von Handelsweinen vor, stellt die Unterlassung aber nicht unter Strafe. Wer jedoch später beim Verkauf des betr. Weines auf die Frage, ob der Wein gezuckert ist, keine oder wenigstens keine richtige Auskunft geben kann, macht sich strafbar — s. Note 9b — und wer dies nicht riskieren will, muß sich schon beim Erwerbe des Weines über dessen Naturreinheit Gewißheit verschaffen.

Beim Einkauf ausländischen Weines kann sich der Käufer aber nicht ohne weiteres damit begnügen, daß ihm der Wein als Naturwein bezeichnet wird, da z. B. in Italien auch der trocken gezuckerte Wein als Naturwein gilt. S. Note 1. Er muß vielmehr ausdrücklich fragen, ob der Wein gezuckert ist oder nicht. S. auch § 3, die Noten 2 u. 6, Schlußsätze.

Abs. 1 u. 2

8. Die Vorschriften des § 5 gelten auch für Traubenmaische und Traubenmost. § 12.

9. Strafdrohungen:

a) für vorsätzliche oder fahrlässige Zuwiderhandlung gegen Abs. 1 in § 28 Nr. 1.

b) für Verweigerung oder vorsätzliche unrichtige Erteilung der gem. Abs. 2 zu gebenden Auskunft in § 29 Nr. 1, für fahrlässig falsche Auskunfterteilung in § 30.

Nachtrag: Die Vorschrift des § 5 kann nicht dahin umgekehrt werden, daß jeder Wein, wenn er nur nicht gezuckert ist, als rein oder als Naturwein feilgehalten oder verkauft werden dürfe. Einen inländischen Naturwein vermag zwar die erlaubte Kellerbehandlung seines Charakters als Naturwein nicht zu entkleiden (s. § 4 Note 2a am Ende und Bundesratsbek. vom 9. Juli 1909 Anhang C Fußnote 3), aber ausländischer Dessertwein z. B., der, sei es im Ausland oder im Inland (s. Bundesratsbek. vom 9. Juli 1909 bei Fußnote 13) einen durch die Vorschriften für Kellerbehandlung **ausländischer** Weine erlaubten erheblichen Alkoholzusatz erfahren hat, ist zweifellos kein Naturwein mehr. Wird er trotzdem als Naturwein bezeichnet, so steht dem geschädigten Konkurrenten der Schutz des Wettbewerbgesetzes zur Seite. (Komm.)

Als Naturwein wird ein ausländischer Wein nur dann bezeichnet werden dürfen, wenn er keine anderen Zusätze erfahren hat, als sie auch im Inlande durch die Kellerbehandlungsvorschriften für **inländische** Weine erlaubt sind. Ein gezuckerter Ungarwein darf daher nicht als reiner Wein verkauft werden. Veröff. d. K. GesA. Beil. VI S. 185.

Herkunftsbezeichnung unverschnittener Weine.

§ 6.

I Im gewerbsmäßigen Verkehre mit Wein dürfen geographische Bezeichnungen nur zur Kennzeichnung der Herkunft verwendet werden.

II Die Vorschriften des § 16 Abs. 2 des Gesetzes zum Schutze der Warenbezeichnungen vom 12. Mai 1894 (Reichs-Gesetzbl. S. 441) und des § 1 Abs. 3 des Gesetzes zur Bekämpfung des unlauteren Wettbewerbes vom 27. Mai 1896 (Reichs-Gesetzbl. S. 145) finden auf die Benennung von Wein keine Anwendung. Gestattet bleibt jedoch, die Namen einzelner Gemarkungen oder Weinbergslagen, die mehr als einer Gemarkung angehören, zu benutzen, um gleichartige und gleichwertige Erzeugnisse benachbarter oder nahegelegener Gemarkungen oder Lagen zu bezeichnen.

Abs. 1.

1. § 6 regelt nur den gewerbsmäßigen Verkehr — s. § 5 Note 5 a — mit Wein (§ 1) einschließlich des Dessertweines (§ 2 Note 3). Wer als Gastgeber seinen Gästen Wein vorsetzt, kann die Flaschen mit beliebigen Etiketten versehen.

Auf Schaumweine und alkoholfreie Weine beziehen sich die §§ 6, 7 nicht. Immerhin wird die Verkehrsanschauung zur analogen Anwendung geneigt sein. Näheres s. § 17 Note 6 und § 1 Note 1 a.

2. Der Ausdruck: „Geographische Bezeichnungen" umfaßt alle Namen von wie immer abgegrenzten Teilen der Erdoberfläche, also ebensowohl Namen von Landschaften und Teilen einer Landschaft (Flur, Berg, Berghang u. dgl.) wie von politischen Bezirken (Land, Kreis, Gemeinde, Ortschaft u. dgl.).

Regel ist: Geographische Bezeichnungen müssen wahr sein. Maßgebend für das Recht der Herkunftsbezeichnung ist der Ort der Traubengewinnung, nicht der Ursprungsort der Rebstöcke (Bayr. ObstLG. vom 17. Oktober 1911, WeinGE. I S. 50, Veröff. d. Kais. Ges.-Amts Beil. Bd. IX S. 243), auch nicht der Ort der Kelterung. Die Trauben, aus denen der Wein hergestellt ist, müssen dort gewachsen sein, wo die Etikette, die Preisliste es besagt. Rheinwein muß vom Rhein, Pfälzer aus der Pfalz, Forster aus Forst, Forster Kirchenstück aus dieser Weinbergslage in Forst stammen. Ebenso muß aber auch Auslandswein, der im Inland in den Verkehr gebracht wird, z. B. Bordeaux, Portwein, Madeira oder Tokajer aus den durch die Benennung bezeichneten Bezirken stammen — so für Tokajer RGE. 40 S. 288, 45 S. 143. S. RGBl. 1906 S. 147 und Preuß. MinErl. vom 10. Februar 1914 (hinten C I 2). Nach dem deutsch-portugiesischen Handelsvertrag vom 30. November 1908 (RGBl. 1910 S. 679) in Kraft seit 5. Juni 1910, infolge des Weltkriegs hinfällig, solange nicht Portugal gem. Art. 289 des Versailler Friedensvertrags (RGBl. 1919 S. 1097) sein Wiederaufleben verlangt, ist dies als Sonderbestimmung für Portwein, Madeirawein und ähnliche Zusammensetzungen für den inneren deutschen Verkehr ausdrücklich festgelegt unter Ausschluß dieser Namenführung bei Verschnitten. Bezüglich des Rechtes auf eine Herkunftsbezeichnung für geistige Getränke, die aus den alliierten oder assoziierten Ländern stammen, s. jetzt Versailler Vertrag Art. 275 (RGBl. 1919 S. 1083). Bei Malaga ist die Frage strittig, da die Bezeichnung Malagawein in Spanien nicht Herkunfts-, sondern Gattungsbezeichnung sei. S. Hofacker Note 6 und D. Wein-Ztg. 1913 Nr. 15 und 21.

Es verstößt nicht gegen die Vorschrift der richtigen Herkunftsbezeichnung, wenn ein im Inlande, z. B. in Dürkheim gewachsener, aus Portugieser- oder Burgundertrauben gewonnener Wein „Dürkheimer Portugieser" oder „Dürkheimer Burgunder" genannt wird, da in dieser Verbindung der Name Portugieser (Burgunder) deutlich erkennbar nicht die Herkunft, sondern die Traubensorte bezeichnet. Siehe jedoch für Tokajer die oben angef. Entsch., für „griechischen Malaga" WeinGE. I

S. 50 und Preuß. MinErl. vom 20. März 1912 betr. die Unzulässigkeit der Bezeichnung Deutscher Burgunder (s. hinten C I 2).

Inwieweit Fantasienamen zulässig, s. Nachtrag zu § 7. Abs. 2.

3. § 16 Abs. 2 des Gesetzes vom 12. Mai 1894 und § 1 Abs. 3 des Gesetzes vom 27. Mai 1896 — an dessen Stelle vom 1. Oktober 1909 ab der inhaltlich gleiche § 5 Abs. 1 des Gesetzes gegen den unlauteren Wettbewerb vom 7. Juni 1909 getreten ist — lauten übereinstimmend: Die Verwendung von Namen, welche nach Handelsgebrauch zur Benennung gewisser Waren dienen, ohne deren Herkunft bezeichnen zu sollen, fällt unter die vorstehenden Bestimmungen — nämlich unter das durch beide Gesetze in den vorhergehenden Absätzen erlassene Verbot unrichtiger Bezeichnung — nicht. Indem § 6 Abs. 2 Satz 1 diese Ausnahmebestimmung auf die Benennung von Wein nicht für anwendbar erklärt, besagt er das gleiche wie § 6 Abs. 1, nämlich: Geographische Bezeichnungen müssen wahr sein.

4. Ausnahmen von dieser Regel:

Abs. 2 Satz 2 läßt gewisse Namen als „Sammelnamen" zu, nämlich

a) Die Namen einzelner „Gemarkungen" dürfen zur Benennung gleichartiger und gleichwertiger Erzeugnisse benachbarter oder nahegelegener Gemarkungen benutzt werden. Die „Gemarkung" wird in der Regel mit dem Gemeindebezirk zusammenfallen. Analoge Anwendung für größere Bezirke, Weingegenden, Provinzen, Länder ist ausgeschlossen. Durch den Wechsel des Gemarkungsnamens kann jedoch möglicherweise ein Wein zugleich in eine andere Weingegend einrücken und darf dann selbstverständlich auf Weinkarten und Preislisten mit dem neuen Gemarkungsnamen unter die Weine der zugehörigen Weingegend eingereiht werden.

Nur die Namen „einzelner" — nicht aller — Gemarkungen sollen als Gattungsnamen für die betr. Gegend benutzt werden dürfen. Damit soll gesagt sein, daß nur die Namen der nach Menge und Güte ihres Gewächses als Hauptorte einer Gegend anzusehenden Ortschaften hier in Betracht kommen können. (Komm.)

„Gleichartig" und „gleichwertig" sind Erzeugnisse dann, wenn sie nach Beschaffenheit und innerem Werte gleichstehen. Daß sie auch gleichpreisig seien, wird nicht erfordert (Komm.). RGE. 28 S. 371 zu § 16 des Gesetzes zum Schutze der Warenbezeichnungen vom 12. Mai 1894 ist hier nicht einschlägig.

„Benachbart" sind Gemarkungen, die aneinandergrenzen.

Der Begriff „Nahegelegen" soll nicht eine bestimmte nach Kilometern zu berechnende Entfernung bezeichnen, auch nicht zu kleinlich ausgelegt werden. Gemarkungen, die nur durch den Rhein getrennt sind, seien zweifellos nahegelegen. Indessen könnten nicht alle Orte des Rheingaues oder Rheinhessens als nahegelegen erachtet werden. So könne man nicht sagen, daß Rüdesheim und Worms, oder Hochheim und Kreuznach einander nahegelegen seien. (Erkl. des Reg.-Vertreters im Reichstage). Wie in Weinbau- und Weinhandelskreisen der Begriff „nahe gelegen" aufgefaßt wird, s. Deutsche Weinzeitung 1913 Nr. 50.

Ein Wein ist nicht schon dann das Erzeugnis einer Gemarkung oder Lage, wenn er gem. § 6 Abs. 2 Satz 2 deren Namen führen darf, sondern nur dann, wenn er in der Tat dort gewachsen ist. Eine kettenartig fortgesetzte Umtaufung ist sohin ausgeschlossen; es wäre beispielsweise nicht zulässig zur Umgehung obiger Vorschriften den Kreuznacher zuerst Rüdesheimer und diesen „Rüdesheimer" alsdann Hochheimer zu nennen. Wer Kaufweine umtaufen will, wird daher zuvor ihre wirkliche Abstammung feststellen müssen.

b) Die Namen einzelner „Weinbergslagen, die mehr als einer Gemarkung angehören", dürfen zur Benennung gleichartiger und gleichwertiger Erzeugnisse benachbarter oder nahegelegener Lagen oder Gemarkungen benutzt werden. Zu den Worten „einzelne", „gleichartig", „gleichwertig", „benachbart", „nahegelegen", „Erzeugnisse" s. Note a. Weinbergslagen sind in der Regel bestimmte kleinere Teile einer Gemarkung. Ausnahmsweise gibt es auch solche, die sich über mehrere Gemarkungen erstrecken, z. B. der „Brauneberger" an der Mosel und der „Stein" bei Würzburg. Nur solche kommen als Sammelnamen in Betracht.

Dafür, ob eine Weinbergslage besteht und wie weit sie reicht, ist nicht ohne weiteres das Kataster maßgebend, sondern in erster Linie die althergebrachte allgemeingebräuchliche ortsübliche Benennung, die nicht zu verwechseln ist mit den unter den früheren Weingesetzen eingerissenen Benennungsmißbräuchen durch anliegende Interessenten. So nunmehr auch WeinGE. II S. 20: „Voraussetzung ist, daß die von der grundbuchmäßigen Bezeichnung abweichende Lagebezeichnung auf historischer Grundlage beruht und im Volksmund und im Verkehr allgemein üblich ist. Dagegen steht es dem Eigentümer eines Weinberges nicht frei, diesem jederzeit eine ihm beliebige Benennung zu geben und die darauf gewonnenen Erzeugnisse ohne Rücksicht auf den Eintrag im Grundbuch unter der neuen Bezeichnung in den Verkehr zu bringen."

Über die Auslegung des Sätzchens „die mehr als einer Gemarkung angehören", war man bei der Beratung des Entwurfes geteilter Auffassung. S. Sitzungsbericht des Reichstags vom 9. und 11. März 1909. Der Abgeordnete Baumann äußerte: „Weinbergslagen dürfen benützt werden, wenn die Bezeichnung in mehr als einer Lage vorhanden ist. Das bezieht sich z. B. auf die Bezeichnung, die am häufigsten vorkommt, „Berg": „Rüdesheimer Berg", „Nackenheimer Berg", „Rauenthaler Berg" und so gibt es, wie in allen Weinbergsgebieten, auch bei uns in Franken einen „Eschendorfer Berg", einen „Dettelbacher Berg" usw. Das wird in jedem Weingebiet vorkommen, und vielleicht auch andere gleiche Lagenamen. Diese dürfen also nach dem Beschlusse der Kommission benützt werden, aber andere Lagen, die einzeln dastehen, nicht."

Dieser Auffassung kann nicht beigetreten werden. Das Gesetz spricht nicht von Namen, die in mehr als einer Lage vorhanden sind, sondern von Lagen, die mehr als einer Gemarkung angehören. Hierunter sind solche Lagen zu verstehen, die sich über verschiedene Gemarkungen erstrecken. (So auch Abg. Dr. David.) Ausführlicher erläuterte Abg. Frhr. v. Heyl die Rechtslage mit den Worten: „Wir haben der Mosel ein gewisses Entgegenkommen bewiesen dadurch, daß wir die sog. lex Brauneberger angenommen haben. Wir haben nämlich im letzten Moment bei unseren Kommissionsberatungen denjenigen Weinbergslagen, die mehr als eine Gemarkung durchziehen, auch dann, wenn sie gezuckert sind, die Weinbergslage gewährt, während andere Weinbergslagen, die nicht durch verschiedene Gemarkungen gehen, diesen Vorzug nicht genießen. Man hat die Bestimmung getroffen, damit an der Mosel bestimmte Gemarkungen in der Lage sind, ihre Produkte als Brauneberger verkaufen zu können. Wir haben aber auch im Rheingau und in Rheinhessen Lagen, wo die gleichen Weinberge verschiedene Gemarkungen durchziehen, so daß gewissermaßen jetzt neue Gemarkungsnamen geschaffen werden."

Mit dem Namen einer Lage, die nur einer Gemarkung angehört, darf Wein einer anderen Lage nicht bezeichnet werden.

Ist ein Lagenamen nur in Verbindung mit dem Gemarkungsnamen gebräuchlich und ändert die Lage beim Übertritt in die Nachbargemarkung ihren Namen, wird beispielsweise ein Xer Schloßberg in der angrenzenden Gemarkung Y zum Yer Schloßberg, so liegt keine Lage vor, die mehrere Gemarkungen durchzieht, denn der Xer Schloßberg gehört eben nur einer Gemarkung an.

c) Für Verschnitte und Auffüllungen werden durch § 7 weitere Ausnahmen begründet.

5. Die Ausnahmebestimmung des Abs. 2 Satz 2 ist eng auszulegen. Als Sammelnamen dürfen daher nicht benützt werden die Namen von Weingütern, auch wenn sie sich über die Gemarkungsgrenze erstrecken, mag es sich auch um Gutsnamen handeln, die in anderer Beziehung als Lagenamen angesehen werden. S. § 5 Note 4 am Ende.

6. Die Vorschriften des § 6 gelten auch für Traubenmaische und Traubenmost (§ 12), soweit nicht § 7 Abs. 3 Vergünstigungen für gleichwertige Mischungen aus derselben oder einer benachbarten Gemarkung bringt.

7. Strafdrohung für vorsätzl. u. fahrl. Verf. gg. § 6 in § 28 Nr. 2. Daneben sind die Strafvorschriften der Gesetze zum Schutze der Warenbezeichnungen und zur Bekämpfung des unlauteren Wettbewerbes bzw. vom 1. Oktober 1909 ab des Gesetzes gegen den unlauteren Wettbewerb vom 7. Juni 1909 in Betracht zu ziehen. S. § 32.

Benennung der Verschnitte. § 7.

I Ein Verschnitt aus Erzeugnissen verschiedener Herkunft darf nur dann nach einem der Anteile allein benannt werden, wenn dieser in der Gesamtmenge überwiegt und die Art bestimmt; dabei findet die Vorschrift des § 6 Abs. 2 Satz 2 Anwendung. Die Angabe einer Weinbergslage ist jedoch, von dem Falle des § 6 Abs. 2 Satz 2 abgesehen, nur dann zulässig, wenn der aus der betreffenden Lage stammende Anteil nicht gezuckert ist.

II Es ist verboten, in der Benennung anzugeben oder anzudeuten, daß der Wein Wachstum eines bestimmten Weinbergsbesitzers sei.

III Die Beschränkungen der Bezeichnung treffen nicht den Verschnitt durch Vermischung von Trauben oder Traubenmost mit Trauben oder Traubenmost gleichen Wertes derselben oder einer benachbarten Gemarkung und den Ersatz der Abgänge, die sich aus der Pflege des im Fasse lagernden Weines ergeben.

1. § 7 (früher 6a) ist die Fortsetzung von § 6 und gibt, wie dieser, nur Vorschriften für den gewerbsmäßigen Verkehr mit Wein. S. § 6 Note 1.

2. Ein Verschnitt i. S. des § 7 ist nur ein Verschnitt aus Erzeugnissen „verschiedener Herkunft". S. hiezu § 2 Note 1. Verschnitte aus verschiedenen Jahrgängen gleicher Herkunft stehen hinsichtlich der Herkunftsbezeichnung unverschnittenem Weine gleich, ebenso Verschnitte gleicher Herkunft, die aber von verschiedenen Weinbergbesitzern stammen. Unter Verschnitt ist daher im folgenden stets ein Verschnitt aus Erzeugnissen verschiedener Herkunft zu verstehen.

Ob gegebenenfalls Erzeugnisse verschiedener Herkunft vermischt wurden, oder solche gleicher Herkunft, hängt von dem Namen ab, den die Mischung bekommt. Führt die Mischung einen Namen, der auf alle Anteile zutrifft, derart, daß nicht nur alle Anteile den fraglichen Namen führen dürfen, sondern tatsächlich auch dort gewachsen sind, wo der Name es besagt, so sind nur Erzeugnisse gleicher Herkunft vermischt.

a) Wird z. B. ein Rieslingwein aus der Lage Deidesheimer Kieselberg (als überwiegender Anteil) mit einem Riesling einer anderen Deidesheimer Lage vermischt, und wird diese Mischung nur schlechtweg „Deidesheimer Riesling" genannt, so ist dieser Mischwein kein Verschnitt i. S. des § 7, da alle Anteile der Gemarkung Deidesheim entstammen, unter dieser Bezeichnung also gleicher Herkunft sind.

b) Kommt jedoch ein gleichartiger und gleichwertiger Riesling aus dem benachbarten Forst mit in die Mischung, so liegt ein „Verschnitt" vor, da dieser Forster Riesling gem. § 6 Abs. 2 Satz 2 zwar den Namen Deidesheimer Riesling führen darf, aber nicht in der Gemarkung Deidesheim gewachsen ist.

c) Wird der gleiche Wein im Falle a oder b „Deidesheimer Kieselberg Riesling" genannt, so liegt ein „Verschnitt" vor, da dieser Lagenamen nicht der tatsächlichen Herkunft aller Bestandteile entspricht.

Abs. 1.

3. Bis zum Gemarkungsnamen herab darf der Verschnitt nach dem Anteile benannt werden, der die Art bestimmt und der Menge nach überwiegt (s. aber Sonderregelung für Portwein u. Madeira § 6 Note 2).

Der „Menge nach überwiegt" ein Anteil dann, wenn er mehr wie die Hälfte der ganzen Mischung beträgt. Wird Traubenmaische mit Most oder Wein vermischt, so kann bei der Traubenmaische nur die Menge des Saftes (etwa 75% der Maische, s. § 3 Note 9) der Berechnung zugrunde gelegt werden.

Unter „Art" eines Weines versteht man die Gesamtheit der Eigenschaften, die ihn von anderen Sorten unterscheiden, ihm sein eigentümliches Gepräge geben. „Bestimmend" für die Art des Ganzen ist ein Anteil dann, wenn er auch im Ganzen noch seinen Eigenschaften nach vorwiegend zur Geltung kommt und die Art der anderen Anteile daneben so sehr zurücktritt, daß sie auch für den kundigen Weintrinker nicht mehr in Betracht kommt. Ob dies der Fall, wird sohin vorzugsweise nach Geschmack, Geruch und Aussehen und weniger nach der chemischen Zusammensetzung zu beurteilen sein.

Der nach Art und Menge überwiegende namengebende Anteil (Hauptanteil) kann sich aus mehreren Unteranteilen zusammensetzen, wenn auf deren verschiedene individuellere Bezeichnung verzichtet und der sie gemeinsam umfassende allgemeine Name gewählt wird. 300 l Rheingauwein + 300 l Rheinhessiser Wein der Niersteiner Gegend + 300 l Elsässer ergeben 900 l „Rhein"wein.

Überwiegt nach Art und Menge kein Anteil, auch nicht unter Zusammenrechnung mehrerer Unteranteile (s. vorigen Absatz), und steht auch kein für sämtliche Bestandteile zutreffender geographischer Name zu Gebote, so wird auf eine einheitliche Herkunftsbezeichnung verzichtet werden müssen. Ein Verschnitt aus 1/3 spanischem Rotwein, der die Art bestimmt, und 2/3 inländischem (Pfälzer) Rotwein darf daher nur als Rotwein oder als Europäischer Rotwein bezeichnet werden.

Für Gemarkungsnamen — nicht auch für weitere Bezirke, Provinzen, Länder (mittelbar bewirkte Ausnahme s. unten) — werden diese Verschnittbestimmungen wie folgt erweitert: „Die Vorschrift des § 6 Abs. 2 Satz 2 findet Anwendung", d. h. auch ein Verschnittwein darf unter den dort angeführten Voraussetzungen den Namen einer anderen Gemarkung annehmen. Ist ein Wein berechtigt einen bestimmten Gemarkungsnamen zu führen, so darf er auch den Namen des entsprechenden weiteren Bezirks oder Landes führen, dem die betr. Gemarkung angehört. S. § 6 Note 4a. Hienach gelten für Gemarkungsnamen nachstehende Sätze:

a) Der Verschnitt darf stets den Gemarkungsnamen desjenigen Erzeugnisses tragen, das die Art bestimmt und der Menge nach überwiegt.

b) Der Name eines Hauptweinortes der betr. Gegend darf für einen Verschnitt — vom Falle a abgesehen — auch dann gewählt werden, wenn der nach Art und Menge überwiegende Anteil des Verschnitts in einer der namengebenden Gemarkung benachbarten oder nahegelegenen Gemarkung gewachsen und dem Weine dieser Gemarkung gleichartig und gleichwertig ist, oder

c) wenn mehrere gleichartige Anteile zusammengerechnet nach Art und Menge überwiegen und in der Gemarkung des Hauptweinortes oder in (dieser Gemarkung) benachbarten oder nahegelegenen Gemarkungen gewachsen und dem Weine dieser Gemarkung gleichartig und gleichwertig sind. S. § 6 Note 4a.

Beispiele:

aa) 3 Stück Rüdesheimer + 2 Stück Pfälzer ergeben 5 Stück Rüdesheimer,

bb) 3 Stück Aßmannshäuser (Rüdesheim benachbart) + 2 Stück Pfälzer ergeben 5 Stück Rüdesheimer,

cc) 3 Stück Rüdesheimer + 3 Stück Aßmannshäuser + 4 Stück Pfälzer ergeben 10 Stück Rüdesheimer (aa + bb),

ebenso würden 3 Stück Bingener (Rüdesheim nahegelegen) + 3 Stück Aßmannshäuser + 4 Stück Pfälzer zusammen 10 Stück Rüdesheimer ergeben, immer vorausgesetzt, daß Rüdesheimer, Aßmannshäuser und Bingener gleichartig und gleichwertig sind und die Art der Mischung bestimmen. Wäre allerdings der verwendete Rüdesheimer eine „Spitze" unter den Rüdesheimer Gewächsen, so brauchten die anderen Rheinweine nicht gerade ihm, sondern nur im allgemeinen den Weinen der Rüdesheimer Gemarkung im Werte gleich zu sein. Der Pfälzer als Nebenanteil braucht weder gleichartig noch gleichwertig zu sein. — In allen diesen Beispielen dürfte der Verschnitt statt Rüdesheimer natürlich auch nur „Rheinwein" genannt werden. S. § 6 Note 4a.

4. Lagenamen für Verschnitte.

Es ist zu unterscheiden zwischen Lagenamen des § 6 Abs. 2 Satz 2 und sonstigen Lagenamen.

a) Der Name einer Lage, die mehreren Gemarkungen angehört und nach Menge und Güte ihres Gewächses als eine Hauptlage der betr. Gegend anzusehen ist („Sammellagename", s. § 6 Note 4b), darf für Verschnitte dann gewählt werden, wenn

aa) der nach Art und Menge überwiegende Anteil des Verschnitts in der namengebenden Lage gewachsen ist, oder

bb) der nach Art und Menge überwiegende Anteil in einer der namengebenden Lage benachbarten oder nahegelegenen Lage oder Gemarkung gewachsen und dem Weine dieser Lage gleichartig und gleichwertig ist, oder

cc) mehrere gleichartige Anteile zusammengerechnet nach Art und Menge überwiegen und in der namengebenden Lage oder in (dieser Lage) benachbarten oder nahegelegenen Lagen oder Gemarkungen gewachsen und dem Weine dieser Lage gleichartig und gleichwertig sind.

Alle Anteile solcher Verschnitte dürfen gezuckert sein.

Beispiel: Der Verschnitt wird Brauneberger genannt. „Brauneberger" bezeichnet eine Lage, die mehreren Gemarkungen angehört. Es liegt also ein Fall des § 6 Abs. 2 Satz 2 vor, alle Anteile dürfen gezuckert sein. § 7 Abs. 1 Satz 2.

Mögliche Zusammensetzung dieses Verschnitts:

Zu aa) Der überwiegende Anteil stammt tatsächlich aus der Brauneberger Lage. § 7 Abs. 1, erster Halbsatz.

Zu bb) Der überwiegende Anteil stammt aus einer der Brauneberger Lage benachbarten oder nahegelegenen Lage oder Gemarkung. § 7 Abs. 1, erster und zweiter Halbsatz, § 6 Abs. 2 Satz 2.

Zu cc) Kein Anteil überwiegt. Zwei oder mehrere gleichartige Anteile stammen teils aus der Lage Brauneberger, teils aus benachbarten oder nahegelegenen Lagen und Gemarkungen oder nur aus letzteren und überwiegen zusammengerechnet. § 7 Abs. 1, erster und zweiter Halbsatz, § 6 Abs. 2 Satz 2.

b) Der Name einer Lage, die nur einer Gemarkung angehört, darf für Verschnitte dann gewählt werden, wenn das zum Verschnitt mitverwendete Erzeugnis der namengebenden Lage die Art des Ganzen bestimmt, der Menge nach überwiegt und nicht gezuckert ist. Die Nebenanteile dürfen gezuckert sein.

Beispiel: Der Verschnitt wird Neustädter Erkenbrecht genannt. Der nach Art und Menge überwiegende Anteil muß in der Lage Erkenbrecht gewachsen und darf nicht gezuckert sein. § 6 Abs. 2 Satz 2 findet keine Anwendung, da die Lage nur einer Gemarkung angehört.

Würden Haupt- und Nebenanteile zunächst ungezuckert verschnitten und erst nachträglich gezuckert, so würde der Verschnitt nicht mehr „Erkenbrecht" genannt werden dürfen, weil durch die Zuckerung der ganzen Mischung auch der Hauptanteil gezuckert und damit die Angabe der Weinbergslage unzulässig geworden ist. A. M. Hofacker, Note 6b, der aber sein Ergebnis selbst als unbefriedigend bezeichnet.

5. a) § 7 Abs. 1 regelt den Verschnitt von „Erzeugnissen" verschiedener Herkunft. Das Erzeugnis einer Gegend, Gemarkung oder Lage ist ein Wein nur dann, wenn er wirklich dort gewachsen ist. Daraus ergibt sich, daß das Gesetz in seinen Verschnittbestimmungen unverschnittene Anteile voraussetzt, die in der Tat dort gewachsen sind, wo ihr Name es besagt. Wer weitere Verschnitte vornehmen will, muß daher einen früher gemachten Verschnitt berücksichtigen. Es wäre nicht angängig beispielsweise 510 l Rüdesheimer mit 490 l Pfälzer zu verschneiden, den erzielten 1000 l „Rüdesheimer" nochmals 990 l Pfälzer zuzusetzen und die Gesamtmenge von 1990 l alsdann immer wieder Rüdesheimer zu nennen. Will also jemand gekauften Wein verschneiden, so muß er sich darüber verlässigen, ob und inwieweit der Wein bereits verschnitten ist. Kann der Käufer hierüber nichts mehr feststellen, so darf er den Wein bei weiteren Verschnitten nicht als namengebenden Anteil verwenden, falls er nicht Bestrafung wegen fahrlässiger oder gar vorsätzlicher (dolus eventualis!) Gesetzesverletzung riskieren will.

b) Wird ein gezuckerter Trarbacher Schloßberg des Winzers X. mit einem gezuckerten Trarbacher Schloßberg des Winzers Y. zusammengeworfen, so darf dieser Wein, obwohl in allen Teilen gezuckert, als Trarbacher Schloßberg bezeichnet werden, da beide Anteile aus der gleichen Lage stammen, ein Verschnitt im Sinne des § 7 also nicht vorliegt. S. Note 2.

Abs. 2.

6. **Das Wachstum eines bestimmten Weinbergbesitzers darf in der Benennung eines Verschnittes nicht angegeben oder angedeutet werden — s. hiezu § 5 Note 4 —, auch dann nicht, wenn alle Anteile tatsächlich Wachstum des betr. Besitzers sind.**

Sind daher in den in Note 2 unter a, b und c angeführten Beispielen alle Anteile Wachstum desselben Besitzers, so darf dieses Wachstum nur im Falle a, nicht aber in den Fällen b und c angegeben werden. Wachstumsangabe ist selbst dann verboten, wenn die sämtlichen demselben Besitzer gehörigen Verschnittbestandteile namentlich angeführt werden, wenn also z. B. ein aus den Berncasteler Lagen X. und Y. stammender Verschnitt "Berncasteler X- und Y ner" genannt wird. (Ausnahme s. Abs. 3). Andrerseits verlieren zusammengeworfene Anteile der gleichen Lage verschiedener Jahrgänge des gleichen Weinbergbesitzers nicht das Recht der Wachstumsangabe, da alle Anteile aus der gleichen Lage stammen, ein Verschnitt i. S. des § 7 sohin nicht vorliegt (s. Note 2), mag auch die Mischung die Jahrgangsbezeichnung des Hauptanteils tragen.

Abs. 3. Sog. „Produzentenvergünstigung".

7. Diese Bezeichnung ist irreführend. Die Vergünstigung kommt auch Nichtproduzenten, insbesondere auch dem Weinhandel zugute.

Abs. 3 bringt zwei Vergünstigungen, die eine für gewisse Herbstmischungen, die andere für gewisse Auffüllungen.

„Die erste Ausnahmebestimmung will Härten vorbeugen, die sich aus dem vorhergehenden Satze (der im Entwurf das Verbot enthielt, in die Benennung des Verschnittes eine Weinbergslage — jetzt weggefallen — oder den Namen eines Weinbergbesitzers anzugeben) in ertragsarmen Jahren bei der Verwertung des Erzeugnisses räumlich beschränkter Lagen ergeben können; sie trägt zugleich dem Umstande Rechnung, daß nicht selten Weinbergslagen von Gemarkungsgrenzen durchschnitten werden. Bei der engen Fassung der Ausnahmevorschrift sind Mißstände durch mißbräuchliche Ausnützung kaum zu befürchten. Die zweite Ausnahmevorschrift für das Auffüllen des im Fasse lagernden Weines wird der Begründung nicht bedürfen." (Erl.)

Welche „Beschränkungen der Bezeichnung" im Abs. 3 gemeint sind, ergibt sich aus folgendem: Das Gesetz geht von der Regel aus: Geographische Bezeichnungen müssen wahr sein. Hienach hätte jeder Verschnitt als solcher bezeichnet werden müssen, z. B. mit dem Doppelnamen „Kreuznach-Rüdesheimer". § 7 bringt nun für Verschnitte auf der einen Seite die Vergünstigung, daß sie nach dem (nach Art und Menge) überwiegenden Anteile benannt werden dürfen, auf der anderen Seite zwei Beschränkungen hinsichtlich der Führung des Lagenamens und der Wachstumsbezeichnung. Auf diese Beschränkungen allein bezieht sich Abs. 3, für dessen Bereich diese Beschränkungen wieder aufgehoben werden. (S. auch Entwurf: Es ist verboten .... Lage und Wachstum anzugeben. Dieses Verbot trifft nicht usw.) Hinsichtlich der Führung des Lagenamens und der Wachstumsbezeichnung gelten demnach nicht als Verschnitte:

a) Die Vermischung von Trauben (Traubenmaische § 12) oder Traubenmost mit Trauben (Traubenmaische) oder Traubenmost gleichen (inneren) Wertes desselben oder einer benachbarten (d. i. angrenzenden) Gemarkung; nahegelegene (s. § 6 Note 4a), aber nicht angrenzende Gemarkungen sind nicht inbegriffen; ebenso nicht die Vermischung mit Wein (der sich durch die inmitte liegende Gärung vom Moste unterscheidet, § 1, s. auch Einleitung I);

b) der Ersatz der aus der Pflege des im Fasse lagernden Weines sich ergebenden Abgänge. Der Abgang, nicht der Ersatz, muß sich aus der Pflege des Weines ergeben. Als solche Abgänge (Minderungen der ursprünglichen Menge) kommen in Betracht die bei den mehrmaligen Abläßen des Weines wegfallenden Hefe- und Trubmengen sowie der natürliche Schwund des Weines, auch die unvermeidlichen Verluste beim Filtrieren und Schönen, nicht dagegen z. B. der Abgang durch Entnahme von Proben, durch Verkauf eines Teiles des Faßinhaltes, durch Verlust infolge Leckage, da in diesen Fällen wohl der Ersatz, nicht aber der Abgang sich aus der Pflege des Weines ergibt. Endlich gehört nicht hierher die Zufüllung von Wein nach der Hauptgärung, um das gärvolle Faß spundvoll zu machen, da es sich dabei nicht um Ersatz eines „Abganges" handelt. Eine Auffüllung „durch ähnlichen Wein" (so hieß es im Entwurf) ist nicht mehr vorgeschrieben. Der Füllwein braucht auch nicht aus der Nachbarschaft zu stammen oder gleichwertig zu sein.

Hienach darf ein Wein, der nur Herbstmischungen und Auffüllungen i. S. des § 7 Abs. 3 erfahren hat, auch als gezuckerter Wein (obwohl der aus der namengebenden Lage stammende „Anteil" gezuckert ist) den Lagenamen führen und als Naturwein (obwohl streng genommen „Verschnitt") die Wachstumsbezeichnung tragen. Über § 7 Abs. 1 Satz 2 und Abs. 2 hinaus ist die Vorschrift des Abs. 3 nicht auszudehnen. Auch bei Herbstmischungen und Auffüllungen muß der Wein stets noch Art und überwiegende Menge des Weines haben, dessen Namen er trägt (§ 7 Abs. 1 Satz 1) — es ist also z. B. nicht zulässig, einen deutschen Rotwein durch fortgesetztes Auffüllen mit schwerem Spanier ohne Änderung des Namens völlig in der Art zu ändern —, ein Weißwein darf nicht mit Dessertwein aufgefüllt werden (§ 2 Satz 2), ein Naturwein, der Natur bleiben soll, darf nicht mit gezuckertem Weine aufgefüllt werden (§ 5 Abs. 1), und ein Rotwein, der nicht Rotweißverschnitt werden will, darf nicht mit Weißwein aufgefüllt werden (§ 8). Endlich muß eine Wachstumsangabe auch bei Herbstmischungen und Auffüllungen auf alle Anteile zutreffen, nicht bloß für den Besitzer des Hauptanteils. A. M. für Herbstmischungen Günther u. Marschner Note 2g, Hofacker Note 7b. § 7 Abs. 2 verbietet bei einem Weine — zu ergänzen: bei dem es an sich erlaubt wäre das Wachstum anzugeben (andernfalls wäre das Verbot gegenstandslos), der also nur Erzeugnis eines Weinbergbesitzers und nicht gezuckert ist, die Wachstumsangabe, wenn er verschnitten ist. Abs. 3 hebt dieses Verbot für Herbstmischungen wieder auf, d. h. er bestimmt: Ein Wein, obwohl er verschnitten ist, gewinnt das ihm an sich zustehende — durch Abs. 2 ihm aber abgesprochene — Recht der Wachstumsangabe wieder zurück, wenn nur Herbstmischungen vorliegen. Die Ablehnung der Anträge 12 und 13 in der Kommission (Komm. S. 33) beweist nichts gegen den hier vertretenen Standpunkt, da die Gründe dieser Ablehnung nicht bekannt sind. Die Ablehnung erfolgte vielleicht nur deshalb, um die ohnehin schwierigen Verhandlungen nicht durch Streit über die gar nicht hierher gehörige Frage der Zulässigkeit der Wachstumsangabe bei Verschnitt von Anteilen mehrerer Weinbergbesitzer noch weiter zu erschweren. Hätte man wirklich einem Weinhändler erlauben wollen 1000 l Most von A und 999 l gleichwertigen Most einer Nachbargemarkung von B als deren Wachstum zu erwerben, zusammen zu werfen und die 1999 l alsdann Wachstum A zu nennen, so hätte bei der weittragenden Bedeutung einer solchen Vorschrift dies eigens im Gesetze gesagt werden müssen. In der Tat steht aber davon im Gesetze nichts, in dieser Richtung läßt das WeinG. die Frage völlig offen, ob und wann ein Verschnitt mehrerer Kreszenzen als Wachstum des Besitzers des Hauptanteils bezeichnet werden darf. Die Verkehrsanschauung hat von jeher der Wachstumsbezeichnung eine besondere Bedeutung beigelegt. Von ihr muß unbedingte Wahrheit verlangt werden. Ebenso Reich, Ztschr. f. R. 1909 S. 251.

8. Bei der Bezeichnung von Verschnitten, zu denen gezuckerter Wein verwendet oder mitverwendet worden ist, sind außer den §§ 6 und 7 auch die Vorschriften des § 5 zu beachten.

9. Die Vorschriften des § 7 gelten gem. § 12 auch für Traubenmaische und Traubenmost.

10. Strafdrohung für vorsätzliche und fahrlässige Verfehlung gegen § 7 Abs. 1 in § 28 Nr. 2, gegen § 7 Abs. 2 in § 28 Nr. 1. (S. auch § 6 Note 6 und § 32.)

Nachtrag zu den §§ 6 und 7.

Fantasienamen können möglicherweise eine geographische Bezeichnung enthalten (Moselblümchen, Perle der Pfalz u. dgl.) oder das Wachstum eines bestimmten Weinbergbesitzers andeuten. Insoweit sind auch bei Fantasienamen die Vorschriften der §§ 6, 7 zu beachten.

Fingierte Lagenamen sind, zumal in Verbindung mit dem

Gemarkungsnamen eines bekannten Weinortes, unzulässig. Sie verstoßen nicht bloß gegen das Wettbewerbsgesetz (so WeinGE. II S. 24), sondern auch gegen § 6 WeinG. Bezeichnungen, wie „Deidesheimer Unterberg", „Geisenheimer Sonnenblick", „Winkeler Jugendbrunnen", „Schwarzhofberger Klaußner" und ähnliche werden nur von einem mit den örtlichen Verhältnissen Vertrauten als Fantasiebezeichnungen erkannt. An sich treten sie als solche nach außen nicht hervor. Solche Marken bringen zum Ausdruck, daß der Wein in einer örtlich bestimmten Weinbergslage gewachsen sei, und stellen sich demgemäß als geographische Bezeichnungen dar. Der Wein kann aber in der bezeichneten Lage nicht gewachsen sein, weil eine solche Lage nicht besteht. Dem Eigentümer eines Weinberges steht es nicht frei, seinem Weinberge jederzeit eine ihm beliebige Benennung zu geben und den Wein dann unter der neuen Bezeichnung in den Verkehr zu bringen. (WeinGE. II S. 23.) Ist dies richtig, dann darf der Weinbergbesitzer die betr. lagenamenähnliche Benennung seinem Wein auch nicht unmittelbar und ohne Beziehung zu seinem Weinberg als Fantasienamen geben. Hienach sind alle Fantasienamen unzulässig, die beim nicht fachmännisch erfahrenen Verbraucher den Eindruck von Gemarkungs- oder Lagenamen erwecken können.

Von der Bezeichnung des Jahrgangs und der Traubensorte sprechen die §§ 6 und 7 nicht. Daraus ist jedoch nicht zu folgern, daß in dieser Richtung völlige Willkür erlaubt sei. Vielmehr muß auch hier — von der Auffüllung der Abgänge i. S. des § 7 Abs. 3 abgesehen — die Richtigkeit der Bezeichnung gefordert werden.

Für die Vermischung verschiedener Traubensorten oder verschiedener Jahrgänge wird, soweit nicht bei Kaufsverhandlungen u. dgl. ausdrücklich oder stillschweigend etwas anderes vereinbart ist, § 7 Abs. 1 Satz 1 analog angewendet werden können (i. S. der Ausführungen zu § 1 Note 1a am Ende). Auch hier wird bestimmende Art und überwiegende Menge den Namen geben. Wer im gewerbsmäßigen Verkehr fälschlicherweise einen Wein für einen besseren Jahrgang oder für eine bessere Traubensorgte ausgibt, als tatsächlich der Fall, verfehlt sich gegen die §§ 1 und 4 des Gesetzes vom 27. Mai 1896 zur Bekämpfung des unlauteren Wettbewerbs (vom 1. Oktober 1909 ab gegen die §§ 3 und 4 des Gesetzes gegen den unlauteren Wettbewerb vom 7. Juni 1909).

Das Wettbewerbsgesetz bleibt mit Ausnahme seines § 1 Abs. 3 (bzw. des § 5 Abs. 1) neben dem Weingesetze auf die Benennung von Wein anwendbar. S. § 32 des WeinG.

Die gleichzeitige Führung zweier oder gar dreier Namen für einen Wein läßt sich auf §§ 6, 7 nicht stützen. Aus einem Faß drei Sorten zu drei verschiedenen Preisen zu verkaufen ist Betrug und Vergehen gegen das Warenzeichengesetz.

Rotweißverschnitt.

§ 8.

Ein Gemisch von Weißwein und Rotwein darf, wenn es als Rotwein in den Verkehr gebracht wird, nur unter einer die Mischung kennzeichnenden Bezeichnung feilgehalten oder verkauft werden.

1. Als Zweck der Vorschrift wurde bei den Kommissionsberatungen hervorgehoben, daß Rotwein vielfach als Krankenwein verwendet werde; schon um deswillen müsse durch die Deklarationspflicht Täuschungen vorgebeugt werden (Komm. S. 4). Bezeichnungen, wie „Mischung", „Verschnitt" oder „Rotweinverschnitt" allein genügen dieser Deklarationspflicht nicht. Aus der Bezeichnung muß vielmehr mit Deutlichkeit hervorgehen, daß der Rotwein einen Verschnitt mit Nicht-Rotwein erfahren hat (RGE. 48 S. 311). Die kürzeste „die Mischung kennzeichnende Bezeichnung" ist die Bezeichnung „Rotweißverschnitt".

Über Herstellung von Weißwein, Rotwein und Schillerwein s. vorn Einleitung I.

2. Die Vorschrift des § 8 gilt gem. § 12 auch für Traubenmaische und Traubenmost. Wer rote und weiße Maische vermischt als Rotweinmaische den Verkehr bringt, muß sie dabei als Rot-Weiß-Mischung kennzeichnen. S. auch Note 4.

Süß, also vor Eintritt der Gärung abgekelterter Most aus roten Trauben ist nicht Rotmost, sondern Weißmost. Verschnitt solchen Mostes mit Rotwein ist Rotweißgemisch.

3. Unter „Rotwein" sind nur rote (inländische oder ausländische) Tisch- und Tafelweine zu verstehen, nicht auch Dessertweine (Komm.). Ein Verschnitt von rotem und weißem Dessertwein braucht sonach nicht als Rotweißverschnitt bezeichnet zu werden. S. auch § 2.

4. Der Ausdruck „Inverkehrbringen" ist verschiedener Deutung fähig. Es muß deshalb zur richtigen Erfassung des Sinnes der gesetzgeberische Gedanke sowie der Zusammenhang der einzelnen Bestimmungen ermittelt werden. RGE. 3 S. 120. Hier bedeutet „in den Verkehr bringen" die vorwegnehmende Zusammenfassung der nachfolgenden Begriffe: „Feilhalten" und „Verkaufen". S. hierzu § 5 Note 3c. Der Streit über die engere oder weitere Auslegung des Begriffes „Inverkehrbringen" ist übrigens hier gegenstandslos, denn die Vorschrift einer die Mischung kennzeichnenden Bezeichnung besteht immer nur dann, wenn das Gemisch feilgehalten oder verkauft wird. Wer als Gastgeber seinen Gästen Rotwein mit Weißweinzusatz vorsetzt, braucht ihn nicht als Rotweißverschnitt zu bezeichnen.

5. Als Rotwein wird die Rot-Weiß-Mischung in den Verkehr gebracht, wenn sie beim Feilhalten oder Verkaufen als „Rotwein" oder mit einem Gemarkungs- oder Lagenamen bezeichnet wird, der verkehrsüblich als Rotweinname gilt, wie z. B. der Name Bordeaux oder Château N. N. (Allerdings gibt es auch weißen Bordeaux, unter Bordeaux schlechthin aber wird jedermann Rotwein verstehen.) Wird die Rot-Weiß-Mischung als „Schillerwein" in den Verkehr gebracht, so ist die Beifügung der Bezeichnung Rotweißverschnitt nicht erforderlich. Die entgegenstehende Anschauung des Abgeordneten Dr. Gregoire ist mit dem Wortlaut des Gesetzes nicht vereinbar.

Echter Schillerwein (Vin gris), der aus gemischtem Satz oder aus roten Trauben (mit Ausnahme der Färbertraube) durch wirkliche, alsbaldige Weißkelterung (s. Einleitung I) gewonnen ist, und als „Schillerwein" in den Verkehr kommt, unterliegt nicht der Deklarationspflicht (Komm.), und zwar schon deshalb nicht, weil er nicht als „Rotwein" in den Verkehr gebracht wird. Überdies entstammt der aus roten Trauben weiß gekelterte Schillerwein keinem Gemisch aus roter und weißer Maische. — Echter Schillerwein ist ein Mittelding zwischen Weiß- und Rotwein. Da er nicht auf der Maische vergoren hat, ist er kein Rotwein. Andrerseits betrachtet ihn der Verkehr auch nicht als Weißwein. Wer Deidesheimer Weißwein zu liefern hat, darf nicht Wein aus süß abgekelterten Deidesheimer (roten) Portugiesertrauben liefern. Da aber das Weingesetz die Bezeichnung Rotwein vor Vermischung mit Nicht-Rotwein schützen will, ist Schillerwein i. S. des § 8 als Weißwein zu betrachten, d. h.: Wird er mit Rotwein verschnitten, so ergibt die Mischung Rotweißverschnitt.

Wein, der aus der roten Färbertraube oder aus vergorener Rotweintraubenmaische gewonnen wird, ist Rotwein. Hat die Rotweintraubenmaische nur angegoren, so kommt es auf die objektive Beschaffenheit des erzielten Getränkes nach Farbe, Geruch, Geschmack und chemischer Zusammensetzung an, ob Weißwein oder Rotwein vorliegt.

Wein, der aus gemischtem Satz nach Vergärenlassen der gemischten Maische gewonnen wird, ist aus einer Mischung von Rotwein- und Weißweintraubenmaische entstanden; er ist, wenn als Rotwein in den Verkehr gebracht, als Rotweißverschnitt zu bezeichnen.

6. Ein Gemisch von Weißwein oder Rotwein mit Rotweißverschnitt ist, wenn als Rotwein in den Verkehr gebracht, gleichfalls als Rotweißverschnitt zu bezeichnen.

7. Neben § 8 gelten die Verschnittvorschriften des § 7. 60% roter Benicarlo + 40% Landauer Weißwein ergeben „Benicarlo-Rotweißverschnitt". Dagegen ist ein Verschnitt aus 40% Benicarlo — 60% Landauer Weißwein als „Benicarlo-Landauer-Rotweißverschnitt" oder nur als „Rotweißverschnitt" schlechthin zu bezeichnen und darf weder „Landauer-RWV." noch „Benicarlo-RWV." genannt werden, da der Landauer nur der Menge nach, der Benicarlo nur der Art nach überwiegt.

8. Strafdrohung § 28 Nr. 1 für vorsätzliche und fahrlässige Verfehlung. (S. auch § 6 Note 6 und § 32.)

Nachmachung von Wein. § 9.

Es ist verboten, Wein nachzumachen.

1. Nachmachung von Wein ist die vorsätzliche Herstellung eines die Eigenschaften des Weines vortäuschenden Getränkes aus anderen Stoffen (Erl.), oder (nach der Begriffsbestimmung des Reichsgerichts) die vorsätzliche Herstellung eines Getränkes, das nach seiner Beschaffenheit geeignet ist, die Eigenschaften von Wein vorzutäuschen, d. h. obgleich es kein Wein ist, im Verkehr für Wein gehalten und mit ihm verwechselt zu werden. WeinGE. I 57, 58, II 31, 42. (Weinähnlichkeit allein genügt nicht — WeinGE. I 57 —, von der Ähnlichkeit bis zur Verwechselungsfähigkeit ist aber naturgemäß nur ein kleiner Schritt.) Wein ist nachgemacht, das Vergehen ist vollendet, wenn ein Erzeugnis bereitet ist, das nach seiner äußeren Erscheinung im Verkehr als Wein angesehen werden kann, ohne es zu sein. Das Bewußtsein, ein solches Erzeugnis bereitet zu haben, genügt zum subjektiven Tatbestand der vorsätzlichen Nachahmung. Eine Täuschungsabsicht ist nicht erforderlich. Deklaration als Kunstwein schützt nicht vor Strafe. Ob das Erzeugnis verkaufsfertig ist, oder nach der Absicht des Herstellers noch weiterer Behandlung unterzogen werden sollte, ist belanglos, ebenso, ob es eine Gärung durchgemacht hat oder nicht. S. RGE. 40 S. 339.

Unter das Verbot des § 9 fällt auch die Nachmachung ausländischer Weine, insbesondere Dessertweine (Komm. zu § 8, jetzt 10, WeinGE. II 42) und zwar auch dann, wenn der nachgemachte Süßwein Likör genannt wird. RGE. 45 S. 345, WeinGE. I 57 (die erste Instanz hatte festgestellt, daß das betr. Getränk 11 bis 14% Alkohol aufwies, während Likör 30% Alkohol enthalte), WeinGE. II S. 41, 42, 45. Verboten ist auch die Herstellung landesüblicher Getränke, soweit sie ein Nachmachen von Wein einschließlich Dessertwein darstellen. RG. a. a. O. Bedenklich RGE. 48 S. 23; wo Freisprechung erfolgte, weil für die Frage, ob ein Getränk als nachgemachter Wein anzusehen sei, nicht allein dessen Beschaffenheit maßgebend sei, sondern auch die Umstände, unter denen es hergestellt und in den Verkehr gebracht werde, und weil hier durch die sonstigen Umstände, insbesondere durch die Abgabe nur an solche Gäste, welche die Mischung kannten und verlangten, die Möglichkeit einer Verwechslung mit Wein völlig ausgeschlossen gewesen sei. Auf Grund der weiteren Feststellung: „Die Gäste forderten und der Angeklagte verabreichte etwas anderes als Wein, nämlich Gewürztrank, ein Gemisch aus Süßwein und Apfelwein, das den Charakter eines bowlenartigen Getränkes trug, zum alsbaldigen Genuß. Dies geschah bei der glasweisen Vermischung ebenso wie bei der späteren Verabreichung aus dem die vorbereitete Mischung enthaltenden Schankgefäß von 5 Litern" wäre die Freisprechung unbedenklich damit zu begründen gewesen, daß der Angeklagte nicht Wein nachgemacht, sondern ein weinhaltiges Getränk zum Genuß an Ort und Stelle hergestellt und verabreicht habe. S. § 16 Note 2, § 4 Noten 3 u. 4.

2. Von der Nachmachung zu unterscheiden ist die Verfälschung. Der Begriff „Verfälschen" verlangt entweder, daß eine bereits vorhandene oder in der Entstehung begriffene gute Ware durch Zusetzen (Nichtentfernen) oder durch Wegnehmen (Weglassen) von Bestandteilen verschlechtert oder daß einer minder guten Ware durch irgend welche Vorkehrungen der Anschein einer besseren Beschaffenheit verliehen wird. RGE. 41 S. 205 (209).

Die Verfälschung von Wein eigens zu verbieten hat das WeinG. nicht für erforderlich gehalten, da jeder nicht ausdrücklich erlaubte Zusatz (auch die Verwendung an sich erlaubter Stoffe in nicht erlaubter Weise oder Menge) durch die §§ 2, 3, 4 unter Strafe gestellt ist, und soweit diese Paragraphen nicht einschlägig, das Nahrungsmittelgesetz anwendbar bleibt (s. § 32). Nicht jeder Verstoß gegen die §§ 2, 3, 4 ist Verfälschung i. S. des § 10 des Nahrungsmittelgesetzes, z. B. Zuckerung außerhalb der Zeit oder Zusatz eines an sich einwandfreien, aber zur Kellerbehandlung nicht zugelassenen Stoffes, und andererseits ist nicht jede Verfälschung von Wein zugleich auch ein Verstoß gegen §§ 2, 3, 4 WeinG., z. B. die Vermischung von Wein mit Weinneigen, die Gäste im Glase gelassen haben, oder der Zusatz erlaubter, aber verdorbener Stoffe oder verdorbenen Weines (Hofacker Note 8). S. auch § 13 Note 5.

3. Wird bei der Herstellung von Getränken, die den Anschein von Wein erwecken, neben anderen Stoffen auch Wein verwendet, so kann es je nach Lage des Falles zweifelhaft werden, ob Nachmachung oder verbotswidrige Herstellung von Wein vorliegt. Der Unterschied ist jedoch insoweit praktisch bedeutungslos, als das Gesetz Verfehlungen gegen die §§ 2, 3, 4 und 9 sowohl hinsichtlich der Strafe wie hinsichtlich des Verkehrs mit dem hergestellten Getränke gleich behandelt.

4. Verboten ist die Nachmachung von Wein allgemein, nicht bloß die gewerbsmäßig betriebene; vorbehaltlich der erlaubten Herstellung des Haustrunks, s. § 11. Verboten ist jede Art der Nachmachung, nicht nur — wie früher — die mit bestimmten Stoffen ausgeführte.

5. Die bisher nach § 3 und § 7 des Weingesetzes vom 24. Mai 1901 verbotenen Herstellungsarten und Zusätze — wie z. B. die Verwendung von Rosinen (s. § 1 Note 2) oder sonstigen getrockneten Früchten, insbesondere von Tamarinden oder Tamarindenmus, eingedickten Moststoffen, Süßstoffen, Säuren, Bukettstoffen, künstlichen Moststoffen, Essenzen (RGE. vom 20. Februar 1912 WeinGE. I S. 58 und 59, II S. 32 ff.), Weinschlempe, die Vermischung mit Obstwein (RGE. vom 18. September 1911 WeinGE. I S. 51), Zusätze von Glyzerin usw. —, bleiben auch fernerhin als Nachmachung oder Verfälschung verboten. (S. aber auch § 11 Noten 2 bis 4).

Insbesondere ist — von der Bereitung von Haustrunk abgesehen — sowohl die gewerbsmäßige wie die nichtgewerbsmäßige Herstellung von Trester- und Hefeweinen, wenn auch nur zu Brennzwecken und in der eigenen Brennerei, unzulässig. Die bisher — § 3 Abs. 3 des Ges. vom 24. Mai 1901 — den Branntweinbrennereien gewährte Ausnahmestellung ist beseitigt. Dagegen bleibt es den Brennereien unverwehrt, die seither zur Herstellung von Brennwein bereitete Maische abzubrennen (Erl.). Soll diese Brennmaische aber nicht gegen §§ 9 mit 12 verstoßen, so darf sie nicht geeignet sein die Eigenschaften von Traubenmaische vorzutäuschen, d. h. sie darf sich ihrer äußeren Erscheinung nach nicht als Traubenmaische darstellen. Zu diesem Zwecke empfehlen Günther u. Marschner (Note 2 c) entweder den Trestern nur $^1/_5$ bis $^1/_3$ des Volumens Wasser zuzusetzen (während Traubenmaische etwa 75 Raumteile Flüssigkeit enthält) oder Wasser und Trester getrennt in den Brennkessel zu schütten.

6. Hefepreßwein ist kein Hefewein, sondern „Wein" i. S. des Gesetzes (s. Einleitung I u. RGE. vom 5. März 1906, Veröffentl. d. K. Gesundheitsamts, Beil. VIII S. 262), vorausgesetzt, daß er aus ganz frischer Hefe ausgepreßt wird, da er nur dann als Getränk genießbar ist. WeinGE. I 1. Betr. Weinschlempe s. § 1 Note 4.

7. Von der Nachmachung zu unterscheiden ist die Herstellung eines Getränkes, das zwar einen Ersatz für Wein bieten kann, vielleicht auch soll, nicht aber Wein vortäuschen will. Die wichtigste Gruppe solcher Getränke bilden die aus Fruchtsäften, Pflanzensäften und Malzauszügen hergestellten, in § 10 behandelten Getränke (Erl.). S. § 10 Note 1 b.

8. Die Vorschriften des § 9 gelten auch für Traubenmaische und Traubenmost. § 12.

9. Strafandrohung: § 26 Abs. 1 Nr. 1 für vorsätzl., § 29 Nr. 6 für fahrl. Zuwiderhandlung.

Weinähnliche Getränke. **§ 10.**

I Unter das Verbot des § 9 fällt nicht die Herstellung von dem Weine ähnlichen Getränken aus Fruchtsäften, Pflanzensäften oder Malzauszügen.

II Der Bundesrat ist ermächtigt, die Verwendung bestimmter Stoffe bei der Herstellung solcher Getränke zu beschränken oder zu untersagen.

III Die in Abs. 1 bezeichneten Getränke dürfen im Verkehr als Wein nur in solchen Wortverbindungen bezeichnet werden, welche die Stoffe kennzeichnen, aus denen sie hergestellt sind.

Abs. 1.

1. a) „Weinähnlich" sind Getränke, die durch alkoholische Gärung oder Alkoholzusatz aus anderen Materialien als der Weintraube gewonnen werden und wie Wein genossen werden sollen. Vgl. RGE. 37 S. 422. Daraus ergibt sich: Ein Getränk ohne Alkohol ist nicht weinähnlich. RGE. 37 S. 204. Andrerseits sind auch stark alkoholische Getränke, wie Branntweine und Liköre, nicht weinähnlich. Unter einer Frucht i. S. des Abs. 1 ist nicht zu verstehen die Frucht des Weinstockes, weder als frische Traube noch als getrocknete Weinbeere (Rosine). (RGE. vom 8. April 1911, Veröff. d. K. Ges.-Amts, Beil. Bd. IX S. 297). „Weinähnliche Getränke" i. S. des WeinG. sind nur die aus Fruchtsäften, Pflanzensäften oder Malzauszügen hergestellten weinähnlichen Getränke. Solche aus anderen Grundstoffen fallen nicht unter § 10. S. Note 1 d.

Der § 10 will inhaltlich nur den bisherigen Rechtszustand aufrecht erhalten (Erl.). Da Rosinenwein vermittels eines Auszuges aus getrockneten Weintrauben hergestellt wird, ist § 10 sowohl dem Wortlaute wie dem Sinne nach nicht einschlägig; die Bereitung von Rosinenwein bleibt daher — von Haustrunk abgesehen — nach wie vor verboten (RGE. vom 8. April 1911, Veröff. d. K. Ges.-Amts Beil. IX S. 297, WeinGE. I S. 90). Kunstwein aus Tamarindenmus — eines der beliebtesten Weinnachmachungsmittel — ist weder nach § 10 (s. WeinGE. I S. 55 und S. 90) noch als Haustrunk (§ 11) zulässig. S. § 11 Note 4.

b) Die in § 10 Abs. 1 behandelten Getränke sind bei reeller, d. h. im Sinne der Verkehrsanschauung für das betr. Getränk notwendigen und anerkannten Herstellung zwar weinähnlich, aber doch für den kundigen Weintrinker infolge ihres eigenartigen Frucht-, Obst- oder Malzgeschmackes von Traubenwein hinreichend unterscheidbar; immerhin kann nicht bestritten werden, daß z. B. Apfelweine mit kleinen Tischweinen und süße Johannisbeerweine mit südländischen Traubenweinen jedenfalls für die Allgemeinheit eine bis zur Verwechselbarkeit gesteigerte Ähnlichkeit haben. Trotzdem ist auch dann auf Grund der ausdrücklichen Vorschrift des § 10 bei den in Abs. 1 bezeichneten Getränken eine Bestrafung aus § 9 ausgeschlossen, sofern nicht durch unreelle Darstellung, z. B. durch Verwendung von Weinsäure, Bukettstoffen, Weinhefe usw. ein besonderer Grad der Weinähnlichkeit erstrebt und damit Nachmachung von Wein gegeben ist. S. Kulisch, Erhebungen zur Malzweinfrage S. 15. Über das Verhältnis der §§ 9 und 10 hat sich das RG. folgendermaßen ausgesprochen: § 10 Abs. 1 enthält keine Ausnahme von der Regel des § 9, sondern, wie aus der Entstehungsgeschichte des Gesetzes hervorgeht, im Anschluß an § 9 nur einen erläuternden Zusatz. RGE. 45, 345; 47, 125. Ein Getränk, das seinem inneren Gehalt nach nichts als ein im redlichen Wege hergestellter Obst- oder Beerenwein ist, das sich auch äußerlich als nichts anderes kennzeichnet, und unter Umständen in den Verkehr gelangt, die es ausschließen, daß es im Verkehr mit „Wein" verwechselt werden könnte, kann unter § 9 nicht gebracht werden. Dabei versagt der Begriff der „Nachmachung" von Wein. Denn es tritt als Nichtwein, und als gar nichts anderes in den Verkehr, als es wirklich ist. Die Tatsache, daß Geschmack und Aussehen eine Verwechselungsgefahr (s. hiezu RGE. 37, 422) begründen, gibt dabei allein nicht den Ausschlag, sobald im gegebenen Falle andere Umstände — z. B. die dem Getränk gem. § 10 Abs. 3 beigelegte Bezeichnung oder andere dem gleichwertige, dem Getränk anhaftende Kundgebungen über den Stoff, aus dem es hergestellt ist, u. dgl. — die Verwechselungsgefahr ausschließen. Ein Getränk dagegen, das im Gegensatze hiezu Wein vorzutäuschen geeignet ist und unter Umständen in den Verkehr gebracht wird, welche die objektiv gegebene Verwechselungsgefahr nicht ausschließen, unterfällt dem Verbote des § 9 als „nachgemachter Wein" auch dann, wenn zu seiner Herstellung allein oder in größerer Menge Frucht- oder Beerensaft verwendet ist. RGE. 47, 127.

c) Um dem überhandnehmenden Wettbewerb der Malzweine entgegenzutreten, ist vielfach behauptet worden, bis zum Erlaß des WeinG. seien nur Malzweine im Charakter der süßweinähnlichen Maltonweine hergestellt worden, und die Ausnahmebestimmung des § 10 beziehe sich nur auf diese, nicht aber auf die nichtsüßen tischweinähnlichen Malzweine. S. „Der Wein am Oberrhein" 1913 S. 399. S. dagegen Kulisch, Erhebungen zur Malzweinfrage S. 15 und meine Ausführungen in Ztschr. f. R. 1913 S. 329 und 353. Der Streit ist gegenstandslos geworden durch AusfBek. zu §§ 10, 16 Abs. 2 (beigefügt durch Bundesratsbek. vom 21. Mai 1914.) S. Anhang C.

d) Es gibt auch weinähnliche Getränke, die nicht aus Fruchtsäften, Pflanzensäften oder Malzauszügen hergestellt sind, z. B. Reiswein. Sie werden von § 10 nicht betroffen; dem Verbote des § 9 unterfallen sie nicht, solange sie sich von der Verwechselbarkeit mit Wein fernhalten. Die Zulässigkeit gewisser Stoffe bei ihrer Herstellung bemißt sich nicht nach § 10 Abs. 2, sondern nach den sonstigen Gesetzen über Herstellung von Nahrungs- und Genußmitteln.

Abs. 2.

2. Bisher waren die im § 7 des Gesetzes vom 24. Mai 1901 aufgezählten Stoffe verboten, aber nur bei Getränken, die bestimmt waren anderen als Nahrungs- oder Genußmittel zu dienen. Nunmehr besteht das Verbot uneingeschränkt, also auch bei Herstellung der betr. Getränke für den eigenen Bedarf.

„Herstellung" ist im weitesten Sinne aufzufassen. Die Stoffe dürfen auch dem fertigen Getränke nicht zugesetzt werden, denn das Endergebnis wäre immer verbotswidrig hergestellt.

Aufzählung der verbotenen Stoffe siehe Bundesratsbek. vom 9. Juli 1909 (im Anhang I) „zu §§ 10, 16". Hienach sind insbesondere verboten gewisse Salze und Säuren, Glyzerin, unreiner Sprit, unreiner Stärkezucker und alle Farbstoffe. Jedoch sind kleine Mengen gebrannten Zuckers (Zuckerkouleur) erlaubt. Für weinähnliche Getränke aus Malzauszügen ist Sonderregelung getroffen. S. angef. Bundesratsbek. Abs. 2.

Sonstige Zusätze beurteilen sich nach dem Nahrungsmittelgesetze. (Aufzuckerung von Apfelwein mit 10 bis 20% Zuckerwasser zulässig nach LG Zabern, WeinGE. I S. 52, mit 50% Zuckerwasser unzulässig nach Bayr. ObLG. vom 9. Januar 1912, WeinGE. I S. 67, Wasserverwendung zur Auslaugung der Obsttrester, WeinGE. II S. 55 ff.) Zusätze von Wein oder Tresterauszügen (ihre Zulässigkeit nach dem NMG. einmal angenommen) dürfen keinenfalls soweit gehen, daß das Getränk den Anschein von Weine erweckt. § 9 und RGE. 47 S. 134 u. 209.

Abs. 3.

3. „Im Verkehr" heißt hier so viel wie „im gewerbsmäßigen Verkehr" i. S. des § 5 Note 5a. Vgl. auch § 8 Note 4.

4. Die betr. Getränke müssen also beispielsweise als Apfelwein, Johannisbeerwein, Kirschwein, Rhabarberwein, Malzwein und dgl. bezeichnet werden; auch Benennungen wie Obstwein, Fruchtwein, Beerenwein sind zulässig.

Die Bezeichnung weinähnlicher Getränke als „Gelbwein", „Kunstwein" u. dgl. genügt nicht, dagegen sind Bezeichnungen, die das Wort Wein nicht enthalten, beliebig freigestellt.

5. Auf völlig verdorbene Flüssigkeiten, die endgültig aufgehört haben „Getränke" zu sein, ist § 10 nicht anwendbar. S. § 13 Note 7a.

6. Strafdrohung:

a) § 26 Abs. 1 Nr. 1 für vorsätzl., § 29 Nr. 6 für fahrl. Verletzung der auf Grund des § 10 Abs. 2 vom Bundesrate erlassenen Vorschriften,

b) § 28 Nr. 1 für vorsätzl. und fahrl. Vers. gegen § 10 Abs. 3.

Haustrunk.

§ 11.

I Auf die Herstellung von Haustrunk aus Traubenmaische, Traubenmost, Rückständen der Weinbereitung oder aus getrockneten Weinbeeren finden die Vorschriften des § 2 Satz 2 und der §§ 3, 9 keine Anwendung.

II Die Vorschriften des § 4 finden auf die Herstellung von Haustrunk entsprechende Anwendung.

III Wer Wein gewerbsmäßig in Verkehr bringt, ist verpflichtet, der zuständigen Behörde die Herstellung von Haustrunk unter Angabe der herzustellenden Menge und der zur Verarbeitung bestimmten Stoffe anzuzeigen; die Herstellung kann durch Anordnung der zuständigen Behörde beschränkt oder unter besondere Aufsicht gestellt werden.

IV Die als Haustrunk hergestellten Getränke dürfen nur im eigenen Haushalte des Herstellers verwendet oder ohne besonderen Entgelt an die in seinem Betriebe beschäftigten Personen zum eigenen Verbrauch abgegeben werden. Bei Auflösung des Haushalts oder Aufgabe des Betriebs kann die zuständige Behörde die Veräußerung des etwa vorhandenen Vorrats von Haustrunk gestatten.

Abs. 1. Herstellung.

1. Da das Gesetz in den §§ 3, 4, 9 gewerbsmäßige und nichtgewerbsmäßige Tätigkeit nicht unterscheidet, ist es erforderlich besondere Vorschriften für die Bereitung des Haustrunks zu erlassen. Von allgemeinem, überall gleichem Interesse ist dabei lediglich, zu verhüten, daß unter dem Vorgeben Haustrunk zu bereiten Weinfälschung betrieben wird (Erl.). Es sollen nicht unter dem Vorwand der Haustrunkbereitung Stoffe in den Weinkeller gebracht werden, die tatsächlich der Fälschung dienen (Komm.).

2. Unter „Haustrunk" i. S. des Weingesetzes ist nicht jedes Getränk zu verstehen, das der Hersteller zum Verbrauch im eigenen Haushalt bestimmt hat; Haustrunk ist vielmehr das zum Verbrauch im eigenen Haushalt bestimmte Getränk nur dann, wenn es seiner Herstellung nach unter § 11 Abs. 1 fällt (RGE. 49 S. 345) und seiner Beschaffenheit nach die Gefahr bietet auch als Wein in den Verkehr zu gelangen (RG. 47 S. 138 und 48 S. 379). Ein Getränk, das überhaupt nicht als Wein gelten kann, wird nicht zum Haustrunk dadurch, daß ihm ein Stoff zugesetzt wird, der als Ausgangsstoff zur Haustrunkbereitung zugelassen ist, solange nicht das Getränk durch die Zusätze eine derartige Veränderung in seinem Wesen erfährt, daß es als nachgemachter Wein anzusehen ist (RG. 47 S. 138 u. 209).

Haustrunk i. S. des Weingesetzes kann nur aus folgenden Grundstoffen hergestellt werden:

a) aus Traubenmaische oder Traubenmost — demnach auch aus hieraus entstandenem Weine (ebenso WeinGE. II S. 62 und RGE. 47 S. 207, a. M. Hofacker, ebenfalls unter Bezug auf WeinGE. II S. 62. Das RG. sagt dort aber ganz eindeutig: „Es ist selbstverständlich in erhöhtem Maße zulässig, auch fertigen Wein zur Bereitung von Haustrunk zu verwenden und unbehindert durch die Vorschriften des § 3 zu bereiten".),

b) aus Rückständen der Weinbereitung — d. s. Trester, Hefe und Trub, wohl auch der natürliche Weinsteinniederschlag an der Faßwand, der sog. Flotz, — wer solche nicht selbst besitzt, mag sie sich kaufen oder schenken lassen (Komm.),

c) aus getrockneten Weinbeeren, d. s. Rosinen.

Bei der Haustrunkbereitung aus diesen Grundstoffen ist erlaubt die Verwendung des Wassers, als selbstverständlich nicht erwähnt (so auch RGE. 50 S. 208), die Verwendung von Zucker oder Zuckerwasser unbeschränkt (im Gegensatz zu § 3) und der Verschnitt mit Dessertwein) (im Gegensatz zu § 2 Satz 2), endlich der Zusatz der bei der Kellerbehandlung zugelassenen Stoffe (s. Note 4), wobei insbes. der mit Bek. vom 26. November 1914 (RGBl. 14, 486) neu zugelassene Zusatz von Obstmaische und aus Obst bereiteten Getränken zu beachten ist. Näheres s. Bundesratsbek. bei Fußnote 16. Indem das Gesetz den § 3 auf

Haustrunk nicht für anwendbar erklärt, hat es deutlich ausgedrückt, daß die aus § 3 sich ergebenden sachlichen, örtlichen, zeitlichen und räumlichen Beschränkungen der Aufzuckerung beim Haustrunk wegfallen (WeinGE. I S. 71). Demnach ist bei der Haustrunkbereitung beispielsweise zulässig: die Zuckerung ausländischer Erzeugnisse (WeinGE. II S. 62), die Zuckerung der Weißweinmaische, jede beliebige Überstreckung oder Überzuckerung, die Verwendung technisch nicht völlig gereinigten, färbenden Zuckers (braunen Kandiszuckers), nicht aber von Zuckercoleur (WeinGE. I S. 71), die Verwendung auch unreinen Wassers vorausgesetzt, daß damit nicht gegen sonstige Gesetze verstoßen wird), z. B. des Faßschwänkwassers, die Wiederholung der Zuckerung, die Zuckerung zu jeder Zeit und außerhalb der Weinbaugebiete, usw.

Die im Abs. 1 gegebene Aufzählung ist erschöpfend. Nur bei Verwendung der hier aufgezählten Grundstoffe ist die Anwendung des § 9 ausgeschlossen. Andere Stoffe dürfen daher bei der Bereitung von Haustrunk nicht verwendet werden. (WeinGE. II S. 63 u. RGE. 47 S. 207). Die Herstellung eines weinartigen Getränkes aus Mostessenz oder dgl. wäre eine auch für die Haustrunkbereitung nicht zulässige Nachahmung von Wein und fiele demnach unter das Verbot des § 9. Es liege auch kein Grund vor, solche Essenzen, die bei der Weinfälschung eine gefährliche Rolle spielen, zuzulassen (Komm.). Diese — später vielfach angefochtene Äußerung eines Regierungsvertreters ging von der in der Regel wohl richtigen Voraussetzung aus, daß Getränke aus Mostessenz mit Wein verwechselbar sind.

Dies schließt nicht aus, daß jemand sich zu seinem Hausgebrauche z. B. Apfelwein herstellt. Dieser ist jedoch nicht als „Haustrunk" i. S. des § 11 zu erachten, sondern muß als weinähnliches Getränk den Vorschriften des § 10 entsprechen. Getränke, die nicht gem. § 11 als Haustrunk vom Gesetze anerkannt werden, unterliegen eben, wenn sie auch nur zum Hausgebrauche bestimmt sind, den allgemeinen gesetzlichen Vorschriften.

3. Hienach ist die Rechtslage folgende: Haustrunk i. S. des WeinG. ist der für den Verbrauch im eigenen Haushalt oder Betrieb des Herstellers bestimmte, aus oben aufgezählten Grundstoffen hergestellte Wein oder Kunstwein, der einerseits dem Verbot des Dessertweinverschnitts, den allgemeinen Zuckerungsvorschriften und dem Verbot der Kunstweinherstellung nicht unterliegt, dem andrerseits aber auch nichts zugesetzt oder beigemischt werden darf, was nicht ausdrücklich erlaubt ist. Der Zusatz nicht erlaubter Stoffe verstößt gegen § 11 Abs. 2. Zum Begriff des „Herstellers" s. Note 6.

Auf Getränke, die aus anderen als den angeführten Grundstoffen hergestellt sind, mögen sie auch nur für den Verbrauch im Haushalte bestimmt sein oder als Haustrunk bezeichnet werden, findet § 11 keine Anwendung. Für sie ist das Verbot der Kunstweinherstellung nicht aufgehoben. Ihre Herstellung oder Veräußerung verstößt gegen § 9 oder 13, falls sie, ohne weinähnliche Getränke im Sinne des § 10 zu sein, mit Wein verwechselbar sind. Dies bemißt sich nicht nach dem Unterscheidungsvermögen des kundigen Weintrinkers, sondern nach der Auffassung des Verkehrs, d. h. der Allgemeinheit. S. § 9. Zusätze beurteilen sich nicht nach § 11 Abs. 2, sondern nach den allgemeinen Nahrungsmittelgesetzen. Getränke, die Auszüge aus getrockneten Früchten sind, können sich schon deshalb nicht auf § 10 berufen, weil sie nicht aus Frucht- oder Pflanzen s ä f t e n hergestellt sind. Liegen nicht Kunstweine, sondern weinähnliche Getränke i. S. des § 10 oder weinhaltige Getränke, deren Bezeichnung die Verwendung von Wein andeutet, vor, so sind die in der Bundesratsbek. „zu §§ 10, 16" bezeichneten Stoffe verboten. Über den Unterschied zwischen Gewürzwein und Kunstwein s. § 16 Note 2 am Ende.

Nach diesen Grundsätzen ist auch die strittige Zulässigkeit von Getränken aus Moststoffen, insbes. Obstmoststoffen (z. B. „Plochinger Apfelmoststoff") zu beurteilen. Die Frage kann nur im einzelnen Falle je nach der Zusammensetzung des betr. Moststoffes und der Art des daraus bereiteten Getränkes entschieden werden. S. RGE. 48 S. 379 („Sundgauer Mostextrakt"); 47 S. 124 („Biesiada"); 47 S. 130 („Mostsubstanz"); 46 S. 259 WeinGE. II, 100 („Essenzen mit Madeira-, Malaga- usw. Geschmack"); 46 S. 331 (Künstliche Moststoffe und Essenzen zur Kunstweinbereitung). Das Ankündigen, Feilhalten usw. von Stoffen zur Kunstweinbereitung ist verboten. § 26 Note 5.

A b s. 2. K e l l e r b e h a n d l u n g.

4. Bei der Kellerbehandlung des Haustrunks dürfen gemäß §§ 4, 11 Abs. 2 in Verbindung mit der Bundesratsbek. v. 9. Juli 1909 (im Anhang) n u r d i e in der Bek. zu §§ 4, 11, 12 unter A u. C a u f g e z ä h l t e n S t o f f e und nur in der dort erlaubten Weise und Menge verwendet werden. Diese Einschränkung fällt nur weg bei der Verwendung von Hefe (A 1 und 2 der Bek.), da die Hefeverwendung bei der Haustrunkbereitung gem. § 11 Abs. 1 unbeschränkt zulässig ist. „Die Bundesratsbek. bezeichnet zusammenfassend die Stoffe, welche bei der Kellerbehandlung gestattet sind. Was unter ‚A Allgemein' Ziff. 1—8 gesagt ist, gilt auch für die Herstellung von Haustrunk und nur unter C Ziff. 11 und 12 sind für Haustrunk gegenüber der gewerbsmäßigen Herstellung von Wein Vergünstigungen vorgesehen. Die Verwendung hier nicht gestatteter Stoffe ist allgemein verboten. Der Vorschrift der ‚entsprechenden' Anwendung des § 4 ist durch die Bestimmungen unter Ziff. 11 und 12 der Bek. Rechnung getragen; für ein richterliches Ermessen ist hinsichtlich einer Entscheidung darüber, ob Stoffe, die bei der gewerbsmäßigen Herstellung von Wein nicht verwendet werden dürfen, bei der Herstellung von Haustrunk gestattet sein sollen, kein Raum mehr." WeinGE. I S. 71, II S. 63; RGE. 46 S. 221 und 47 S. 208.

Die dem Haustrunk unter C Ziff. 11 und 12 der Bek. eingeräumten Begünstigungen sind: Die Verwendung von Zitronensäure unter gewissen Voraussetzungen und der früher nicht erlaubte (s. WeinGE. II S. 63 und RGE. 47 S. 207), durch Bek. vom 26. November 1914 jetzt zugelassene Zusatz von Obstmaische und aus Obst bereiteten Getränken. Die Früchte der Tamarinde sind nicht Obst. Der Zusatz von Tamarindenmusbrühe zu Haustrunk ist daher wie früher (WeinGE. II S. 64), so auch jetzt noch verboten.

Die Ziff. 9 und 10 der Bek. („B. Bei ausländischem Dessertwein") kommen für Haustrunk nicht in Betracht. Der Zusatz von Zuckerkouleur ist daher bei der Haustrunkbereitung nicht gestattet. (WeinGE. I 71).

Die Verwendung nicht erlaubter Stoffe zu Versuchszwecken unterliegt der Genehmigung der zuständigen Behörde. § 4 Abs. 2 und Note 5 hiezu.

Abs. 3. Anzeigepflicht.

5. Zur Anzeige der Herstellung von Haustrunk verpflichtet ist, wer Wein gewerbsmäßig in Verkehr bringt — s. § 5 Note 5a —. Die Anzeigepflicht trifft nur den, der aus den in Note 2 aufgezählten Grundstoffen zum Hausgebrauch ein Getränk herstellt, für das er die Vorschriften der §§ 2, 3, 9 WeinG. nicht einhalten, sondern die Befreiung davon i. S. des § 11 Abs. 1 in Anspruch nehmen will. Wer naturreinen Wein herstellt oder doch Wein, bei dessen Herstellung die Grenzen der §§ 2, 3, 4, 9 WeinG. eingehalten werden, ist deshalb allein, weil er diesen Wein zum Verbrauch im eigenen Haushalt bestimmt, noch nicht zur Anzeige der Herstellung von Haustrunk verpflichtet. RGE. 49 S. 345. Der Anzeigepflichtige muß jedesmal vor der Herstellung von Haustrunk der gem. § 25 für zuständig erklärten Behörde Anzeige erstatten und dabei angeben die herzustellende Menge — diese darf alsdann nicht überschritten werden — und die zur Verarbeitung bestimmten Stoffe — andere dürfen alsdann nicht verwendet werden. Soweit der Hersteller die angemeldete Menge überschreitet oder andere als die angezeigten Stoffe verwendet, macht er sich wegen Unterlassung der vorgeschriebenen Anzeige bezüglich der nicht angemeldeten Stoffe und Mengen strafbar (WeinGE. II S. 65). Eine anmeldepflichtige Herstellung von Haustrunk liegt auch dann vor, wenn aus einem Getränke, das zum Haustrunk bestimmt und als solches gekennzeichnet und verwendet war, durch Zusatz neuer Bestandteile eine neue, gleichfalls zum Haustrunk bestimmte Mischung hergestellt wird. Anmeldepflichtig ist hier die Vermehrung der Menge (der Zuwachs) und die Verwendung der neuen Stoffe. WeinGE. I S. 71.

Die Verpflichtung zur Haustrunkanzeige fällt nicht dadurch weg, daß der Verpflichtete vorübergehend in einem einzelnen Jahrgang tatsächlich Wein nicht abgesetzt oder auch von vornherein nicht die Absicht hatte dies zu tun. LG. Mainz, WeinGE. I S. 72.

Wer Trauben zur Weinbereitung, Traubenmaische oder Traubenmost, nicht aber Wein gewerbsmäßig in den Verkehr bringt, ist nach der Fassung des Abs. 3 nicht anzeigepflichtig, hat aber auf Grund des § 19 Buch zu führen. Zweckmäßiger wäre es allerdings gewesen, die Anzeigepflicht auch auf die Verkäufer von Most und Maische auszudehnen.

„Zuständige Behörde" s. Anhang I 2. In Bayern ist die Anzeige der Ortspolizeibehörde zu erstatten — VO. v. 17. Juli 1909 § 1 — und zwar schriftlich nach Maßgabe eines vorgeschriebenen Musters oder durch Eintrag in eine etwa aufgelegte Liste — MinBek. v. 19. Juli 1909 Ziff. 2 —; dagegen ist die Distriktspolizeibehörde zuständig, die Herstellung von Haustrunk zu beschränken oder unter Aufsicht zu stellen. VO. v. 17. Juli 1909 § 2.

Abs. 4. Verwendung und Abgabe.

6. a) „Hersteller" ist, wer den Haustrunk entweder selbst bereitet oder durch seine Angestellten oder zugezogenen Hilfspersonen (Küfer) bereiten läßt. Wer ohne zum Haushalt des Bestellers zu gehören oder für diesen zur Hilfeleistung zugezogen zu sein, die gesamte Tätigkeit der Haustrunkbereitung ausübt, ist selbst als Hersteller anzusehen. OLG. Colmar v. 24. Februar 1914, LZ. 1914, 1237. Der Wortlaut des § 11 Abs. 4 bestätigt, daß die Herstellung des Haustrunks innerhalb des eigenen Haushalts erfolgen muß und sonach die Lieferung für den Haushalt eines Bestellers verboten ist (Galli, LZ. 1915 S. 263). Das RG. hält Werklieferungsvertrag (§ 651 BGB.) auf Haustrunkbereitung für unstatthaft, will dagegen den Werkvertrag (§ 631 BGB.) zulassen, auch wenn die Herstellung in anderen Räumen als denen des Bestellers stattfindet. RGE. 49 S. 234 S. dagegen das angef. Urteil d. OLG. Colmar: 'Es steht nicht in der Macht der Parteien, durch ausgeklügelte Vertragsbestimmungen, den Besteller als Hersteller gelten zu lassen, wenn dies den Tatsachen widerspricht." Die Eigenschaft als Haustrunk kann einem Getränk, auch wenn es sich im übrigen dazu eignen würde, nicht durch eine Vereinbarung über seine Verwendung verliehen werden, selbst dann nicht, wenn diese Vereinbarung schon im Zeitpunkt der Herstellung bestand. RGE. 49 S. 234. S. auch § 13 Note 1 und § 15 Note 1. Der Hersteller braucht nicht Weinbergbesitzer zu sein, er darf sich die Stoffe zur Haustrunkbereitung, wie Trester, Hefe usw. kaufen (Komm.).

b) Im eigenen Haushalte des Herstellers wird der Haustrunk verwendet, wenn ihn z. B. der Hersteller selbst, seine Familienangehörigen, seine Dienstboten, die in seinem Brote stehenden Lehrlinge, Gehilfen und sonstige in den Haushalt aufgenommene Personen oder auch eingeladene Gäste trinken, oder wenn er Besuchern und Freunden zum Genusse auf der Stelle verabfolgt wird, immer vorausgesetzt, daß ein besonderes Entgelt, d. h. eine Bezahlung oder sonstige Vergütung im einzelnen Falle, für das Getränk nicht gefordert wird. Ob für die Aufnahme in den Haushalt durch den Schüler oder Lehrling allgemein ein Entgelt bezahlt wird, ist dagegen belanglos und steht nicht entgegen. Ebenso kann die Lieferung von Haustrunk an den zum Haushalt gehörigen Dienstboten oder Gehilfen usw. als Lohnbestandteil ausbedungen oder ortsüblich angesehen werden. Die Frage, inwieweit Akte der Gastfreundschaft innerhalb des Haushalts liegend betrachtet werden können, ist nach Landes- und Ortsgebrauch zu beurteilen. Weingegenden seien darin bekanntlich weitherzig (Komm.). Konvikte, Schülerpensionate und ähnliche Institute dürfen Haustrunk bereiten und an ihre Zöglinge abgeben, wenn ein gemeinschaftlicher Haushalt vorliegt, und besonderes Entgelt nicht gefordert wird (Komm.).

c) Abgesehen von der Verwendung im eigenen Haushalt (s. b) ist Abgabe von Haustrunk nur zulässig ohne besonderes Entgelt (s. b) an die im Betriebe des Herstellers beschäftigten Personen zu deren eigenem Verbrauch, also nur während der Dauer der Beschäftigung (im weiteren Sinne, d. h. des Beschäftigungsverhältnisses) und nur für die beschäftigten Personen selbst, nicht auch für deren Familien (WeinGE. I S. 72, II S. 65).

d) Jede andere, nicht unter b oder c fallende, entgeltliche oder unentgeltliche Abgabe von Haustrunk ist verboten, insbesondere der Verkauf von Haustrunk, wenn auch unter voller Deklaration, und das Verschenken von Haustrunk, soweit nicht b oder c einschlägig ist. Verboten ist sogar das Verschenken von Haustrunk an die eigene Tochter, falls diese einen vom Vater getrennten eigenen Haushalt führt. WeinGE. II S. 61. Ob Winzervereine und -Genossenschaften Haustrunk für ihre Mitglieder herstellen und an diese abgeben dürfen, ist strittig. Ein Pr. MinErl. vom 14. Februar 1913 (s. C I 2 hinten) äußert sich hierüber wie folgt: Unbedenklich ist es, wenn die Genossenschaftsmitglieder einzeln oder gemeinschaftlich auf eigene

Rechnung ihren Haustrunk in den Räumen und mit den Gerätschaften der Genossenschaft bereiten oder durch Angestellte der Genossenschaft bereiten lassen. Zulässig ist auch, daß dem Genossen als Teil der Vergütung für die von ihm gelieferten Trauben eine vereinbarte Menge des aus den Rückständen dieser Trauben gewonnenen Haustrunks zum Verbrauch im eigenen Haushalte geliefert wird. Aber auch bei gemeinsamer Verarbeitung des Lesegutes darf die Genossenschaft übernehmen, den beteiligten Genossen einen der Menge der von ihnen gelieferten Trauben entsprechenden Anteil an dem aus den gesamten Trestern hergestellten Haustrunk gegen Ersatz der Auslagen zu liefern. In beiden letztgenannten Fällen kann man annehmen, daß die Genossenschaft bei der Herstellung des Haustrunks als Vertreter und im Auftrage des Genossen handelt. Unbedingt unzulässig ist es dagegen, daß die Genossenschaft einen auf ihre Rechnung hergestellten Haustrunk an ihre Mitglieder verkauft. — Bei einer etwas weitherzigen Anwendung der vom Reichsgerichte aufgestellten Grundsätze (s. Note a) und in Berücksichtigung der eigenartigen Stellung des Genossen seiner Genossenschaft gegenüber (s. JW. 98 S. 205) mag man diesen Ausführungen, die den Bedürfnissen des Lebens entgegenkommen, wohl zustimmen. Ebenso Hofacker Note 9a; a. M. 1. Auflage; einschränkend Günther u. Marschner Note 5a, die Haustrunkherstellung für die Genossen durch die Genossenschaft nur dann für zulässig halten, wenn bloß eine gemeinschaftliche Tätigkeit der Mitglieder selbst anzunehmen sei.

7. Die Einschränkungen des Abs. 4 treffen nur die als Haustrunk hergestellten **Getränke**. Ein völlig stichig gewordener Haustrunk, der endgültig aufgehört hat Getränk zu sein, kann als Material zu Brennzwecken verkauft werden. S. RGE. 49 S. 375 und § 13 Note 7a.

8. Abs. 4 Satz 2. „Zur Gestattung der Veräußerung zuständige Behörde" s. Anhang I 2; in Bayern die Distriktspolizeibehörde VO. v. 17. Juli 1909 § 2.

9. Über Eintragung des Haustrunks und der dazu verwendeten Stoffe in die etwa zu führenden Bücher s. § 19, über Kennzeichnung des Haustrunks s. § 20.

10. Strafdrohung:

a) zu Abs. 2 § 26 Abs. 1 Nr. 1 für vorsätzl., § 29 Nr. 6 für fahrl. Verletzung der auf Grund des § 11 Abs. 2 vom Bundesrate erlassenen Vorschriften,

b) zu Abs. 3 — § 29 Nr. 2 für vorsätzl., § 30 für fahrl. Unterlassung der Anzeige oder Zuwiderhandlung gegen die behördlichen Anordnungen,

c) zu Abs. 4 — § 26 Abs. 1 Nr. 1 für vorsätzl., § 29 Nr. 6 für fahrl. Zuwiderhandlung.

Traubenmaische und Most.

§ 12.

Die Vorschriften der §§ 2, 4 bis 9 finden auf Traubenmost, die Vorschriften der §§ 4 bis 9 auf Traubenmaische Anwendung.

1. Die Vorschrift könnte überflüssig erscheinen; ihre Aufnahme geschah deshalb, weil die an einigen Stellen, insbesondere im § 3, unentbehrliche Erwähnung von Most und Maische neben dem Weine zu der Folgerung führen könnte, daß die Vorschriften, in denen diese Erwähnung fehlt, nur auf fertigen Wein anzuwenden wären. Es tritt hinzu, daß die in § 12 bezeichneten Vorschriften auf Most und Maische auch dann anwendbar sind, wenn der Most als solcher verbraucht wird (Erl.).

2. Durch Einfügung des § 12 wurde ein besserer, nämlich ein unmittelbarer Schun des Mostes und der Maische in den dort angeführten Fällen erreicht. Wuhrend das frühere WeinG. in seinen Strafbestimmungen nur den Wein schützte und sogar die versuchte Weinfälschung straflos ließ, weshalb die Verfälschung von Most, der als solcher verbraucht wurde, nach dem WeinG. wenigstens nicht bestraft werden konnte, sind durch § 12 des jetzigen WeinG. der Most und die Maische in gewissen Fällen als solche, nicht nur in ihren Beziehungen zum Wein als dessen Vorerzeugnisse geschützt worden, also auch dann, wenn die Herstellung von Wein wirklich, wie z. B. bei der Brennmaische, oder angeblich gar nicht beabsichtigt ist. Die Aufzuckerung ausländischer Traubenmaische ist daher auch dann unzulässig, wenn die stark aufgezuckerte Auslandsmaische nur zu Gärzwecken bei der Obstweinbereitung verwendet werden soll.

3. Auf Maische ist § 2 nicht anwendbar. Wird Maische daher nicht zu Most, sondern unmittelbar zu Branntwein oder Essig usw. verarbeitet, so steht einem Dessertweinzusatz nichts entgegen. Dagegen ist der Zusatz von Dessertwein zu gewöhnlicher Weißweintraubenmaische mittelbar als versuchtes Vergehen gegen die §§ 2, 12, 26 Abs. 4 strafbar, wenn der Dessertwein auf diesem Umwege in den Most oder Wein gelangen soll, und das versuchte Vergehen wird zum vollendeten, sobald die Maische gekeltert ist. S. § 2 Note 2 sowie meine Ausführungen in Ztschr. f. R. 1912 S. 451 und Kulisch, ebenda 1913 S. 65.

Aus der Nichtanwendbarkeit des § 2 auf Maische darf nicht mit Galli (DJZ. 1912 S. 1289) der Schluß gezogen werden, daß die Vermischung von Maische mit Most oder Wein unzulässig sei. S. § 2 Note 1 b.

S. im übrigen die Erläuterungen zu den §§ 2, 4 bis 9; was sterilisierten Traubenmost anlangt § 1 Note 1 b, betr. Herstellung von Brennmaische § 9 Note 5.

4. Strafdrohung: § 26 Abs. 1 Nr. 1 für vorsätzl., § 29 Nr. 6 für fahrl. Zuwiderhandlung gegen die gem. § 12 für die Herstellung und Behandlung von Traubenmost oder Traubenmaische geltenden Vorschriften. Diese Vorschriften sind enthalten in den § 2 Satz 2, § 3 Abs. 1, 2, 3, 5, 6, § 4 und § 9; deren Verletzung ist ohnehin nach § 26 bzw. 29 strafbar.

Aus der Wiederholung dieser Strafdrohung darf nicht etwa gefolgert werden, daß die Verletzung der für die Bezeichnung von Most und Maische anwendbaren Vorschriften straflos sei. Wer gezuckerten Most als Naturmost verkauft, ist aus § 12 in Verbindung mit den §§ 5 und 28 Nr. 1 strafbar.

Verkehr mit gesetzwidrigen Getränken.

§ 13.

Getränke, die den Vorschriften der §§ 2, 3, 4, 9, 10 zuwider hergestellt oder behandelt worden sind, ferner Traubenmaische, die einen nach den Bestimmungen des § 3 Abs. 1 oder des § 4 nicht zulässigen Zusatz erhalten hat, dürfen, vorbehaltlich der Bestimmungen des § 15, nicht in den Verkehr gebracht werden. Dies gilt auch für ausländische Erzeugnisse, die den Vorschriften des § 3 Abs. 1 und der §§ 4, 9, 10 nicht entsprechen; der Bundesrat ist ermächtigt, hinsichtlich der Vorschriften des § 4 und des § 10 Abs. 2 Ausnahmen für Getränke und Traubenmaische zu bewilligen, die den im Ursprungslande geltenden Vorschriften entsprechend hergestellt sind.

I. Satz 1. Im Inland hergestellte oder behandelte Erzeugnisse.

1. Gesetzwidrige Getränke und Traubenmaischen dürfen nicht in Verkehr gebracht werden; werden solche Getränke (bzw. Maischen nach Kelterung zu Getränken) jedoch gem. § 15 mit Genehmigung der Behörde verarbeitet, so dürfen sie in dieser veränderten Form doch dem Verkehre zugeführt werden (Erl. zu § 13, jetzt 15). Der Ausdruck „in den Verkehr bringen" umfaßt die an anderen Stellen des Gesetzes gebrauchten Ausdrücke „feilhalten oder verkaufen", schließt aber darüber hinaus jede andere Art des Inverkehrbringens, insbesondere auch die unentgeltliche Abgabe ein (Erl. zu § 11, jetzt 13). A. M. Günther u. Marschner S. 201 unter Berufung auf RGE. 3 S. 119 und 36 S. 424. Allein der in ersterer Entscheidung erwähnte „gesetzgeberische Gedanke" konnte wohl nicht deutlicher ausgesprochen werden als hier in den Erl. geschehen. S. auch RGE. 49 S. 165. Inverkehrbringen i. S. des § 13 ist sonach jedes, auch das unentgeltliche, Überlassen an andere Personen (s. § 5 Note 5a Abs. 1), so daß der Andere die Verfügungsgewalt erlangt, wobei es gleichgültig ist, ob die Überlassung erfolgt zum Genusse, zur Weiterveräußerung, zur Weiterverarbeitung oder zu einem sonstigen Zwecke.

Gesetzwidrige Getränke dürfen auch nicht etwa nachträglich zu Haustrunk erklärt oder zu solchem verarbeitet und alsdann innerhalb der Grenzen des § 11 Abs. 4 zu einem beschränkten Rechtsverkehr zugelassen werden. A. M. Günther u. Marschner Note 2b und Hofacker Note 3, und in der Beschränkung auf solche gesetzwidrigen Getränke, die wenigstens den Haustrunkanforderungen entsprechen, 1. Auflage Note 2 u. Württemb. JME. v. 29. April 1911. S. dagegen RGE. 49 S. 165 u. 234 und § 15 Note 1. Es wäre nicht folgerichtig, weinähnliche Getränke, die einen nach § 10 Abs. 2 verbotenen Zusatz erfahren haben, zur Verwendung als Haustrunk zuzulassen, denn das Verbot des § 10 Abs. 2 besteht uneingeschränkt, also sogar bei Herstellung für den eigenen Bedarf. Noch viel weniger kann eine Abgabe an Hausgesinde und Arbeiter für zulässig erachtet werden. S. § 10 Note 2. Es wäre auch nicht folgerichtig zu gestatten, daß z. B. ein dem § 4 zuwider mit Tamarindenbrühe verfälschter Handelswein noch in der Familie oder im Betriebe des Herstellers verbraucht werden dürfte, obwohl ein derartiges Getränk nicht einmal als Haustrunk hergestellt werden darf. Kann einem für den Verkehr bestimmten Tresterweine nicht einmal von der Behörde nachträglich der Charakter als Haustrunk verliehen werden, so kann dies noch weniger durch den Hersteller selbst geschehen, und ein dritter Besitzer muß schon deshalb ausscheiden, weil sogar der richtige Haustrunk nur in der Familie oder dem Betriebe des Herstellers verbraucht werden darf.

Strittig ist, ob der Käufer einen gekauften und als gesetzwidrig befundenen Wein in Ausübung des Rechtes auf Wandlung dem Verkäufer zurückschlagen darf. Das RG. hält dies für ein strafbares Inverkehrbringen. RGE. 16 S. 191 u. GoltdArch. Bd. 38 S. 426 (zu § 12 des NMG.), dagegen Reiffel, GoltdArch. Bd. 39 S. 109 u. Hofacker Note 3.

2. Das Verkehrsverbot trifft a) den §§ 2, 3, 4, 9, 10 zuwider hergestellte oder behandelte Getränke. Voraussetzung ist also, daß bei der Herstellung oder Behandlung die in diesen Paragraphen enthaltenen Herstellungs- oder Behandlungsvorschriften verletzt sind. Verletzbare Herstellungs- oder Behandlungsvorschriften finden sich in § 2 Satz 2, § 3 Abs. 1, 2, 3, 5, 6, § 4 Abs. 1, § 9, § 10 Abs. 2. Das Verkehrsverbot trifft auch solche Getränke, bei deren Herstellung nur formale Vorschriften, wie die über örtliche und zeitliche Beschränkung des Zuckerns verletzt sind. Die Wichtigkeit dieser Vorschriften für die Zwecke des Gesetzes wird dies rechtfertigen (Erl.). So auch RGE. 49 S. 165. (Hienach ist es auch unzulässig, daß Schaumweinfabriken ihre zur Schaumweinbereitung bestimmten, gem. § 3 Abs. 5 ohne Rücksicht auf die zeitlichen und örtlichen Beschränkungen aufgezuckerten Weine ihrer ursprünglichen Bestimmung zuwider nachträglich als Stillweine in den allgemeinen Verkehr bringen. S. § 3 Note 14. Betr. „Degorgementweine" s. § 16 Note 4.) Nicht unter § 13 fallen dagegen Getränke, bei denen Anmeldungs- oder Bezeichnungsvorschriften verletzt sind. Dem Verkehrsverbot unterliegen daher nicht: Most und Wein, deren Zuckerung nicht zuvor angezeigt worden ist (§ 3 Abs. 4), oder weinähnliche Getränke, deren Bezeichnung gegen die Bezeichnungsvorschriften des § 10 Abs. 3 verstößt. Letztere können vielmehr jederzeit unter der richtigen Bezeichnung in den Verkehr gebracht werden.

b) Traubenmaische, die einen nach § 3 Abs. 1 oder § 4 (Abs. 1) nicht zulässigen Zusatz erhalten hat. Daß die Traubenmaische nicht den unter a behandelten Getränken gleichgestellt ist, erklärt sich vielleicht daher, daß Traubenmaische einen Rohstoff darstellt, der auch zu anderen Zwecken als der Most- und Weinbereitung dienen kann (vgl. § 12 Note 3). Immerhin ist es fraglich, ob sich der Gesetzgeber der aus der Sonderbehandlung der inländischen Maische sich ergebenden Folgen voll bewußt gewesen ist. Nicht verkehrsunfähig sind hienach nämlich Weißweintraubenmaische mit Zusatz von Dessertwein, Rotweintraubenmaische, die außerhalb der erlaubten Zeit oder der am Weinbau beteiligten Gebiete gezuckert worden ist, und nachgemachte Traubenmaische. Verkehrsunfähigkeit tritt in diesen Fällen erst ein, wenn die Maische zu Most gekeltert wird. Die ausländische Maische dagegen ist dem ausländischen Moste und Weine gleichgestellt. S. „Erzeugnisse" in § 13 Satz 2 und Note 4.

3. Den erwähnten Paragraphen zuwider sind Getränke schon dann hergestellt (oder behandelt, Maischen mit Zusätzen versehen), wenn diese Vorschriften objektiv verletzt sind, d. h. wenn diese Vorschriften — sei es vorsätzlich, fahrlässig oder schuldlos — bei der Herstellung (oder

Behandlung usw.) nicht beobachtet worden sind. Ein Verschulden auf Seite des Herstellers und das Vorliegen einer strafbaren Handlung gem. §§ 26 Abs. 1 Nr. 1 oder 29 Nr. 6 ist nicht erforderlich. § 13 schließt nicht nur solche Erzeugnisse vom Verkehr aus, bei deren Herstellung oder Behandlung von strafrechtlich verantwortlichen Personen nachweisbar schuldhaft die betr. Vorschriften übertreten worden sind, sondern liegt auch dann vor, wenn ohne Verschulden oder bei bloßer Einwirkung von Naturereignissen ohne menschliches Zutun dem Getränke (der Maische) andere Stoffe zuflossen, die das Gesetz von der Verwendung ausschließt, deren Zusatz es daher allgemein verbietet. RGE. 54 S. 167. § 13 Satz 2 drückt das Gleiche mit den Worten aus: Erzeugnisse, die den Vorschriften (rein objektiv betrachtet) nicht entsprechen. Auch hier wird eine schuldhafte Nichtbeachtung der einschlägigen Vorschriften nicht verlangt und konnte nicht verlangt werden, da die Gesetzeskraft deutscher Vorschriften sich auf das Ausland nicht erstreckt.

Nimmt z. B. jemand beim Aufzuckern von Most ohne Überschreitung der zulässigen 20% der Gesamtmenge infolge eines entschuldbaren tatsächlichen Irrtums mehr Zucker oder Zuckerwasser, als erforderlich wäre, um den fertigen Wein einem gleichen Weine aus guten Jahrgängen nach Alkohol und Säure gleichzustellen, so ist der Hersteller zwar nicht strafbar, der Wein aber objektiv gesetzwidrig. Ebenso ist verkehrsunfähig eine Traubenmaische, die infolge von starken Regengüssen erheblich verwässert ist. RGE. 54 S. 167.

Ein gesetzwidriger Wein kann nicht mehr in den Verkehr gebracht, auch nicht als Haustrunk verwendet (s. Note 1), sondern nur nach § 15 mit besonderer Genehmigung der Behörde zu bestimmten Zwecken verarbeitet werden.

Ein gesetzwidriger Wein darf auch nicht auf dem Umwege der sog. Rückverbesserung einem gesetzentsprechenden Weine angeglichen und alsdann in Verkehr gebracht werden. Wohl wäre es an sich möglich z. B. einen durch übermäßige Zuckerung verursachten zu hohen Alkoholgehalt durch Verschnitt mit alkoholarmem Weine, oder einen durch übermäßige Streckung hervorgerufenen zu niederen Säuregehalt durch Verschnitt mit saurem Weine oder einen 20% übersteigenden Zuckerwasserzusatz durch Verschnitt mit Naturwein nachträglich wieder zu korrigieren, allein dies Verfahren ist nicht zulässig. Erlaubt ist nur der Verschnitt von gesetzlich hergestelltem Weine mit gesetzlich hergestelltem Weine, nicht aber der Verschnitt von gesetzentsprechendem Weine mit gesetzwidrigem. (Verstoß gegen § 4.)

S. § 2 Note 2, § 3 Note 9, § 4 Note 1 u. 6; für das frühere Recht (§ 2 Nr. 2 des WeinG. vom 24. Mai 1901) E. des Bayer. Obersten Landesgerichts in Straff. v. 18. Okt. 1904 Bd. V S. 78 ff., RG., Urt. des I. StS. v. 4. Jan. 1909, abgedr. in Zeitschr. f. Rechtspfl. i. B. 1909 S. 111, und im Ergebnis gleich, aber mit anderer Begründung, RG., Urt. des V. StS. v. 6. November 1908, abgedr. in der Deutschen Juristenzeitung 1909 S. 85; für das jetzige Recht WeinG. E. I S. 7, RGE. 44 S. 411; 49 S. 53.

II. Satz 2. Ausländische Erzeugnisse.

4. § 13 Satz 2 hat nur solche ausländischen Erzeugnisse im Auge, die auch im Auslande hergestellt sind. Nur für „ausländische Ware" in diesem Sinne war eine Sonderregelung erforderlich. Wird dagegen aus ausländischer Maische in Deutschland Most und Wein hergestellt, so sind hiefür ausschließlich die deutschen Herstellungsvorschriften maßgebend. Dies ergibt sich aus den Erl. S. 26 u. 16, wo es heißt: „Nicht zu unterschätzende Schwierigkeiten erwachsen aus dem Wettbewerb des Auslandes auf dem deutschen Markte. Denn einerseits ist Deutschland zur Deckung seines Bedarfs auf das Ausland angewiesen und andererseits muß vermieden werden, daß die ausländische Ware den Wettbewerb auf dem deutschen Markte unter günstigeren Bedingungen aufnehmen kann, als die deutsche. Grundsätzlich muß demnach der im Auslande hergestellte Wein unter die gleichen gesetzlichen Vorschriften gestellt werden wie der deutsche und, da die Herstellung der Überwachung entzogen ist, muß die Einfuhr von dem Nachweis abhängig gemacht werden, daß die Herstellung mit den Vorschriften des Gesetzes im Einklang steht. Erleichterungen können hinsichtlich der Ordnungsvorschriften des Gesetzes und, soweit die Vorschriften oder Gewohnheiten des Ursprungslandes genügend Sicherheit bieten, bezüglich der Kellerbehandlung des Weines zugestanden werden, soweit nicht gesundheitliche Rücksichten entgegenstehen."

Es genügt, wenn die im Ausland hergestellten ausländischen Maischen, Moste, Weine und weinähnlichen Getränke dem § 3 Abs. 1, § 4 und § 9 bzw. dem § 10 entsprechen. Diesen Vorschriften nicht entsprechende Erzeugnisse sind — vorbehaltlich unten zu erwähnender Ausnahmen — verkehrsunfähig. Irgend eine schuldhafte Handlung wird nicht gefordert. S. Note 3 zu „a und b". Verkehrsunfähig sind sonach insbesondere ausländische nachgemachte Erzeugnisse (Weine, Moste und Maischen) und ausländische Erzeugnisse, die zu anderen Zwecken oder innerhalb weiterer Grenzen als in § 3 Abs. 1 vorgesehen gezuckert sind, und zwar auch dann, wenn solches nach ausländischem Recht etwa erlaubt sein sollte. S. jedoch auch Note 5.

Andrerseits sind auch etwaige strengere ausländische Gesetze (wie z. B. Italiens, das nur Trockenzuckerung zuläßt), für Deutschland nicht maßgebend.

Vergünstigungen für ausländische Erzeugnisse:

a) Das Verkehrsverbot besteht nicht für im Ausland vorgenommene Verschnitte von Dessertwein mit Weißwein oder Weißmost ausländischen Ursprungs. § 2 Satz 2 ist in § 13 Satz 2 nicht erwähnt.

b) Der Bundesrat ist ermächtigt von den Vorschriften der §§ 4 und 10 Abs. 2 (nicht dagegen des § 3 Abs. 1 und § 9) Ausnahmen zu bewilligen. Hinsichtlich des § 10 Abs. 2 ist dies bis jetzt nicht geschehen. Dagegen hat der Bundesrat, von der durch § 13 Satz 2 erteilten Ermächtigung Gebrauch machend, durch Bek. vom 9. Juli 1909 (Anhang I 1) auch die den Vorschriften des § 4 nicht entsprechenden ausländischen Maischen, Moste und Weine, wenn sie nur den für den Verkehr innerhalb des Ursprungslandes geltenden Vorschriften genügen, zum Verkehr in Deutschland zugelassen und dabei nur zwei Ausnahmen gemacht. Ausgeschlossen bleiben:

α) übermäßig geschwefelte oder — was in der Wirkung auf das gleiche hinauskommt — übermäßig gegipste rote Tisch- und Tafelweine (Moste, Maischen), Bek. zu § 13 Lit. a. (Der Gips, der auf die Trauben gestreut wird, verwandelt sich in Verbindung mit dem Weinstein des Mostes zum Teil in Schwefelsäure und verleiht dem Weine den Anschein höheren Alters und besserer Qualität. Da die Bek. zu § 4 das Gipsen nicht aufzählt, ist auch nur mäßiges Gipsen in Deutschland nicht zulässig.)

β) Weine (Moste, Maischen) mit Zusatz von Pottasche, Weinsteinsäure und dgl. oder von Stoffen, die auch für weinähnliche Getränke verboten sind (insbes. Glyzerin), Bek. zu § 13 Lit. b, und zu § 10.

Eine Übersicht über das ausländische Recht s. 1. Auflage S. 232 (bis 1908) u. Günther, Gesetzgebung des Auslands über den Verkehr mit Wein 1910/1913.

5. Ursprungsland i. S. des § 13 ist das Land der Traubengewinnung, bei weinähnlichen Getränken und Fabrikaten das Land der Herstellung. RGE. 50 S. 57.

Ausländische Dessertweine, die den im Ursprungsland geltenden Vorschriften entsprechend hergestellt sind, können nicht deshalb als Nachmachungen von Wein angesehen und vom Inlandverkehr ausgeschlossen werden, weil die natürliche Gärung vorzeitig durch Zusätze von Sprit zum Stillstand gebracht worden ist. RGE. 49 S. 288 für Samos, S. 298 für spanischen Süßwein aus Panades und Mistila.

Ausländische Verschnitte aus Erzeugnissen verschiedener Länder müssen entweder den deutschen Vorschriften oder jenen sämtlicher beteiligten ausländischen Ursprungsländer entsprechen. A. M. Günther u. Marschner S. 208, die § 7 analog anwenden wollen. Hiegegen Hofacker Note 4b, der mit Recht darauf hinweist, daß Herstellungs- und Bezeichnungsvorschriften grundverschieden sind.

Zur Verkehrsfähigkeit der „in Österreich gesüßten Ungarweine" hat RGE. 50 S. 57 folgende Sätze aufgestellt: Süßweine, die in Österreich aus leichten ungarischen Landweinen entsprechend den Vorschriften des österreichischen WG. hergestellt sind unter Verwendung von technisch reinem Rohr- oder Rübenzucker, Rosinen und Alkoholzusatz in solcher Menge, daß das Produkt nicht mehr als 22,5 Vol.prozent Alkohol enthält, dürfen in Deutschland in Verkehr gebracht werden. Bei der Bereitung dieser Weine überwiegt die Herstellungstätigkeit in einem Maße, daß sie dadurch einen fabrikatmäßigen Charakter erhalten. Als Ursprungsland ist daher das Land der Herstellung anzusehen, d. i. Österreich (und nicht Ungarn, wo die Zuckerung zum Zwecke der Bereitung von Süßwein und die Verwendung von Rosinen verboten ist). Der Zusatz von Zucker zum Zwecke der Süßung fällt bei der Herstellung von Süßwein nicht unter das Verbot des § 3 Abs. 1, dessen Einhaltung überhaupt nicht denkbar wäre, sondern kann nach Maßgabe des § 13 als ausländische Kellerbehandlung anerkannt werden. Solche Zuckerung ist als Zusatz eines Stoffes im Sinne des § 4 zu behandeln, der das Inverkehrbringen des Weines in Deutschland nicht hindert, wenn die Zuckerung den im Ursprungslande geltenden Vorschriften entspricht.

6. Die durch den Bundesrat zugelassenen Ausländer dürfen unbeanstandet in den Verkehr gebracht, demnach auch, vorbehaltlich des § 2 Satz 2, mit deutschem Weine verschnitten werden. S. auch § 5 Note 2a und Nachtrag.

Die vom Bundesrate vom Verkehr ausgeschlossenen ausländischen Weine (Maischen, Moste) dürfen weder unverschnitten noch verschnitten in den Verkehr gebracht werden. Der Verschnitt solchen Weines mit gesetzentsprechendem Weine ist unzulässig. § 4 Note 1 und 6. Dies gilt insbesondere auch für übermäßig gegipsten roten Tafelwein. Eine RGE. vom 26. April 1909 — mitgeteilt in der Deutschen Weinzeitung vom 1. Juli 1909 — hatte unter dem WeinG. vom 24. Mai 1901 ein mäßiges Gipsen des Rotweines und weiter die Rückverbesserung übergipsten Rotweines durch Verschnitt mit ungegipstem Weine oder durch sonstige erlaubte Mittel für zulässig erklärt, da übergipster Rotwein weder verfälschter Wein noch Kunstwein, sondern nur gesundheitsschädlicher, d. h. verdorbener Wein sei, der durch passende Mittel oder Behandlungen seiner gesundheitsschädlichen Eigenschaft entkleidet, nämlich im Schwefelsäuregehalt unter das gesetzwidrige Maß hinabgedrückt werden dürfe. Dagegen muß auf Grund der §§ 4 und 13 des neuen WeinG. übergipster ausländischer roter Tafelwein ebenso wie jeder gegipste inländische Wein als gesetzwidrig erachtet werden. Damit ist jede Rückverbesserung ausgeschlossen. S. oben Note 3.

III. Zu Satz 1 und 2.

7. a) Ist ein gesetzwidriges „Getränk" durch völligen Stich oder sonstige völlige Verderbnis ungenießbar geworden in dem Sinne, daß es endgültig aufhört Getränk zu sein, weil es weder in seinem jetzigen Zustand genossen werden noch auch wieder in einen genießbaren Zustand zurückversetzt werden kann, so steht seiner Veräußerung und Verwertung als Brennmaterial das WeinG. nicht im Wege. RGE. 49 S. 375, WeinGE. II S. 53.

b) Stichiger, oder sonstwie verdorbener, aber gesetzentsprechend hergestellter Wein fällt nicht unter § 13. Als Getränk oder Genußmittel ist er zwar verdorben und nicht verkaufbar (§ 367 Ziff. 7 StGB., § 10 NMG.), dagegen steht seiner Veräußerung unter Deklaration seiner stichigen Beschaffenheit zu Brennzwecken oder zur Essigbereitung nichts im Wege.

Wird ein infolge Essigstichs verdorbener Wein mit gutem Wein vermischt, so muß auch die gewonnene Mischung als verdorben i. S. des NMG. bezeichnet werden und zwar selbst dann, wenn das Mischprodukt weder im Geschmack noch bei der chemischen Analyse die Tatsache des Verdorbenseins erkennen läßt. Es wird der gute Wein durch Beimengung des verdorbenen essigstichigen, mit fauligem Hefegeschmack behafteten Weines verschlechtert und so ein Wein hergestellt, der zwar nicht ungenießbar sein mag, aber in seiner Zusammensetzung nicht normal und jedenfalls aus dem Gesichtspunkte einer unappetitlichen Pantscherei ekelerregend und deshalb schon als verdorben zu bezeichnen ist. OLG. Cöln v. 20. Juni 1904, Auszüge aus gerichtl. Entsch. betr. den Verkehr mit Nahrungsmitteln usw. VII S. 182.

Dagegen ist es zulässig, einen schwach stichigen, aber sonst gesetzmäßigen, sogen. kranken Wein mit Most oder Maische umzugären, wodurch der Fehler nicht verdeckt, sondern beseitigt wird. Die Umgärung ist ein Mittel der anerkannten Kellerbehandlung. Vgl. RGE. 42, 337.

8. Strafdrohung: § 26 Abs. 1 Nr. 1 für vorsätzl., § 29 Nr. 6 für fahrl. Zuwiderhandlung.

9. S. auch Bek. v. 28. März 1918 (RGBl. S. 155) betr. Änderung des WeinG. während des Krieges (Zulassung von Ausnahmen von dem Verbote des § 13 durch den Reichskanzler).

Einfuhr gesetzwidriger Erzeugnisse.

§ 14.

I Die Einfuhr von Getränken, die nach § 13 vom Verkehr ausgeschlossen sind, ferner von Traubenmaische, die einen nach den Bestimmungen des § 3 Abs. 1 oder des § 4 nicht zulässigen Zusatz erhalten hat, ist verboten.

II Der Bundesrat erläßt die Vorschriften zur Sicherung der Einhaltung des Verbots, er ist ermächtigt, die Einfuhr von Traubenmaische, Traubenmost oder Wein zu verbieten, die den am Orte der Herstellung geltenden Vorschriften zuwider hergestellt oder behandelt worden sind.

Abs. 1.

1. Die Fassung des § 14 Abs. 1 ist verunglückt. Dem Wortlaute nach müßte Traubenmaische, die einen nach § 4 nicht zulässigen im Ursprungsland aber erlaubten Zusatz erhalten hat, z. B. mäßig gegipste spanische Rotweintraubenmaische, von der Einfuhr zurückgewiesen werden, obwohl sie nach der Bundesratsbek. (im Anhang) zum Verkehr zugelassen wird. Andrerseits müßte nachgemachte, z. B. aus Rosinen hergestellte, ausländische Traubenmaische zur Einfuhr zugelassen werden, obwohl sie im Inlande nicht in den Verkehr gebracht werden darf. Wie Günther u. Marschner S. 218 mit Recht darlegen, gibt eine solche buchstabenmäßige Auslegung einen Sinn, der gewiß nicht gewollt war; § 14 Abs. 1 ist vielmehr so zu verstehen, als wenn er lautete: Die Einfuhr von Erzeugnissen (Getränken und Traubenmaischen), die nach § 13 vom Verkehr ausgeschlossen sind, ist verboten. So auch WeinGE. II 66 und Ausführungsbek. zu § 13 (im Anhang I).

2. § 14 ist die notwendige Ergänzung zu § 13. Kaufte eine deutsche Firma im Auslande gefälschten Wein und führte ihn selbst in Deutschland ein, so war bisher ein Einschreiten solange nicht möglich, als nicht der Wein verschnitten oder feilgehalten wurde. Diesem Mißstand hilft jetzt das Verbot der Einfuhr solcher Weine ab. Das Verbot ist zwar vom WeinG. nicht unter Strafdrohung gestellt, gibt aber der Kontrollbehörde an der Eingangsstelle die Befugnis, die Einfuhr zu verhindern. Auch sind die Strafvorschriften des Vereinszollgesetzes vom 1. Juli 1869 über Konterbande (§§ 134, 139, 154ff.) einschlägig. Über die Beziehungen der beiden Gesetze s. RG. v. 2. Mai 1912: „In § 14 des WeinG. ist die Einfuhr von Getränken verboten, die nach § 13 vom Verkehr ausgeschlossen sind. Ausländische Erzeugnisse, die den Vorschriften des § 3 Abs. 1, § 4, § 9, § 10 des WeinG. nicht entsprechen, dürfen daher nicht eingeführt werden. Die Übertretung des Einfuhrverbots ist im WeinG. nicht mit Strafe bedroht; es werden daher auf das Unternehmen verbotswidriger Einfuhr die Bestimmungen des Vereinszollgesetzes über Konterbande in Anwendung zu kommen haben. Dieser vorzubeugen ist Aufgabe der Zollbehörden. Wird von den Zollbehörden die Einfuhr eines Erzeugnisses von verbotswidriger Beschaffenheit zugelassen, weil diese Beschaffenheit nicht erkannt wird, so erlangt selbstverständlich durch dieses Versehen die Auslandsware keinen Freibrief für den inländischen Verkehr, vielmehr untersteht dieser

ganz den Bestimmungen des § 13 des WeinG. Daher besteht auch die Möglichkeit den an einer Zollstelle zur Einfuhr zugelassenen Wein von verbotswidriger Beschaffenheit im sog. objektiven Verfahren einzuziehen, falls eine vorsätzlich oder fahrlässig begangene Handlung des Inverkehrbringens im Inland nachweisbar bleibt. Das Vereinszollgesetz läßt dagegen die Konfiskation des Weines im objektiven Verfahren als Straffolge verbotener Einfuhr nicht zu. Sobald der Nachweis geführt ist, daß vom Ausland aus nicht nur die Einfuhr ins Inland bewirkt, sondern auch im Anschluß daran die eingeführte verbotswidrige Ware in den inländischen Verkehr gebracht wurde, obwohl ihre Beschaffenheit dem Versender bekannt war oder hätte bekannt sein müssen, ist somit die Einziehung zulässig ohne Rücksicht auf die vorgängigen Entscheidungen und Entschließungen der Zollbehörden. WeinGE. II S. 66.

3. Die unter der Bezeichnung „Wein zur Kognakbrennerei" eingehenden Halberzeugnisse mit bis zu 20 Gewichtsprozenten Alkohol, dadurch erzielt, daß ein Teil des Weines gebrannt und der so gewonnene Alkohol dem anderen Teil zugesetzt wird, kommen als Getränke nicht in Betracht; ihre Einfuhr wird daher durch die Vorschriften der §§ 13 und 14 nicht gehindert. (Erl.) S. auch §§ 17 und 40 ff. der Weinzollordnung.

Abs. 2.

4. Abs. 2 Halbsatz 1 sieht Kontrollmaßregeln bei den Eingangsstellen vor. **Es dürfen Maische, Most und Wein nur über bestimmte Zollämter eingeführt werden.** Näheres s. Bundesratsbek. vom 9. Juli 1909 in der Fassung der Novelle vom 20. Juli 1910 (im Anhang 1) zu § 14.

Halbsatz 2 hat für den Fall Bedeutung, daß ein weinbautreibender Staat etwa für den Inlandverkehr strengere Vorschriften erließe als für die Ausfuhr. Von der hier gegebenen Ermächtigung hat der Bundesrat bis jetzt noch keinen Gebrauch gemacht.

Weiterverarbeitung von Wein u. weinähnlichen Getränken.

§ 15.

Getränke, die nach § 13 vom Verkehr ausgeschlossen sind, dürfen zur Herstellung von weinhaltigen Getränken, Schaumwein oder Kognak nicht verwendet werden. Zu anderen Zwecken darf die Verwendung nur mit Genehmigung der zuständigen Behörde erfolgen.

1. „Getränke, die nach § 13 vom Verkehr ausgeschlossen sind — d. s. gesetzwidrige Moste, Weine und weinähnliche Getränke — dürften an und für sich folgerichtigerweise auch nicht weiter verarbeitet werden, da sie sonst in veränderter Form doch dem Verkehre zugeführt werden können. Praktische Erwägungen legen indessen nahe, diese Folge nicht in voller Strenge zu ziehen, machen es vielmehr ratsam, die wenn auch beschränkte Möglichkeit zu eröffnen, solche Getränke wirtschaftlich zu verwerten. Zu denken ist insbes. an den Fall, daß Getränke auf Grund des § 31 eingezogen worden sind; doch sollen andere Fälle nicht grundsätzlich ausgeschlossen werden. Als zulässige Art der Verwendung wird in der Hauptsache die Essigbereitung oder auch die Destillation, diese mit Ausschluß der Verwertung des Destillats als Kognak, in Betracht kommen. Um jedem Mißbrauche vorzubeugen schließt das Gesetz die Verwendung für einzelne bestimmte Zwecke ausdrücklich aus und macht sie im übrigen in jedem Falle von behördlicher Genehmigung abhängig" (Erl.). Diese Ausführungen sind insofern nicht ganz richtig, als die betr. Getränke durch Verarbeitung rechtlich untergehen.

Unter „Verwendung" ist in § 15 Satz 2 die Verarbeitung zu anderen Waren zu verstehen, eine Verwendung der Getränke in unverarbeiteter Gestalt, wenn auch nur zu Haustrunkzwecken oder eine Verarbeitung zu Haustrunk, ist durch die §§ 13, 15 gerade ausgeschlossen und kann auch nicht durch die zuständige Behörde erlaubt werden. Dies verkennt die württembergische JME. v. 29. April 1911 (ABl. S. 237), nach welcher der Verkauf eingezogener Getränke, die den für Haustrunk aufgestellten Erfordernissen entsprechen, als Haustrunk soll stattfinden dürfen. S. dagegen RGE. vom 21. Januar 1915: „Die Staatsanwaltschaft kann weder durch vertragsmäßige Veräußerungsverbote noch durch sonstige Anordnungen einem Wein, den sie auf Grund des MinErl. von 1911 einem anderen zum Verbrauch in dessen Haushalt überlassen zu können glaubt, die Eigenschaft als Haustrunk „verleihen". Das Gesetz befreit in § 11 den Hersteller von Wein, den dieser im eigenen Haushalt verwenden will, unter bestimmten Voraussetzungen von der Einhaltung einzelner Vorschriften des WeinG., deren Beobachtung bei Herstellung der für den Verkehr bestimmten Weine gefordert wird. Solche Getränke aber, die für den Verkehr hergestellt sind oder gar bereits tatsächlich in diesen eingetreten sind, obwohl sie den gesetzlichen Anforderungen nicht entsprechen und daher verkehrsunfähig sind, dürfen überhaupt nicht Gegenstand des Rechtsverkehrs werden oder bleiben und es ist nicht angängig sie dadurch zu einem beschränkten Rechtsverkehr zuzulassen, daß sie unter der Vereinbarung veräußert werden, der Käufer solle sie nicht mehr weiter veräußern dürfen. Dadurch werden sie weder Haustrunk, noch dürfen sie, auch wenn sie es würden, verkauft werden. Das gilt ebenso für den Verkauf durch die Staatskasse wie für andere Veräußerer." RGE. 49 S. 165. Der richtige Weg, solche Getränke zu verwerten, ist der, daß ihnen durch Vergällung mit Essig, durch Denaturierung mit Salz oder anderweitige Behandlung die Eigenschaft als Getränk genommen wird und sie erst dann zur genehmigten Verarbeitung verkauft werden.

Das Verbot der §§ 13 und 15 kann auch nicht durch Vermischung mit gutem Wein umgangen werden. Dadurch würde die ganze neue Mischung verkehrsunfähig. S. § 4 Note 1 und § 13 Note 3.

2. Verkehrsunfähigen Wein zur Herstellung weinhaltiger Getränke zu verwenden ist ganz allgemein verboten ohne Rücksicht darauf, ob deren Bezeichnung die Verwendung von Wein andeutet. S. dagegen § 16 Note 1.

3. Über die Verwendung verkehrsunfähiger Traubenmaische fehlt eine Bestimmung. Soweit die Herstellung von weinhaltigen Getränken, Schaumwein und Kognak in Betracht kommt, ist ein Verbot überflüssig, da hiezu die Maische stets zuerst in Wein verwandelt werden muß. Zu anderen Verarbeitungen aber, bei welchen eine Kelterung der Maische nicht stattfindet und wobei die Maische nicht in den Verkehr gebracht wird, dürfte eine Genehmigung mangels einer entsprechenden Vorschrift nicht erforderlich sein.

4. Wird ein verkehrsunfähiges Getränk dem § 15 zuwider ohne Genehmigung zu einer neuen Ware verarbeitet, so macht sich zwar der Täter strafbar und die neue Ware — „der dem § 15 zuwider hergestellte Stoff" — unterliegt der Einziehung (§ 31), aber die neue Ware ist nicht auch ihrerseits wieder verkehrsunfähig.

5. Schaumwein i. S. der §§ 15 und 16 ist nur Traubenschaumwein, nicht auch Fruchtschaumwein (s. RGE. 50 S. 208). Letzterer fällt unter die schaumweinähnlichen Getränke. § 17 Abs. 1 Satz 2. Dem § 10 Abs. 2 zuwider hergestellte verkehrsunfähige weinähnliche Getränke können daher mit Genehmigung der Behörde zu Fruchtschaumwein verarbeitet werden, wozu jedoch tatsächlich wohl nie die Erlaubnis erteilt werden wird.

6. Unter Kognak i. S. der §§ 15 und 16 ist auch Kognakverschnitt zu verstehen. RGE. 47 S. 300 (erlassen zur Bundesratsbek. „zu §§ 10, 16" vor der Novelle vom 27. Juni 1914, s. Anhang I) und LG. Leipzig, WeinGE II S. 94.

Das Gesetz verbietet nicht absolut die Destillation von Trinkbranntwein aus gesetzwidrigen Getränken, vielmehr ist diese mit Genehmigung der Behörde zulässig. Nur darf das Destillat aus solchen Getränken nicht zur Herstellung von Kognak verwendet und auch trotz entsprechender Behandlung nicht als Kognak bezeichnet werden. Näheres s. § 18.

7. „Zuständige Behörde" s. Anhang I 2, in Bayern die Regierung, Kammer des Innern, VO. vom 17. Juli 1909 § 3.

8. Weitere Erläuterungen s. bei § 16.

Herstellung von weinhaltigen Getränken, Schaumwein und Kognak.

§ 16.

Der Bundesrat ist ermächtigt, die Verwendung bestimmter Stoffe bei der Herstellung von weinhaltigen Getränken, Schaumwein oder Kognak zu beschränken oder zu untersagen sowie bezüglich der Herstellung von Schaumwein und Kognak zu bestimmen, welche Stoffe hierbei Verwendung finden dürfen, und Vorschriften über die Verwendung zu erlassen.

1. Verbotene und unerlaubte Stoffe: Von der in § 16 dem Bundesrat erteilten ganz allgemeinen Ermächtigung ist nur ein sehr beschränkter Gebrauch gemacht worden. Gem. Bundesratsbek. vom 9. Juli 1909 (im Anhang I 1) zu §§ 10, 16 sind die dort aufgezählten, bei der Herstellung weinähnlicher Getränke untersagten Stoffe in gleicher Weise verboten bei der Herstellung von Schaumwein und bei der Herstellung von weinhaltigen Getränken, deren Bezeichnung die Verwendung von Wein andeutet, was auch durch bildliche Darstellung möglich ist (RGE. 46 S. 259; 47 S. 122). Weinhaltigen Getränken gegenüber, die in ihrer Bezeichnung nicht auf einen Weingehalt hinweisen, findet nur das Nahrungsmittelgesetz Anwendung. RGE. 47 S. 135.

Für Kognak, den die angeführte Bundesratsbek. ursprünglich mitumfaßte, ist jetzt Sonderregelung erfolgt durch die Novelle vom

27. Juni 1914 (RGBl. 1914 S. 235) „zu § 16“ (s. Anhang I 1), die diejenigen Stoffe aufzählt, die bei Herstellung von Kognak **ausschließlich** zulässig sind.

2. „Weinhaltige Getränke“ sind solche, die zum Teil aus Wein bestehen, wie z. B. Schorle-Morle (Mischung von Wein und Sodawasser oder Mineralwasser), Rotweinpunsch und Rotweinpunschessenz (s. RGE. 38 S. 169 vom 2. Oktober 1905, Veröffentl. d. K. GesundheitsA., Beil. VII S. 258), Gewürzweine, wie Maiwein (oder Maitrank, WeinGE. I S. 79), Wermutwein (s. hiezu Pr. MinErl. vom 17. Februar 1914, hinten C I 2) und ähnliche, sowie Arzneiweine, wie Chinawein, Pepsinwein, und ähnl. (Komm. zu § 8, jetzt 10). S. auch § 4 Note 3. Hienach darf z. B. überstreckter, d. i. dem § 3 zuwider verwässerter Wein zur Herstellung von Schorle-Morle nicht verwendet werden.

Ein Getränk, das Wein vortäuscht (§ 9), ist selbst dann nicht weinhaltig i. S. des Weingesetzes, wenn zu seiner Herstellung Wein verwendet worden ist; denn die Begriffe von „Wein“ und „weinhaltig“ i. S. des Gesetzes schließen sich aus, so daß nachgemachter Wein ebensowenig wie der Wein selbst als ein weinhaltiges Getränk i. S. des Weingesetzes angesehen werden kann. RGE. vom 1. Oktober 1912 (WeinGE. II S. 49) Sofern Gewürzweine nach ihrer Beschaffenheit (Aussehen, Geruch, Geschmack) Wein vortäuschen können, sind sie als verbotene Nachahmung von Wein zu betrachten. Daran ändert auch nichts eine etwaige Bezeichnung der Getränke als Liköre oder mit Phantasienamen, die das Wort Wein vermeiden. Unterscheiden sie sich jedoch durch ihre Eigenschaften, z. B. durch einen ausgesprochenen Gewürzgeschmack, deutlich von Wein, so sind sie nicht als Nachahmung von Wein anzusehen. Pr. MinErl. vom 19. Febr. 1913. S. C I 2 hinten.

2a. S. auch als vorübergehende Kriegsmaßnahmen über Verwendung von Süßstoff bei der Herstellung von Maitrank und Maiwein während des Krieges Bek. vom 7. Juni 1916 (RGBl. S. 459), und Verbot der Verwendung von Zucker bei der Herstellung von Maitrank und Maiwein in gewerblichen und landwirtschaftlichen Betrieben während des Krieges Bek. vom 24. Juni 1916 (RGBl. S. 573) und Bek. vom 27. September 1916 (RGBl. S. 1085).

3. Obstweinhaltige Getränke sind, wie alle Getränke, die weinähnliche Getränke enthalten, nicht „weinhaltig“ i. S. der §§ 15, 16. Praktisch ist der Unterschied belanglos, da die zuständige Behörde wohl nie die Erlaubnis geben wird, einen dem § 10 zuwider hergestellten Obstwein zu einem obstweinhaltigen Getränk zu verwenden.

4. „Schaumwein“ ist nicht Wein i. S. des WeinG. — JW. 37 S. 599 n 108 —, sondern ein moussierendes Kunstprodukt aus Wein. Die Bezeichnung des Schaumweines wird durch § 17 geregelt.

a) Der Ausgangsstoff, aus dem Schaumwein bereitet wird, muß gesetzentsprechender Wein sein. § 15. Schaumwein kann aus Naturwein oder aus aufgezuckertem Wein (§ 3) oder aus Verschnitt von beiden hergestellt werden. Beim Aufzuckern des Weines ist § 3 Abs. 1, 2, 3, 4 und 6, wenn die Aufzuckerung in der Schaumweinfabrik erfolgt nur § 3 Abs. 1, 4 und 6 zu beobachten.

b) Zwecks Umwandlung des Stillweines in Schaumwein wird der Wein mit Zucker und Hefe versetzt und „auf Flaschen gefüllt“, wo nunmehr die zweite Gärung, die „Flaschengärung“ vor sich geht.

Nach vollendeter Gärung werden die Flaschen mit dem Kopfe nach unten auf Rüttelgestelle gesetzt und von Zeit zu Zeit gerüttelt, bis sich alle Hefe im Halse der Flasche auf dem Kork niedergeschlagen hat. Alsdann wird die Flasche enthefst (degorgiert), mit dem Dosierungslikör wieder aufgefüllt und sofort neuerdings verkorkt. Damit ist der Schaumwein „fertiggestellt", wenn er auch bis zur Abgabe an den Trinker noch einer längeren Lagerung bedarf. Beim „Faßgärungsverfahren" geht die erwähnte zweite Gärung statt in der Flasche in großen verschlossenen Gefäßen vor sich. Beim „Imprägnierungsverfahren" wird der Stillwein mit dem Dosierungslikör versehen, mit fertiger Kohlensäure versetzt und alsdann erst auf Flaschen gefüllt. Die genauere Zusammensetzung des Dosierungslikörs wird als Geschäftsgeheimnis betrachtet. Er pflegt, je nachdem der Sekt herber oder süßer gewünscht wird, aus mehr oder weniger Zucker, gelöst in Wein, etwas Kognak usw. zu bestehen. — Werden bei der Umwandlung des Stillweines in Schaumwein auf die hier geschilderte Weise einem aufgezuckerten Weine nochmals Zucker oder Zuckerwasser zugesetzt oder werden dem Weine dabei Kognak, Essenzen, Säuren oder Bukettstoffe beigegeben, so sind diese Zusätze nicht mehr nach § 3 bzw. § 4, sondern nach § 16, den hiezu erlassenen Vollzugsvorschriften und dem Nahrungsmittelgesetze zu beurteilen. S. Erl. S. 21. Der Gesamtzusatz an Zucker oder Zuckerwasser kann sohin, wenigstens soweit das Weingesetz in Betracht kommt, möglicherweise die in § 3 festgelegten Grenzen überschreiten. Vgl. für das frühere Recht RGE. 37 S. 285. Solange der Bundesrat sich auf das Verbot gewisser Stoffe beschränkt und nicht auf Grund der ihm erteilten Ermächtigung bestimmt, welche Stoffe bei der Schaumweinbereitung allein Verwendung finden dürfen, beurteilt sich die Frage der Zulässigkeit eines Stoffes, der nicht der Liste der besonders verbotenen angehört, ausschließlich nach den allgemeinen Nahrungsmittelgesetzen. Der Zusatz von Zitronensäure bei der Herstellung von Schaumwein ist Vergehen gegen das Nahrungsmittelgesetz. RGE. 50 S. 208.

c) Der bei der Enthefung sich ergebende Abfallwein (Degorgementwein) darf nicht als Stillwein verkauft werden, da er als solcher gesetzwidrig und auch als Getränk unappetitlich ist. Dagegen dürfte es wohl zulässig sein ihn zu vergällen und alsdann, er ist dann kein Getränk mehr, ihn als Brennmaterial oder zur Essigbereitung zu verkaufen. Entspricht seine Herstellung dem § 11, so darf er auch als Haustrunk verwendet oder zu solchem verarbeitet werden.

5. Welche Zusätze bei der Herstellung von Fruchtschaumwein aus Obst- und Beerenweinen, die dem § 10 Abs. 2 entsprechen müssen, als erlaubt zu gelten haben, beurteilt sich allein nach dem NMG. S. RGE. 50 S. 208 und § 15 Note 5. Bezeichnung des Fruchtschaumweins s. § 17 Abs. 1 Satz 2.

6. „Kognak" s. § 15 Note 6 und § 18.

7. Strafdrohung in § 26 Abs. 1 Nr. 1 für vorsätzl., § 29 Nr. 6 für fahrl. Zuwiderhandlung gegen § 15 oder gegen die auf Grund des § 16 vom Bundesrate erlassenen Vorschriften.

Bezeichnung des Schaumweines. § 17.

I Schaumwein, der gewerbsmäßig verkauft oder feilgehalten wird, muß eine Bezeichnung tragen, die das Land erkennbar macht, wo er auf Flaschen gefüllt worden ist; bei Schaumwein, dessen Kohlensäuregehalt ganz oder teilweise auf einem Zusatz fertiger Kohlensäure beruht, muß die Bezeichnung die Herstellungsart ersehen lassen. Dem Schaumwein ähnliche Getränke müssen eine Bezeichnung tragen, welche erkennen läßt, welche dem Weine ähnlichen Getränke zu ihrer Herstellung verwendet worden sind. Die näheren Vorschriften trifft der Bundesrat.

II Die vom Bundesrate vorgeschriebenen Bezeichnungen sind auch in die Preislisten und Weinkarten sowie in die sonstigen im geschäftlichen Verkehr üblichen Angebote mit aufzunehmen.

1. Die §§ 15 und 16 behandeln die Herstellung, § 17 regelt die Bezeichnung des Schaumweines und der schaumweinähnlichen Getränke.

Abs. 1.

2. „Gewerbsmäßig" s. § 5 Note 5a; „verkauft oder feilgehalten" s. § 5 Note 3c.

3. Bei „Schaumwein" muß das Land, in dem der Wein auf Flaschen gefüllt ist, kenntlich gemacht werden. Ist der Schaumwein in demselben Lande auch fertiggestellt, so darf er als Erzeugnis dieses Landes bezeichnet werden. „Fertiggestellt" wird der Schaumwein dort, wo die letzte die Zusammensetzung des Getränkes beeinflussende Handlung vorgenommen wird. S. § 16 Note 4b.

Die näheren Vorschriften s. Bundesratsbek. vom 9. Juli 1909 (Anhang I 1) zu § 17 Lit. a und d.

4. Als „Herstellungsarten" kommen in Betracht die Flaschengärung, die Faßgärung und die Imprägnierung mit Kohlensäure. S. § 16 Note 4b. Die Imprägnierung ist stets zu deklarieren. Trägt Schaumwein keine Bezeichnung der Herstellungsart, so muß er mittels des Verfahrens der Flaschen- oder Faßgärung ohne Zusatz fertiger Kohlensäure hergestellt sein. Näheres s. angef. Bek. Lit. b und d.

5. Dem „Schaumwein ähnliche Getränke" sind moussierende Getränke, die aus weinähnlichen Getränken — § 10 u. Note 1d hiezu — hergestellt sind. Die Vorschriften des § 17 Satz 1 sind nicht anwendbar. Das Land der Flaschenfüllung und die Herstellungsart (Imprägnierung oder Gärung) braucht nicht angegeben zu werden. Dagegen muß die Bezeichnung erkennen lassen, welche weinähnlichen Getränke zur Herstellung verwendet worden sind. Jedoch genügt nach der Bundesratsbek. schon die allgemeine Bezeichnung Fruchtschaumwein u. dgl.; immer muß aber die Bezeichnung deutlich erkennen lassen, daß nicht Traubenschaumwein vorliegt. Schaumwein aus Apfelwein ist daher zu bezeichnen als Apfelschaumwein, oder auch als Obstschaumwein oder Fruchtschaumwein. Eine Bezeichnung wie „Bollersekt" (für einen von der Firma Boller hergestellten Apfelschaumwein) genügt nicht. Das Wort Sekt wird in Verkehrs- und Konsumentenkreisen als gleichbedeutend mit Traubenschaumwein angesehen, sofern nicht Zusätze, wie bei „Obstsekt", „Beerensekt" u. dgl. etwas anderes ergeben. RG., 2. Zivilsenat vom 2. Juli 1912 WeinGE. II S. 76. Näheres s. Bundesratsbek. vom 9. Juli 1909

(Anhang I 1) zu § 17 Lit. c und e (letztere Lit. beigefügt durch Bek. vom 6. Juli 1911, RGBl. 475).

6. Schaumwein wird vielfach als Champagner bezeichnet. Der Name „Champagner" war früher Gattungsname und bezeichnete ein aus Wein hergestelltes Kunstprodukt bestimmter Art, wie es zuerst und vorzüglich in der Champagne in Frankreich hergestellt wurde. Als Herkunftsbezeichnung konnte der Name nur dann betrachtet werden, wenn die besondere Art des Gebrauchs einen geographischen Hinweis enthält. Jetzt ist nach Art. 275 des Versailler Friedensvertrags (RGBl. 1919 S. 1083) in Verbindung mit den französischen Gesetzen die Bezeichnung Champagner auch in Deutschland nur als Herkunftsbezeichnung gestattet.

§ 6 bezieht sich nicht auf Schaumwein. § 16 Abs. 2 des Warenzeichengesetzes und § 1 Abs. 3 des G. zur Bek. des unl. Wettbewerbs bzw. § 5 Abs. 1 des Gesetzes gegen den unlauteren Wettbewerb bleiben demgemäß für Schaumwein auch ferner anwendbar. Handelsübliche Gattungsnamen, mit Ausnahme der Bezeichnung „Champagner" (s. oben), brauchen daher bei Schaumwein nicht richtige Herkunftsbezeichnungen zu sein. Soweit jedoch nicht solche handelsübliche Gattungsnamen, sondern wirkliche Herkunftsbezeichnungen vorliegen, müssen diese auch bei Schaumwein nach den Vorschriften der angeführten Gesetze wahr sein. Hiernach muß z. B. „moussierender Hochheimer" Wein enthalten, der dieser Herkunftsbezeichnung entspricht. Dabei werden jedoch die Vorschriften der §§ 6, 7 entsprechende Anwendung finden können, nicht jedoch derart, daß bei falscher Bezeichnung eine Bestrafung nach dem WeinG. möglich wäre, sondern in dem Sinne, daß eine Bezeichnung, die den analog angewendeten weingesetzlichen Vorschriften entspricht, nicht als falsch angesehen werden darf, und zwar deshalb nicht, weil sie einer durch die weingesetzlichen Bezeichnungsvorschriften beeinflußten Verkehrsanschauung entspricht. Vgl. § 1 Note 1a.

Abs. 2.

7. „Sonstige im geschäftl. Verkehr übliche Angebote." Hierunter sind zu verstehen Kundgebungen, die nicht nur einen bestimmten Eindruck im Wahrnehmenden erwecken, sondern unmittelbar Geschäftsbeziehungen anbahnen wollen, wie Geschäftsbriefe, Zirkulare, Prospekte, Preisverzeichnisse u. dgl. Auch ein Reklameplakat kann ein im geschäftl. Verkehr übliches Angebot enthalten, dies aber nur dann, wenn aus ihm im allgemeinen wenigstens die Bezugsbedingungen und namentlich die Preise zu ersehen sind. Ein Reklameplakat, das lediglich den Namen der Schaumweinmarke und die Firma der Sektkellerei wiedergibt, ist kein Angebot i. S. des § 17 Abs. 2. Urt. d. OLG. Cöln vom 29. November 1912 WeinGE. II S. 79. Das gleiche wird für Inserate zu gelten haben.

8. Strafdrohung: § 28 Nr. 3 für vorsätzl. und fahrl. Verletzung des § 17. S. auch § 28 Note 3.

Bezeichnung Kognak und Kognakverschnitt.

§ 18.

I Trinkbranntwein, dessen Alkohol nicht ausschließlich aus Wein gewonnen ist, darf im geschäftlichen Verkehre nicht als Kognak bezeichnet werden.

II Trinkbranntwein, der neben Kognak Alkohol anderer Art enthält, darf als Kognak-Verschnitt bezeichnet werden, wenn mindestens $^1/_{10}$ des Alkohols aus Wein gewonnen ist.

III Kognak und Kognak-Verschnitte müssen in 100 Raumteilen mindestens 38 Raumteile Alkohol enthalten.

IV Trinkbranntwein, der in Flaschen oder ähnlichen Gefäßen unter der Bezeichnung Kognak gewerbsmäßig verkauft oder feilgehalten wird, muß zugleich eine Bezeichnung tragen, welche das Land erkennbar macht, wo er für den Verbrauch fertiggestellt worden ist. Die näheren Vorschriften trifft der Bundesrat.

V Die vom Bundesrate vorgeschriebenen Bezeichnungen sind auch in die Preislisten und Weinkarten sowie in die sonstigen im geschäftlichen Verkehr üblichen Angebote mit aufzunehmen.

Abs. 1—3.

1. §§ 15 und 16 behandeln die Herstellung, § 18 regelt die Bezeichnung des Kognaks.

2. „Trinkbranntwein" bedeutet nicht notwendig Branntwein zum Genuß auf der Stelle, sondern nur Branntwein zu Trinkzwecken. LG. Cöln, WeinGE. II S. 87 und im Ergebnis gleich Kammergericht, WeinGE. II S. 91 ff., a. M. unrichtig OLG. Cöln, WeinGE. II S. 88.

3. „Im geschäftlichen Verkehr" = im gewerbsmäßigen Verkehr. LG. Cöln, WeinGE. II S. 87. Gewerbsmäßig, s. § 5 Note 5a. Der Begriff „geschäftlicher Verkehr" ist weiter als der des „Feilhaltens". Die Voraussetzungen des ersteren Begriffs sind bereits erfüllt, wenn ein Verkehrsgegenstand in die Räumlichkeiten gebracht wird, in denen Waren gleicher oder ähnlicher Art zum sofortigen Verkauf bereitgehalten werden, so daß das Publikum annehmen muß, daß der Gegenstand verkäuflich sei. Es ist nicht erforderlich, daß gerade der fragliche Gegenstand selbst zum Verkauf bestimmt ist. Es genügt das Auslegen in dem zum Verkehrsraum gehörigen Schaufenster. LG. Dresden, WeinGE. II S. 90.

4. „Kognak" ist Gattungsname und bezeichnet ein Erzeugnis der Weindestillation von der Art, wie es in der Stadt Cognac des französischen Departements Charente hergestellt wird. Als Herkunftsbezeichnung wird der Name Kognak nur dann betrachtet, wenn die besondere Art des Gebrauches, z. B. die zusätzliche Angabe einer Firma oder die Hinzufügung von Worten in französischer Sprache, einen geographischen Hinweis enthält So würde beispielsweise die Angabe einer Firma wie Dubois père et fils, Cognac oder die Bezeichnung Cognac vieux oder fine Champagne die französische Herkunft andeuten. Da die Bezeichnung „Deutscher Kognak" jede Verwechselung mit französischem Kognak ausschließt, kann nicht zugegeben werden, daß die Bezeichnung „Deutscher Kognak" gegen Art. 274 oder 275 des Versailler Friedensvertrags (RGBl. 1919 S. 1083) verstößt. Immerhin empfiehlt sich die jetzt vielfach übliche Bezeichnung: „Deutscher Weinbrand". Die deutsche Weinbrandindustrie ist so emporgeblüht, daß sie die französischen Krücken entbehren kann.

5. Ein Destillat aus Wein darf dann als Kognak (Cognac) bezeichnet werden, wenn

a) der gesamte Alkohol ausschließlich aus Wein (beliebig welcher Herkunft) gewonnen ist, ferner

b) dieser Wein ein nach § 13 verkehrsfähiges Getränk war — s. § 15 —, mag er auch stichig gewesen sein (s. § 13 Note 7),

c) der Alkoholgehalt mindestens 38 Raumteile (Volumenprozent) der Gesamtflüssigkeit beträgt,

d) bei der Herstellung nur die durch Bundesratsbek. „zu § 16" erlaubten Stoffe benutzt wurden — s. § 16 Note 1 —, und

e) wenn das Erzeugnis nach Art der Herstellung und Beschaffenheit den bekannten Erzeugnissen der Weindestillation in Cognac entspricht. (Erl.)

Reines Weindestillat (Weinalkohol) ist noch kein Kognak. Das zu Kognak bestimmte Weindestillat wird diesem Zweck entsprechend hergestellt. Durch milden Brand namentlich wird erreicht, daß gewisse Bukettstoffe der Traube während des Brennens nicht verloren gehen. Das so hergestellte Destillat, das farblos ist, muß sodann noch längere Zeit — jahrelang — in eichenen Fässern lagern. Hiedurch bekommt es die Farbe, den Geschmack und den Geruch, die Eigenschaften, die das Charakteristische des Kognaks ausmachen. WeinGE. II S. 82. Zur Unterstützung dieses Werdeprozesses des Kognaks aus Weindestillat sind die in der erwähnten Bundesratsbekanntmachung aufgezählten Zusätze und Behandlungen zugelassen. Hienach ist — kurz zusammengefaßt — Kognak ein aus Wein (durch milden Brand) gewonnener Trinkbranntwein, der durch längeres Lagern in Eichenfässern ein besonderes eigenartiges Aroma erhalten hat. Kammergericht, WeinGE. II S. 83.

6. Verschnitte von Kognak mit Alkohol anderer Art dürfen nicht als Kognak bezeichnet werden. Dagegen ist hier die Benennung „Kognakverschnitt" zulässig, wenn der Alkoholgehalt mindestens 38% der Gesamtflüssigkeit beträgt und weiter mindestens $^1/_{10}$ des vorhandenen Alkohols (bei 38% Alkoholgehalt also mindestens 3,8% der Gesamtflüssigkeit), aus verkehrsfähigem Wein gewonnen ist. Für Kognakverschnitt ergeben sich mithin als Erfordernisse: erstens Kognak, zweitens mindestens 38% Alkohol, drittens mindestens 3,8% Weinalkohol bei 38 Teilen Alkohol. Wieviel Kognak — nicht gleichbedeutend mit Weinbrand, s. Note 3 — in dem Verschnitt enthalten sein muß, ist nicht ausdrücklich gesagt. Die Erl. (S. 28) bemerkten hiezu: „Ein Mindestgehalt an Kognak ist nicht gefordert; die Worte ‚neben Kognak' werden aber außer Zweifel stellen, daß der Anteil an Kognak groß genug sein muß, um in dem Gemisch zur Geltung zu kommen." Hieran ist durch das später weiter beigefügte Erfordernis des Mindestgehalts an Weinalkohol ($^1/_{10}$ des Gesamtalkohols) nichts geändert worden. Vgl. Kammergericht, WeinGE. II S. 84. Auf das gleiche wird es hinauskommen, wenn a. a. O. das Landgericht Berlin die Vorschrift so auslegt, daß das im Gesetz verlangte Zehntel des Gesamtalkohols eben Kognak sein müsse. — Auch müssen die Erfordernisse der Note 3 d und e gegeben sein, d. h. auch der Kognakverschnitt muß Kognakart haben und bei seiner Herstellung dürfen nur die in der Bundesratsbekanntmachung „zu § 16" (s. Anhang I 1) unter 2 mit 10 aufgezählten Stoffe verwendet werden (s. auch § 15 Note 6), während die unter 1 der Bek. geforderte ausschließliche Verwendung von Weinalkohol der Natur des Kognakverschnitts gemäß bei diesen nicht verlangt werden kann.

Für geringerprozentige Verschnitte sind Bezeichnungen wie Fassonkognak, Kunstkognak, Kognakersatz oder Ersatzkognak und dgl. nicht zulässig (Komm.). WeinGE. II S. 86. Durch § 18 Abs. 1 ist die Bezeichnung „Kognak" als solche (und zwar in allen Schreibarten), auch in ihren Wortverbindungen, geschützt und lediglich in Verbindung mit „Verschnitt" zugelassen. LG. Cöln, WeinGE. II S. 86. Die Bezeichnung „Kognakverschnitt" darf nicht in zwei getrennte Worte von ganz verschiedener Schriftgröße zerrissen werden. LG. Dresden, WeinGE. II S. 89. Fantasienamen mit dem Zusatz: „Ersetzt Kognak" sind dagegen nach dem Weingesetz nicht zu beanstanden. Essenzen zur Herstellung von Kunstkognak dürfen nicht Kognakessenz genannt werden. LG. Cöln und Kammergericht, WeinGE. II S. 86 und 91ff.

Abs. 4 und 5.

7. „Für den Verbrauch fertiggestellt" wird der Inhalt einer Flasche dort, wo die letzte die Zusammensetzung des Getränks beeinflussende Handlung vorgenommen wird. Zu diesen Handlungen gehört ebensowohl der Verschnitt mit anderem Kognak wie die Herabsetzung des Alkoholgehalts hochprozentiger ausländischer Destillate durch den Zusatz von Wasser. (Erl. und Komm.)

8. Formvorschriften für die Bezeichnung s. Bundesratsbek. vom 9. Juli 1909 (Anhang I 1) zu § 18. Sie gelten nur für Kognak, nicht auch für Kognakverschnitt. RGE. 47 S. 300.

9. Über „sonstige im geschäftlichen Verkehr übliche Angebote" s. Note 3 und § 17 Note 7.

10. „Eierkognak" ist ein aus Kognak, Eigelb, Zucker und Gewürzen hergestelltes Getränk eigner Art. Der zur Herstellung verwendete Kognak muß den gesetzlichen Anforderungen entsprechen. Ist nur Kognakverschnitt verwendet worden, so darf die Bezeichnung höchstens „Eierkognakverschnitt" lauten. Ist auch dies nicht der Fall, so sind Bezeichnungen wie Eierkreme, Eierlikör oder Advokat gebräuchlich und zulässig.

11. Strafdrohung: Für vorsätzl. oder fahrl. Verl. des Abs. 1: § 28 Nr. 1, für Abs. 1, 2 und 3 überdies die Gesetze zum Schutze der Warenbezeichnungen und zur Bekämpfung des unlauteren Wettbewerbs (bzw. vom 1. Oktober 1909 ab das Gesetz gegen den unl. Wettbew. vom 7. Juni 1909), für vorsätzl. oder fahrl. Verl. der Abs. 4 und 5: § 28 Nr. 3.

Buchführung.

§ 19.

1 Wer Trauben zur Weinbereitung, Traubenmaische, Traubenmost oder Wein gewerbsmäßig in Verkehr bringt oder gewerbsmäßig Wein zu Getränken weiter verarbeitet, ist verpflichtet, Bücher zu führen, aus denen zu ersehen ist:

1. welche Weinbergsflächen er abgeerntet hat, welche Mengen von Traubenmaische, Traubenmost oder Wein er aus eigenem Gewächse gewonnen oder von anderen bezogen und welche Mengen er an andere abgegeben oder welche Geschäfte über solche Stoffe er vermittelt hat;

2. welche Mengen von Zucker oder von anderen für die Kellerbehandlung des Weines (§ 4) oder zur Herstellung von Haustrunk (§ 11) bestimmten Stoffen er bezogen und welchen Gebrauch er von diesen Stoffen zum Zuckern (§ 3) oder zur Herstellung von Haustrunk gemacht hat;
3. welche Mengen der im § 10 bezeichneten dem Weine ähnlichen Getränke er aus eigenem Gewächse gewonnen oder von anderen bezogen und welche Mengen er an andere abgegeben oder welche Geschäfte über solche Stoffe er vermittelt hat.

II Die Zeit des Geschäftsabschlusses, die Namen der Lieferanten und, soweit es sich um Abgabe im Fasse oder in Mengen von mehr als einem Hektoliter im einzelnen Falle handelt, auch der Abnehmer, sind in den Büchern einzutragen.

III Die Bücher sind nebst den auf die einzutragenden Geschäfte bezüglichen Geschäftspapieren bis zum Ablaufe von fünf Jahren nach der letzten Eintragung aufzubewahren.

IV Die näheren Bestimmungen über die Einrichtung und die Führung der Bücher trifft der Bundesrat; er bestimmt, in welcher Weise und innerhalb welcher Frist die bei dem Inkrafttreten dieses Gesetzes vorhandenen Bestände in den Büchern vorzutragen sind.

Abs. 1 und 2.

1. Wer „gewerbsmäßig in Verkehr bringt", s. § 5 Note 5a. Einer Anregung das Wort „gewerbsmäßig" durch „gegen Entgelt" zu ersetzen wurde entgegengehalten, daß dann auch jeder gelegentliche Verkauf getroffen würde, was zu weit gehe. (Komm. S. 47.)

Buchführungspflichtig ist derjenige, in dessen Namen das Inverkehrbringen erfolgt, also der Geschäftsherr, nicht das Dienstpersonal und die Angestellten. Neben dem Hauptgeschäft unterliegen auch die Zweiggeschäfte (Filialen, Nebenstellen) der Buchführungspflicht (OLG. Darmstadt vom 11. Mai 1911 und OLG. Dresden vom 21. Juli 1911 WeinGE. I S. 82 und 87), a. M. Hofacker Note 3d. Der Verantwortliche bleibt aber immer der Geschäftsherr oder Hauptgeschäftsleiter, nicht der Filialleiter (ebenda S. 82 und 89). Die Abgabe aus dem Hauptgeschäft an die Filiale ist kein Inverkehrbringen.

Die Buchführungspflicht besteht weiter, auch wenn der Pflichtige vorübergehend, z. B. infolge geringer Ernte in einem einzelnen Jahrgange tatsächlich Wein nicht absetzt. LG. Mainz vom 31. Oktober 1911, WeinGE I S. 72.

2. Verpflichtet zur Buchführung sind sohin insbesondere:

a) Der Weinbauer, der sein Wachstum ganz oder teilweise verkauft, also auch z. B. der Geistliche oder Lehrer, der Wein aus Nutznießungsgütern verkauft; ebenso Winzervereine und Winzergenossenschaften, die das Wachstum ihrer Mitglieder verkaufen, ebenso die Mitglieder selbst, die ihr Wachstum an den Verein abgeben,

b) der Weinhändler, Weinkommissionär, Weinmakler (Bayer. ObLGSt. Bd. 8 S. 383), soweit der Makler sich nicht in seinem ganzen Geschäftsbetriebe überhaupt auf die reine Vermittelungstätigkeit beschränkt, wobei die Entscheidung über den Abschluß des Geschäfts und dessen Ausführung allein dem Geschäftsherrn überlassen bleibt,

c) der Fabrikant von Schaumwein, Kognak, oder weinhaltigen, aus Wein hergestellten Getränken, der Fabrikant von alkoholfreiem Wein aus Wein oder Most,

d) der Branntweinbrenner, der Wein destilliert,

e) der Wirt, Straußwirt, Hotelbesitzer, Pensionsinhaber, der Wein verschänkt, desgleichen Kasinogesellschaften und Konsumvereine mit Weinausschank oder Weinhandel, soweit sie nicht etwa Wein bloß zum Selbstkostenpreis, zuzüglich der Verwaltungskosten, an ihre Mitglieder abgeben. In diesem Falle entfällt die Gewerbsmäßigkeit und damit die Buchführungspflicht. Ebenso Günther u Marschner Note 3 b zu § 5. Das bayerische OberstLG. Bd. 17 S. 69 verneint die Buchführungspflicht auch dann, wenn der durch den Verkauf an die Mitglieder nach Deckung der Verwaltungskosten erzielte Übererlös an die Mitglieder verteilt wird, da dies nicht Gewinnanteil, sondern nur Rückerstattung des zuviel Gezahlten sei (vgl. auch ROLG. Bd. 2 S. 122),

f) der Kaufmann, der Apotheker, der Flaschenweine verkauft.

Wer die Bücher nicht selbst führen kann, muß sie durch schreibgewandte Hilfskräfte führen lassen, bleibt jedoch selbst für die Eintragungen verantwortlich.

Zu c. Die Buchführungspflicht der Schaumweinfabriken ist unter Berufung auf eine Komm.-Bemerkung vielfach bestritten worden, aber zu Unrecht, da der Halbsatz: „Wer gewerbsmäßig Wein zu Getränken weiterverarbeitet“ erst nachträglich eingefügt worden ist und unbestreitbar auf Schaumweinfabriken zutrifft. Allerdings passen die Musterbücher nicht recht für Schaumweinfabriken. Als „Ausgang“ sind die zur Fabrikation (Cuvee) verwendeten Weine anzuführen. In die Bücher brauchen nicht aufgenommen zu werden der eingekaufte Kognak und der verkaufte Schaumwein Note 4. S. auch Note 7.

3. Nicht zur Buchführung verpflichtet sind dagegen beispielsweise:

a) Der Weinbauer, der seinen Wein selbst trinkt, oder in der Familie trinken läßt,

b) der Fabrikant von weinähnlichen Getränken (Obstwein, Beerenwein usw.),

c) der Branntweinbrenner, der andere Stoffe als Wein brennt,

d) der Essigsieder, auch wenn er Wein verarbeitet (da Essig kein Getränk ist),

e) der Verkäufer von weinhaltigen Getränken, weinähnlichen Getränken, von Schaumwein und Kognak,

f) der Verkäufer von Trauben zum Genuß als Obst,

vorausgesetzt, daß diese Personen nicht gleichzeitig auch Wein in Verkehr bringen.

4. Einzutragen in die Bücher sind, falls überhaupt eine Verpflichtung zur Buchführung besteht:

a) die ertragsfähigen Weinbergsflächen und deren Wachstum,

b) Herstellung, Bezug, Abgabe und Vermittelung von Traubenmaische, Most, Wein und weinähnlichen Getränken, auch der Bezug von Tafeltrauben, wenn sie zum Zwecke der Weinbereitung gekauft werden (Komm.),

c) Bezüge von Zucker und anderen für die Kellerbehandlung des Weines oder zur Herstellung von Haustrunk bestimmten Stoffen,

d) die tatsächlich zur Aufzuckerung und Haustrunkbereitung verwendeten Zuckermengen sowie sonstige tatsächlich zur Haustrunkbereitung verwendete Stoffe, unter Angabe der näheren Einzelheiten der Verwendung.

Wein bleibt buchungspflichtig, auch wenn er stichig wird, solange er als Getränk noch in Betracht kommen kann. Andernfalls ist er als Abgang zu buchen. Selbstverständlich sind Weine usw. auch dann zu buchen, wenn sie bei Dritten lagern. RGE. 52 S. 69.

Nicht eintragungspflichtig sind Kognak (s. § 3 Note 14, § 1 Note 3), Schaumwein (s. § 16 Note 4), alkoholfreier Wein (s. § 1 Note 1) und nachgemachter Wein, wenn er den gesetzl. Vorschriften zuwider gleichwohl hergestellt wird (RGE. 48 S. 312).

Entsprechend der Buchungspflicht sind Zeit des Geschäftsabschlusses und Name der Lieferanten bei allen Abs. 1 Nr. 1, 2 und 3 genannten Geschäften einzutragen, die Namen der Abnehmer bei Abgabe oder Vermittelung von Traubenmaische, Most, Wein und weinähnlichen Getränken (Abs. 1 Nr. 1 und 3), nur dann, wenn die Abgabe im Fasse erfolgt oder mehr wie 133 Flaschen zu 3/4 Liter auf einmal abgegeben werden. Für den Einzelverkauf in Flaschen und für den Weinausschank sollen summarische Einträge genügen (Komm.).

Die auf Grund des § 19 Abs. 4 durch Bundesratsbek. erlassenen Buchführungsvorschriften (s. Note 6) gehen weiter und verlangen auch Angaben darüber, welche Mengen von Zucker und sonstigen Kellerbehandlungsmitteln an andere abgegeben wurden, sowie die Namen der Abnehmer. Diese Vorschrift ist zweifellos sehr zweckmäßig, im Gesetze steht davon jedoch nichts und man muß in der Gesetzesauslegung schon sehr weitherzig sein, um mit Günther u. Marschner, Anm. 3 und dem OLG. Darmstadt (WeinGE. I S. 85) „anzuerkennen, daß im Rahmen der dem Bundesrat erteilten Ermächtigung auch die Befugnis liegt, zur Erzielung einer wirksamen Kontrolle durch die Buchführung, wie sie das Gesetz will, die Mitteilung von Angaben vorzuschreiben, die zwar im Gesetz nicht besonders genannt sind, die aber dazu nötig sind, um einen sachgemäßen Aufschluß über die vom Gesetz bezeichneten Punkte zu liefern". S. hiezu auch Hofacker Note 5.

Aus dem Zusammenhang und dem Sinn der Vorschrift des § 19 Abs. 1 Ziff. 2 ergibt sich, daß nur jene Zuckermengen gebucht werden müssen, die zur Wein- oder Haustrunkbereitung bestimmt sind, während Zucker zu Haushaltungs- oder sonstigen gewerblichen Zwecken buchungsfrei ist.

Wenn überhaupt Bücher geführt werden müssen, ist die vom Bundesrat geforderte Eintragung auch des Haustrunks nicht zu beanstanden. RG. vom 17. März 1914, Recht Beil. Nr. 1522. RGE. 48 S. 311.

Ein Kolonialwarenhändler z. B., der keinen Wein herstellt, aber Wein, Obstwein, Schaumwein und Kognak verkauft und mit Zucker nur zu häuslichen oder sonstigen gewerblichen Zwecken, nicht aber zum Zwecke der Wein- und Haustrunkbereitung handelt, hat hienach zu buchen: den Einkauf von Wein und Obstwein unter Angabe der Zeit und der Lieferanten, ferner den Verkauf von Wein und Obstwein im Kleinen summarisch, im Fasse oder über 133 Flaschen auf einmal unter Angabe der Abnehmer, dagegen nicht zu buchen den An- und Verkauf von Zucker, Schaumwein und Kognak. Verkauft der gleiche Händler keinen Wein und nur die anderen Getränke und Zucker, so ist er überhaupt nicht buchführungspflichtig i. S. des § 19.

Abs. 3.

5. Fünf Jahre, d. i. die normale Verjährungsfrist.

Abs. 4.

6. Auf Grund des Abs. 4 hat der Bundesrat eingehende Buchführungsvorschriften erlassen. S. Bek. vom 9. Juli 1909 (Anhang I 1) zu § 19. Hienach haben zu führen:

a) Winzer, die in der Hauptsache nur eigenes Gewächs in den Verkehr bringen (s. § 5 Note 5a) und weder ausländische Erzeugnisse noch inländischen Most oder Wein zukaufen,

1. Das kleinere Kellerbuch nach Muster A,

2. das Kontrollbuch für die Verwendung von Zucker und anderen Stoffen bei der Zubereitung und weiteren Behandlung von Wein und Haustrunk, nach Muster G,

3. daneben bei Einlagerung von durchschnittlich mehr als 30 Fudern einer Ernte das Faßlagerbuch nach Muster C, an dessen Stelle, wenn nicht mehr als 10 Fuder einer Ernte gezuckert werden, auch das Weinlagerbuch, für Bezeichnung der Weine nach Wein-Nummern, nach Muster D treten kann,

b) Schankwirte, die ausschließlich für den eigenen Bedarf oder Ausschank aus inländischen Trauben durchschnittlich nicht mehr wie 3000 l keltern,

1. das kleinere Kellerbuch nach Muster A,

2. das Kontrollbuch nach Muster G,

c) Schankwirte, Lebensmittelhändler, Krämer und sonstige Kleinverkäufer (s. WeinGE. I S. 85), die Most und Wein nur in fertigem Zustande beziehen und unverändert wieder abgeben.

1. das Weinbuch nach Muster F,

2. das Kontrollbuch nach Muster G,

d) Geschäftsvermittler,

1. Das Buch für Geschäftsvermittler nach Muster E,

2. das Kontrollbuch nach Muster G,

e) Weinhändler, Winzergenossenschaften usw. und alle übrigen nicht unter a—d fallenden Buchführungspflichtigen

1. das größere Kellerbuch nach Muster B,

2. das Kontrollbuch nach Muster G,

3. das Faßlagerbuch nach Muster C, an dessen Stelle, wenn im Betriebe nicht gezuckert wird, auch das Weinlagerbuch nach Muster D treten kann,

4. nötigenfalls ein Flaschenlagerbuch, s. S. 142.

7. Die Verwendung der Musterformulare ist dann nicht erforderlich, wenn die vorgeschriebenen Angaben in ordnungsgemäß geführte Bücher anderer Form übersichtlich eingetragen werden. Auch bei Führung dieser Bücher sind die Bundesratsvorschriften über die Zeit der Eintragungen usw. zu beachten. Nach einem Rundschreiben des Reichsministers des Innern betr. die Vereinfachung der Weinbuchführung vom 2. Juli 1920 (Reichszollbl. S. 396, Veröff. d. ReichsGesAmts 1920 S. 745) vermögen die nach Muster 12 und 13 zu führenden Weinsteuerbücher dann einen hinreichenden Ersatz für die nach den Ausführungsbestimmungen zum Weingesetz von Schankwirten, Lebensmittelhändlern usw. zu führenden Weinbücher nach Muster F zu bieten, wenn in der Spalte Bemerkungen des Weinsteuerbuches ein Vermerk darüber aufgenommen wird, ob der dort gebuchte Wein gezuckert ist oder nicht. Ordnungsmäßige Führung des Weinsteuerbuches und gleichzeitig des Kellerbuches nach Muster A und B macht nach dem gleichen Rundschreiben das Weinlagerbuch nach Muster D entbehrlich, befreit aber Betriebe, die Zucker zusetzen, nicht von der Verpflichtung der Buchführung nach Muster C.

a) Wird darüber gestritten, ob bestimmte Angaben zu machen sind, oder wird dem Buchführungspflichtigen zur Last gelegt, daß er gewisse vorgeschriebene Angaben überhaupt nicht oder nicht innerhalb der vorgeschriebenen Zeit gemacht habe, so entscheiden hierüber ausschließlich die Gerichte ohne daß irgendeine vorgängige Anordnung oder eine Vorentscheidung der Verwaltungsbehörde erforderlich wäre (OLG. Darmstadt, WeinGE. I S. 84). Das Gericht hat die Rechtsfrage der Ordnungsmäßigkeit der Buchführung selbständig zu prüfen. RGE. 52 S. 69

b) Wird dem Buchführungspflichtigen dagegen vorgeworfen, daß er zwar die vorgeschriebenen Angaben gemacht habe, daß aber die von ihm geführten Bücher anderer Muster der nötigen Übersichtlichkeit entbehren, so entscheidet über die Frage der Übersichtlichkeit im Streitfall endgültig (vorbehaltlich der zulässigen Beschwerde an die vorgesetzte Behörde) die von der Landeszentralbehörde hierfür bestimmte Behörde (in Bayern die Distriktspolizeibehörde, Bek. vom 19. Juli 1909, abgedr. in Anhang I 2. S. dort auch die Regelung in anderen Bundesstaaten.). Die Entscheidung dieser Behörde ist auch für die gerichtliche Beurteilung der Frage, ob Vergehen nach § 28 Nr. 4 vorliegt, von Bedeutung. Nicht mustergemäß geführte Bücher können die vorgeschriebenen Musterbücher dann nicht ersetzen, wenn sie nach Entscheidung der Behörde keine Übersicht gewähren. Führt der Buchführungspflichtige trotz dieser Entscheidung alsdann die vorgeschriebenen Musterbücher nicht, so ist er wegen Unterlassung der Buchführung vom Gerichte zu verurteilen, wobei die Frage der Übersichtlichkeit der nicht mustergemäß geführten Bücher nicht mehr zu prüfen ist.

8. Mit Rücksicht auf § 34 Abs. 3 ist bei den am 1. September 1909 vorhandenen Beständen die Zeit der Herstellung anzugeben (Bek.). Nur die vor dem Ablauf des 16. April 1909 hergestellten Getränke sind nach den bisherigen Vorschriften zu beurteilen. S. § 34 Abs. 3 Note 3.

9. Strafandrohung: § 26 Abs. 1 Nr. 2 (vorsätzl. Beseitigung der Bücher und zugehörigen Papiere sowie wissentlich unrichtige Einträge), § 28 Nr. 4 (sonstige vorsätzl. oder fahrl. Verl. des § 19), § 29 Nr. 5 (Verweigerung der Vorlegung oder Durchsicht der Geschäftsbücher).

Kennzeichnung anderer Getränke in Weinkellern.

§ 20.

I Werden in einem Raume, in dem Wein zum Zwecke des Verkaufs hergestellt oder gelagert wird, in Gefäßen, wie sie zur Herstellung oder Lagerung von Wein verwendet werden, Haustrunk (§ 11) oder andere Getränke als Wein oder Traubenmost verwahrt, so müssen diese Gefäße mit einer deutlichen Bezeichnung des Inhalts an einer in die Augen fallenden Stelle versehen sein.

II Bei Flaschenlagerung genügt die Bezeichnung der Stapel.

III Personen, die wegen Verfehlungen gegen dieses Gesetz wiederholt oder zu einer Gefängnisstrafe verurteilt worden sind, kann die Verwahrung anderer Stoffe als Wein oder Traubenmost in solchen Räumen durch die zuständige Polizeibehörde untersagt werden.

Abs. 1 und 2.

1. Weinherstellung ist hier im weitesten Sinne zu verstehen. Darunter fällt schon die Herstellung und Weiterbehandlung des Mostes. Die Kennzeichnungspflicht für Haustrunk fällt nicht weg, wenn der betr. Keller, in welchem üblicherweise Verkaufswein hergestellt wird, vorübergehend keinen Verkaufswein mehr enthält. (Vgl. auch § 11 Note 5 Abs. 2 und § 19 Note 1 am Ende.) Als Regel gilt sohin: Ein Faß mit Haustrunk im Keller muß deutlich und in die Augen fallend als Haustrunk bezeichnet werden, auch dann, wenn der Winzer seinen Wein bereits verkauft hat.

Das gleiche gilt für Obstwein und andere Getränke, selbst für Bier, wenn es neben Wein im Zapfkeller in Fässern liegt. Bierfässer tragen übrigens in der Regel ohnehin schon den Einbrand „Bierbrauerei X. in N." der zur Bezeichnung des Inhalts als Bier genügen dürfte. Essig ist kein Getränk, bedarf daher nicht der Kennzeichnung.

Die Vorschrift gilt nicht für Betriebe, in denen nur Schaumwein, weinhaltige oder weinähnliche Getränke hergestellt werden.

2. § 20 bezieht sich nicht auf ein Getränk, dessen Herstellung unter § 9 fällt. Es läßt sich nicht annehmen, daß es dem Weinfälscher vorgeschrieben sei, den nachgemachten Wein als solchen deutlich zu bezeichnen. BayerOberstLG 1918 S. 53.

Abs. 3.

3. „Zuständige Polizeibehörde" s. Anhang I 2, in Bayern die Distriktspolizeibehörde VO. vom 17. Juli 1909 § 2.

4. Strafandrohung: § 29 Nr. 3 für vorsätzl., § 30 für fahrl. Verfehlungen.

Überwachungsdienst.

§ 21.

I Die Beobachtung der Vorschriften dieses Gesetzes ist durch die mit der Handhabung der Nahrungsmittelpolizei betrauten Behörden und Sachverständigen zu überwachen.

II Zur Unterstützung dieser Behörden sind für alle Teile des Reiches Sachverständige im Hauptberufe zu bestellen.

Abs. 1.

1. Die Handhabung der Nahrungsmittelpolizei ist Sache der einzelnen Bundesstaaten. In Bayern obliegt sie den Ortspolizeibehörden und als Sachverständigen den Beamten der öffentl. Untersuchungsanstalten.

Indem die Weinkontrolle der Lebensmittelpolizei angegliedert wird, bleibt auch künftighin, wie bisher, die einzelstaatliche Zuständigkeit aufrecht erhalten. Von Errichtung einer besonderen Reichs-Kontrollbehörde ist abgesehen worden. Die Einheitlichkeit des Vollzugs wird durch die Vorschriften des § 25 gesichert.

Abs 2.

2. Als Sachverständige sind Weinkontrolleure im Hauptberufe aufzustellen. Sie sollen ausreichende fachliche, insbesondere auch kaufmännische Kenntnisse besitzen und wirtschaftlich und dienstlich von den Kreisen unabhängig sein, innerhalb deren sie zu arbeiten haben. (Erl.)

Für ihre Bestellung wird der Bundesrat einheitliche Grundsätze feststellen. § 25 Abs. 2.

3. Das Weingesetz bestimmt nicht, daß die nach §§ 21 ff. zu bestellenden Sachverständigen als Beamte anzusehen seien. Es ist den Landesregierungen, denen nach § 25 der Vollzug des Gesetzes obliegt, überlassen, ob sie den in ihrem Gebiet anzustellenden Sachverständigen allgemein oder in einzelnen Fällen die Eigenschaft eines öffentlichen Beamten beilegen wollen. Es muß im gegebenen Falle erörtert werden, ob der betreffende Sachverständige Beamter ist oder nicht. Beschl. d. Kammergerichts, 2. Strafs., vom 2. Juli 1912, WeinGE. II S. 97. Bei einem durch Vertrag mit dem Vorstand der Landwirtschaftskammer für die Provinz Brandenburg bei dem Nahrungsmitteluntersuchungsamt angestellten Weinkontrolleur wurde (ebenda S. 98) die Beamteneigenschaft verneint, da „die Unterstellung unter eine Dienstgewalt fehle, kraft deren er zur Erfüllung der übernommenen Pflichten im Aufsichtswege gezwungen werden könne". Für die bayerischen Weinkontrolleure, die für Hilfsbeamte der Staatsanwaltschaft erklärt sind, ist die Beamteneigenschaft zu bejahen. S. § 22 Note 2.

4. Die gemäß Abs. 2 bestellten Sachverständigen können im Strafverfahren nicht als Gutachter aus dem Grunde abgelehnt werden, weil sie in Erfüllung ihrer amtlichen Obliegenheiten Wein untersucht und beanstandet haben, selbst dann nicht, wenn sie im Anschluß hieran Anzeige an die zur strafrechtlichen Verfolgung der entdeckten Verfehlungen berufenen Behörden erstattet haben. In Bayern sind indes durch die MinBek. vom 19. Juli 1909 die Weinkontrolleure als Hilfsbeamte der Staatsanwaltschaft bestellt; als solche sind sie verpflichtet, in dieser ihrer Eigenschaft zwecks Ermittlung des Tatbestandes und zwecks Verfolgung von Gesetzesübertretungen alsbald und selbständig tätig zu werden (§ 161 StPO., § 153 GVG.). Sobald also in Bayern der Weinkontrolleur in Ausübung seiner Kontrollbefugnisse, namentlich durch seine eigenen Untersuchungen, den Verdacht von Verfehlungen gegen das Weingesetz für gegeben erachtet, ist er auch verpflichtet, entweder die Staatsanwaltschaft zu benachrichtigen oder eigene Ermittelungen anzustellen oder solche durch andere Beamte herbeizuführen. Der Weinkontrolleur wird nicht etwa erst dann als Hilfsbeamter der Staatsanwaltschaft tätig, wenn er Anordnungen trifft, die im Gesetze der Staatsanwaltschaft und ihren Hilfsbeamten ausschließlich vorbehalten sind, sondern schon dann, wenn er zwecks strafrechtlicher Verfolgung eines solchen Vergehens Schritte unternimmt, das sich gegen Bestimmungen richtet, deren Befolgung der Weinkontrolleur auch in seinem eigentlichen Amt zu überwachen hat. RG. 1. Strafsenat vom 3. Oktober 1912 (WeinGE. II S. 98). Hienach kann der bayerische Weinkontrolleur in Strafsachen, in denen er selbst tätig geworden ist, als Sachverständiger abgelehnt werden. §§ 22 Nr. 4, 74 StPO. Seiner Vernehmung als sachverständiger Zeuge steht jedoch nichts im Wege.

Befugnisse der Aufsichtsbeamten.

§ 22.

I Die zuständigen Beamten und Sachverständigen (§ 21) sind befugt, außerhalb der Nachtzeit und, falls Tatsachen vorliegen, welche annehmen lassen, daß zur Nachtzeit gearbeitet wird, auch während dieser Zeit, in Räume, in denen Traubenmost, Wein oder dem Weine ähnliche Getränke hergestellt, verarbeitet, feilgehalten oder verpackt werden, und bei gewerbsmäßigem Betrieb auch in die zugehörigen Lager- und Geschäftsräume, ebenso in die Geschäftsräume von Personen, die gewerbsmäßig Geschäfte über Traubenmaische, Traubenmost, Wein, Schaumwein, weinhaltige, dem Weine ähnliche Getränke oder Kognak vermitteln, einzutreten, daselbst Besichtigungen vorzunehmen, geschäftliche Aufzeichnungen, Frachtbriefe und Bücher einzusehen, auch nach ihrer Auswahl Proben zum Zwecke der Untersuchung zu fordern oder selbst zu entnehmen. Über die Probenahme ist eine Empfangsbescheinigung zu erteilen. Ein Teil der Probe ist amtlich verschlossen oder versiegelt zurückzulassen. Auf Verlangen ist für die entnommene Probe eine angemessene Entschädigung zu leisten.

II Die Nachtzeit umfaßt in dem Zeitraume vom 1. April bis 30. September die Stunden von 9 Uhr abends bis 4 Uhr morgens und in dem Zeitraume vom 1. Oktober bis 31. März die Stunden von 9 Uhr abends bis 6 Uhr morgens.

Abs. 1.

1. Die Vorschriften der §§ 22 bis 24 sind in der Hauptsache aus dem Weingesetze vom 24. Mai 1901 übernommen und nur in einigen Punkten ergänzt, um in der Praxis hervorgetretenen Mängeln abzuhelfen (Erl.).

2. Befugt zur Vornahme von Weinkontrollen sind die gem. § 21 aufgestellten Weinkontrolleure sowie die durch die Landesregierungen für

zuständig erklärten Beamten der Nahrungsmittelpolizei. Besteht der Verdacht einer strafbaren Handlung, so haben alle unter § 153 GVG. fallenden Beamten, auch die Weinkontrolleure, wenn sie, wie in Bayern (s. MinBek. vom 19. Juli 1909 Anhang I 2), für Hilfsbeamte der Staatsanwaltschaft erklärt sind, die weiter gehenden Befugnisse der Beschlagnahme und Durchsuchung gem. der §§ 94 ff. StPO.

Die Weinkontrolleure in Bayern sind ebenso wie die sonst zuständigen Organe zur Vollstreckung von Gesetzen, hier des Weingesetzes, berufene Beamte; ein Widerstand ihnen gegenüber ist Widerstand gegen die Staatsgewalt gem. § 113 StGB. und sie sind befugt, solchen Widerstand nötigenfalls mit Gewalt zu brechen. Für Preußen s. § 21 Note 3. Zur Frage der Ablehnung von Weinkontrolleuren als Sachverständige s. § 21 Note 4.

3. Der Überwachung unterliegen

a) Räume, in denen Traubenmost, Wein oder weinähnliche Getränke hergestellt (zu Schaumwein, Kognak, alkoholfreiem Moste usw.) verarbeitet, feilgehalten (s. § 5 Note 3 c) oder verpackt werden. Gewerbsmäßige Herstellung ist im Gegensatz zu § 10 Abs. 2 des Weingesetzes von 1901 nicht erforderlich (s. hiezu Note 1 und 3 b). Unter die Vorschrift fallen daher auch Räume, in denen Traubenmost, Wein oder Obstwein zum eigenen Gebrauche hergestellt wird — mit Recht, denn die Zweckbestimmung kann jederzeit geändert werden — und Räume, in denen Traubenmost oder Wein zu Haustrunk i. S. des § 11 verarbeitet wird, dagegen sind Räume, in denen nur Rückstände der Weinbereitung (Trester, Hefe, Trub) oder Rosinen zu Haustrunk verarbeitet werden, frei von der Überwachung. Räume, in denen Schaumwein, weinhaltige Getränke und Kognak nur feilgehalten, verpackt und verkauft werden, unterliegen nicht der Überwachung nach § 22 (s. aber §§ 2, 3, 4 NMG.),

b) bei gewerbsmäßigem Betriebe, der schon bei der Kellerbehandlung eignen Gewächses zwecks späteren Verkaufs gegeben ist — s. § 5 Note 5 a — die zugehörigen Lager- und Geschäftsräume, Kellereien, Büros und Kontore,

c) die Geschäftsräume von Personen, die gewerbsmäßig (§ 5 Note 5 a) Geschäfte über Traubenmaische, Traubenmost, Wein, Schaumwein, weinhaltige, weinähnliche Getränke oder Kognak vermitteln.

Aus der Befugnis, in den bezeichneten Räumen Besichtigungen vorzunehmen, ergibt sich die weitere Befugnis des Kontrolleurs, in diesen Räumen nötigenfalls nach Büchern und Schriftstücken zu suchen.

4. Da das Gesetz keine Unterscheidung macht, sind Weinkontrollen auch an Sonn- und Feiertagen zulässig.

5. Auf Anfordern muß der Kontrollierte die Proben selbst abgeben oder abgeben lassen, es genügt dann nicht, daß er die Entnahme nur gestattet.

Während nach dem früheren WeinG. ein Teil der Probe nur auf Verlangen zurückzulassen war, soll dies jetzt immer geschehen; nur wenn der Kontrollierte ausdrücklich darauf verzichtet, könnte wohl davon abgesehen werden.

Für die entnommene Probe, also auch für den verschlossen oder versiegelt zurückgelassenen Teil, ist auf Verlangen Entschädigung zu leisten. Die Abgabe der Probe darf jedoch nicht von der vorherigen

Bezahlung abhängig gemacht werden, vielmehr kann eine Entschädigung erst verlangt werden, wenn feststeht, daß ein Schaden entstanden, daß die Beanstandung und Probeentnahme zu Unrecht erfolgt ist. Wird der betr. Wein eingezogen, dann ist für die zuvor entnommene Probe keine Entschädigung zu leisten.

Abs. 2.

6. Vgl. § 104 Abs. 3 StPO.

7. Strafdrohung § 29 Nr. 5.

Auskunftspflicht.

§ 23.

Die Inhaber der im § 22 bezeichneten Räume sowie die von ihnen bestellten Betriebsleiter und Aufsichtspersonen sind verpflichtet, den zuständigen Beamten und Sachverständigen auf Erfordern diese Räume zu bezeichnen, sie bei deren Besichtigung zu begleiten oder durch mit dem Betriebe vertraute Personen begleiten zu lassen und ihnen Auskunft über das Verfahren bei Herstellung der Erzeugnisse, über den Umfang des Betriebs, über die zur Verwendung gelangenden Stoffe, insbesondere auch über deren Menge und Herkunft, zu erteilen, sowie die geschäftlichen Aufzeichnungen, Frachtbriefe und Bücher vorzulegen. Personen, die gewerbsmäßig Geschäfte über Traubenmaische, Traubenmost, Wein, Schaumwein, weinhaltige oder dem Wein ähnliche Getränke vermitteln, sind verpflichtet, Auskunft über die von ihnen vermittelten Geschäfte zu erteilen sowie die geschäftlichen Aufzeichnungen und Bücher vorzulegen. Die Erteilung von Auskunft kann jedoch verweigert werden, soweit derjenige, von welchem sie verlangt wird, sich selbst oder einem der im § 51 Nr. 1 bis 3 der Strafprozeßordnung bezeichneten Angehörigen die Gefahr strafgerichtlicher Verfolgung zuziehen würde.

Satz 1.

1. Zur Auskunft verpflichtet sind nur die Inhaber, Betriebsleiter (Oberküfer) und Aufsichtspersonen, nicht aber einfache Arbeiter, die eine Leitung oder Aufsicht nicht ausüben.

2. Die Pflicht zur Auskunft und zur Vorlage der Bücher und Belege besteht den nach § 22 zuständigen Beamten und Sachverständigen gegenüber auch dann, wenn diese gleichzeitig Hilfsbeamte der Staatsanwaltschaft sind — s. Bayer. JME. vom 26. Januar 1907 Nr. 34591 —; ferner auch dann, wenn die Kontrolle zu Beginn oder im Laufe einer Strafuntersuchung erfolgt. Unbillige Bedrängnis verhindert § 23 Satz 3, der bei Gefahr strafgerichtlicher Verfolgung und erst recht während einer solchen das Recht zur Auskunftsverweigerung gibt, so daß in solchem Falle nur das Verbot unwahrer Angaben gegenüber dem Kontrollbeamten übrig bleibt. Dem stehen auch die Vorschriften der StPO. nicht entgegen. Die StPO. kennt kein „Recht zu lügen", sondern nur die Auskunftsverweigerung. S. § 136 StPO. Die Auskunftspflicht bezieht sich allerdings nur auf die im § 22 bezeichnete Überwachungstätigkeit. Daraus darf jedoch nicht gefolgert werden (wie dies anscheinend Hofacker § 23 Note 3 tut), daß ein bayerischer Weinkontrolleur, der gleichzeitig Hilfsbeamter der StAschaft ist, sobald ihm bei der Kontrolle der Verdacht einer strafbaren Handlung auftaucht, nunmehr ausschließlich Hilfsbeamter der StAschaft sei und deshalb straflos belogen werden dürfte. Das RG. hat in seiner Entscheidung vom 3. Oktober 1912 (WeinGE. II 98, s. § 21 Note 4) nur den Zeitpunkt festgelegt, von wann an der bayerische Weinkontrolleur auch in seiner zweiten Eigenschaft als staatsanwaltschaftlicher Hilfsbeamter tätig wird und deshalb als Sachverständiger abgelehnt werden kann, aber nicht ausgesprochen, daß seine erste Eigenschaft als Weinkontrolleur damit wegfalle. Wer eine Doppelfunktion bekleidet, kann eben die Rechte aus beiden Funktionen nebeneinander geltend machen, soweit diese Rechte sich nicht gegenseitig ausschließen, was hier nicht der Fall ist.

3. Auskunft ist zu erteilen:

a) über das „Verfahren bei Herstellung der Erzeugnisse" — nicht bloß der zur Zeit auf Lager vorhandenen, sondern auch der bereits in dritter Hand befindlichen. Die Pflicht zur Auskunft erstreckt sich für einen angemessenen Zeitraum zurück auch auf die vor dem Zeitpunkte der Kontrolle liegende Geschäftsführung, soweit die Auskunft eben erforderlich ist, um Aufschluß über die Art und Weise der gesamten Betriebsführung zu geben.

S. Bayer. JME. v. 26. Januar 1907 Nr. 34 591.

b) über den „Umfang des Betriebes", d. h. über Jahresumsatz, jährliche Menge des Wachstums, der Herstellung und Verarbeitung, des Ein- und Verkaufs (nicht dagegen über die Einkaufs- und Verkaufspreise, welche allerdings aus den Büchern ersehen werden können. Die Angabe von Günther und Marschner, Note 3, das OLG. Cöln nehme auch Auskunftspflicht hinsichtlich der Preise an, ist irrtümlich, es hat vielmehr im Gegenteil die dahingehende Auffassung der Strafkammer als „nicht unbedenklich" bezeichnet. S. WeinGE. II 99),

c) über die — zu ergänzen: im Betriebe — „zur Verwendung gelangenden Stoffe". Hierunter sind auch die Stoffe inbegriffen, die bei der Herstellung fertiger oder selbst verkaufter Erzeugnisse bereits zur Verwendung gelangt und verarbeitet sind, denn auch diese gelangen in dem betr. gerade kontrollierten Betriebe, der als Ganzes betrachtet, sich auch über die Vergangenheit erstreckt, zur Anwendung. S. Note a. Nicht beizupflichten ist der von einem Gerichte vertretenen Anschauung, es sei nur über diejenigen Stoffe Auskunft zu geben, die gerade während der Kontrolle vorhanden sind und Verwendung finden, oder zukünftig finden sollen.

4. Vorzulegen sind die geschäftlichen Aufzeichnungen, Frachtbriefe und Bücher. Hierunter fallen vor allem die Bücher, die gem. § 19 zu führen und die Geschäftspapiere, die gem. § 19 Abs. 3 aufzubewahren sind, insbesondere also auch schriftliche Bestellungen, Rechnungen und Quittungen von Geschäftsfreunden und Kunden. Die Buchführung ist so einzurichten und die Bücher sind so bereit zu halten, daß das für die Zwecke der Besichtigung Erforderliche an den Orten, in denen die Besichtigung stattfindet, jederzeit zur Stelle sein und während der Besichtigung für deren Zwecke eingesehen werden kann. RGE. 52 S. 69. Die Bücher sind „auf Erfordern" vorzulegen. Ein formelles Verlangen ist jedoch nicht erforderlich. RGE. ebenda.

Satz 2.

5. Satz 2 begründet für Vermittler die Auskunftspflicht und die Pflicht zur Vorlage der geschäftlichen Aufzeichnungen und Bücher, insbesondere der nach § 19 zu führenden Bücher, nebst Belegen.

Satz 3.

6. Die im § 51 Nr. 1—3 StPO. bezeichneten „Angehörigen" sind: der Verlobte, der Ehegatte, auch wenn die Ehe nicht mehr besteht, die in gerader Linie verwandten, verschwägerten oder durch Adoption verbundenen Personen und die in der Seitenlinie bis zum 3. Grade verwandten oder bis zum 2. Grade verschwägerten Personen, auch wenn die Ehe, durch welche die Schwägerschaft begründet ist, nicht mehr besteht.

7. Satz 3 entspricht dem § 54 StPO. S. hiezu die Kommentare der StPO. Hervorzuheben ist:

Der Befragte darf die durch Satz 3 ihm gewährte Befugnis nur durch ausdrückliches Verweigern der Auskunft ausüben, keineswegs aber durch Verschweigen einzelner Umstände oder durch Vorschützen des Nichtwissens. S. RGR. V 372 zu § 54 StPO.

Eine Belehrung des Befragten über seine Befugnis zur Auskunftsverweigerung ist nicht vorgeschrieben und somit nicht erforderlich. S. RGE. X 154 zu § 54 StPO.

8. Strafdrohung: § 26 Abs. 1 Nr. 2 (wissentlich unrichtige Auskunfterteilung), im übrigen § 29 Nr. 5.

Amtsgeheimnis.

§ 24.

Die Sachverständigen sind, vorbehaltlich der Anzeige von Gesetzwidrigkeiten, verpflichtet, über die Einrichtungen und Geschäftsverhältnisse, welche durch die Aufsicht zu ihrer Kenntnis kommen, Verschwiegenheit zu beobachten und sich der Mitteilung und Verwertung der Geschäfts- oder Betriebsgeheimnisse zu enthalten. Sie sind hierauf zu beeidigen.

1. Die auf Grund des § 21 bestellten Sachverständigen (Weinkontrolleure) haben das Amtsgeheimnis zu wahren, d. h. sie haben sich unbefugter Mitteilung über Einrichtungen und Geschäftsverhältnisse der Kontrollierten zu enthalten.

Sie dürfen ferner die bei der Kontrolle erfahrenen Geschäfts- und Betriebsgeheimnisse auch nicht selbst verwerten. (Zum Begriff „Verwerten" s. RGE. 39 S. 85; 40 S. 408). Geschäfts- und Betriebsgeheimnisse sind solche, nur wenigen Beteiligten zu Gebote stehenden Kenntnisse, welche den Erwerb dessen, der sich in ihrem Besitz befindet, fördern und an deren Geheimhaltung der Geschäftsinhaber ein erkennbares Interesse hat. S. RGE. Bd. 29 S. 426. Geschäftsgeheimnisse beziehen sich auf die kaufmännische Geschäftsführung, Betriebsgeheimnisse auf das technische Fabrikationsverfahren.

2. Diese durch § 24 begründeten Verpflichtungen bleiben bestehen, auch wenn das Dienstverhältnis des Sachverständigen gelöst wird.

3. Ausnahmen von der Verpflichtung zur Verschwiegenheit:

a) Die Sachverständigen sind berechtigt und verpflichtet, Gesetzwidrigkeiten, die bei der Aufsicht zu ihrer Kenntnis kommen, anzuzeigen. Daraus ergibt sich aber weiter das Recht und die Pflicht, soweit es sich um ungesetzliche Machenschaften oder um Anhaltspunkte für solche handelt, auch vor dem zuständigen Strafrichter Aussagen zu machen, ohne daß eine Entbindung vom Amtsgeheimnis erforderlich ist. Es wäre ein unverständlicher innerer Widerspruch, wenn die Weinsachverständigen in einer und derselben Vorschrift einerseits zur Veranlassung gerichtlichen Einschreitens berufen und andererseits zur Verschweigung der für dessen Ausgang maßgebenden Einzelheiten gezwungen sein sollten. RGE. des 1. Straffenats v. 29. Sept. 1906 in Sachen M. von L. wegen Weinfälschung, GoltdArch. Bd. 53 S. 451.

Im übrigen gelten die allgemeinen Bestimmungen des § 53 Abs. 1 StPO.

b) Auch Mitteilungen, die ein Sachverständiger in Berichten an seine vorgesetzte Dienstbehörde über dienstliche Wahrnehmungen macht, sind nicht unbefugt.

4. Die auf Grund der §§ 21 und 22 neben den Weinkontrolleuren zuständigen Beamten sind auf Grund landesrechtlicher Vorschriften zur Wahrung des Amtsgeheimnisses verpflichtet. Ihrer Erwähnung im § 24 bedurfte es daher nicht.

In Bayern sind Polizeibeamte in Strafsachen ohne Enthebung von der Pflicht zum Amtsgeheimnisse zur Ablegung des gerichtlichen Zeugnisses befugt und verpflichtet, soweit nicht die zeugschaftliche Vernehmung sich auf Staatseinrichtungen erstreckt oder der in § 53 Abs. 2 der RStPO. vorgesehene Ausnahmefall vorliegt. Bek. der Staatsmin. der Justiz und des Innern v. 22. Juni 1885 — JMBl. S. 145.

5. Daraus, daß ein Zeuge oder Sachverständiger ohne die in den §§ 53 und 72 StPO. vorgesehene Genehmigung Aussagen gemacht hat, kann ein Revisionsgrund nicht entnommen werden. RGR. Bd. 9 S. 142.

6. Die Beeidigung ist nur Ordnungsvorschrift. Eine etwaige Unterlassung der Beeidigung zieht keine Rechtsfolgen nach sich.

7. Strafdrohung: § 27.

Vollzug und Ausführungsbestimmungen.

§ 25.

I Der Vollzug des Gesetzes liegt den Landesregierungen ob.

II Der Bundesrat stellt die zur Sicherung der Einheitlichkeit des Vollzugs erforderlichen Grundsätze, insbesondere für die Bestellung von geeigneten Sachverständigen und die Gewährleistung ihrer Unabhängigkeit fest. Er ist ermächtigt, Vorschriften für die jährliche Feststellung der Traubenernte, sowie über Zeitpunkt, Form und Inhalt der nach § 3 Abs. 4 vorgeschriebenen Anzeige zu erlassen.

III Die weiter erforderlichen Vorschriften zur Sicherung des Vollzugs werden durch die Landeszentralbehörden oder die von diesen ermächtigten Landesbehörden erlassen.

IV Die Landeszentralbehörden sind außerdem ermächtigt, im Einvernehmen mit dem Reichskanzler die Grenzen der am Weinbau beteiligten Gebiete zu bestimmen (§ 3 Abs. 3).

V Der Reichskanzler hat die Ausführung des Gesetzes zu überwachen und insbesondere auf Gleichmäßigkeit der Handhabung hinzuwirken.

Abs. 1 und 2.

1. Die vom Bundesrate auf Grund des Absatzes 2 aufgestellten Vollzugsgrundsätze haben für die Maßnahmen der Einzelregierungen bindende Kraft.

2. Zeitpunkt, Form und Inhalt der Zuckeranzeige sind geregelt durch die Bundesratsbek. vom 9. Juli 1909 (Anhang I) zu § 3 Abs. 4.

Für die jährliche Feststellung der Traubenernte geben die Bucheinträge gem. § 19 Abs. 1 Nr. 1 die Unterlagen.

Abs. 3 und 4.

3. „Landeszentralbehörden" s. Anhang I 2, in Bayern das Staatsministerium des Innern. VO. vom 17. Juli 1909 § 4.

Auf Grund des § 25 Abs. 3 und 4 erlassene Vollzugsvorschriften s. Anhang I 2. Eine Zusammenstellung der am Weinbau beteiligten Gebiete s. Reichskanzlerbek. v. 1. August 1910 (Zentralbl. f. d. D. R. S. 442) s. hinten im Anhang I 1 b.

Abs. 5.

4. Vgl. zu Abs. 5 den Artikel 17 der Reichsverfassung v. 16. April 1871.

5. Strafdrohung für Verfehlung gegen die auf Grund des Abs. 3 erlassenen Vorschriften in § 29 Nr. 4 (vorsätzl.) und § 30 (fahrl.).

Strafbestimmungen.

§ 26.

I Mit Gefängnis bis zu sechs Monaten und mit Geldstrafe bis zu dreitausend Mark oder mit einer dieser Strafen wird bestraft:

1. wer vorsätzlich den Vorschriften des § 2 Satz 2, des § 3 Abs. 1 bis 3, 5, 6, der §§ 4, 9, des § 11 Abs. 4, der §§ 13, 15 oder den gemäß § 12 für die Herstellung und Behandlung von Traubenmost oder Traubenmaische geltenden Vorschriften oder den auf Grund des § 4 Abs. 1

Satz 2, des § 10 Abs. 2, des § 11 Abs. 2 oder des § 16 vom Bundesrat erlassenen Vorschriften zuwiderhandelt;

2. wer wissentlich unrichtige Eintragungen in die nach § 19 zu führenden Bücher macht oder die nach Maßgabe des § 23 von ihm geforderte Auskunft wissentlich unrichtig erteilt, desgleichen wer vorsätzlich Bücher oder Geschäftspapiere, welche nach § 19 Abs. 3 aufzubewahren sind, vor Ablauf der dort bestimmten Frist vernichtet oder bei Seite schafft;

3. wer Stoffe, deren Verwendung bei der Herstellung, Behandlung oder Verarbeitung von Wein, Schaumwein, weinhaltigen oder weinähnlichen Getränken unzulässig ist, zu diesen Zwecken ankündigt, feilhält, verkauft oder an sich bringt, desgleichen wer einen diesen Zwecken dienenden Verkauf solcher Stoffe vermittelt.

II Stellt sich nach den Umständen, insbesondere nach dem Umfang der Verfehlungen oder nach der Beschaffenheit der in Betracht kommenden Stoffe, der Fall als ein schwerer dar, so tritt Gefängnisstrafe bis zu zwei Jahren ein, neben der auf Geldstrafe bis zu zwanzigtausend Mark erkannt werden kann.

III Auf die im Abs. 2 vorgesehene Strafe ist auch dann zu erkennen, wenn der Täter zur Zeit der Tat bereits wegen einer der im Abs. 1 mit Strafe bedrohten Handlungen bestraft ist. Diese Bestimmung findet Anwendung, auch wenn die frühere Strafe nur teilweise verbüßt oder ganz oder teilweise erlassen ist, bleibt jedoch ausgeschlossen, wenn seit der Verbüßung oder dem Erlasse der letzten Strafe bis zur Begehung der neuen Straftat drei Jahre verflossen sind.

IV In den Fällen des Abs. 1 Nr. 1 wird auch der Versuch bestraft.

Abs. 1.

1. Verfehlung gegen § 26 ist Vergehen. Zuständig ist die Strafkammer § 73 GVG. Überweisung an das Schöffengericht war nicht zulässig. S. § 75 Nr. 14 GVG. Ausnahme s. Jugendl. s. ebenda Nr 14a. Als Kriegsmaßnahmen s. BundesratsVO. zur Entlastung der Gerichte v. 7. Oktober 1915 (RGBl. 631) und Gesetz zur Vereinfachung der Strafrechtspflege vom 21. Oktober 1917 (RGBl. 1037). Nach dem Ges. zur Entlastung der Gerichte v. 11. März 1921 (RGBl. 229) ist Anklage zum Schöffengericht u. Strafbefehl zulässig.

Nebenstrafen: Gem. § 31 obligatorische Einziehung (nach Wahl auch Vernichtung) der Getränke und Stoffe in den Fällen des § 26 Abs. 1 Nr. 1 und 3; gem. § 32 in Verb. mit § 16 des Nahrungsmittelgesetzes Veröffentlichung. Verjährungsfrist: 5 Jahre. § 67 Abs. 2 StGB. Die durch Verbreitung von Druckschriften begangenen Delikte verjähren jedoch in 6 Monaten. § 22 PreßG. v. 7. Mai 1874.

Zu allen Tatbeständen des § 26 ist Vorsatz erforderlich, nicht aber das Bewußtsein der Rechtswidrigkeit. Vorsatz ist die (die Willensbetätigung begleitende) Kenntnis der zum gesetzlichen Tatbestande gehörigen Tatumstände (s. Frank, zu § 59 StGB. Note I), anders ausgedrückt: Vorsatz ist das Wissen und Wollen sämtlicher Deliktsmerkmale. Dem Vorsatz (dolus) steht der Eventualdolus gleich, der dann gegeben ist, wenn der Täter sich vorstellt und mit der Möglichkeit rechnet, daß der Erfolg, von dessen Verursachung das Gesetz die Strafbarkeit abhängig macht, durch seine Handlung herbeigeführt werden könne, und er diesen Erfolg eventuell in seinen Willen aufnimmt, mit ihm, falls er eintritt, einverstanden ist. RG. 44 S. 324, WeinGE. Heft I S. 11.

Unkenntnis der Verbotsvorschriften des Weingesetzes und der Ausführungsbekanntmachung entschuldigt nicht. Dagegen ist Irrtum über Tatsachen, zivilrechtliche und Verwaltungsrechtl. Vorschriften entschuldbar. Möglicherweise bleibt aber noch fahrlässige Verfehlung übrig. Näheres s. Rechtsprechung zu § 59 StGB. Der Irrtum über ausländische Rechtssätze dürfte als ein „dem tatsächlichen Irrtum gleichstehender Rechtsirrtum" erachtet werden können.

Eine formale Verantwortlichkeit des Gewerbeunternehmers nach Art des § 151 der Gewerbeordnung ohne Rücksicht auf eigenes Verschulden besteht nach dem Weingesetz nicht.

2. Wird nur auf Geldstrafe erkannt, so darf die im Falle der Uneinbringlichkeit an Stelle der Geldstrafe tretende Freiheitsstrafe den Höchstbetrag von 6 Monaten nicht übersteigen. Ein Überschreiten dieser Grenze ist nur dann gestattet, wenn an erster Stelle gleichzeitig auf Gefängnis und Geldstrafe erkannt wird. § 29 Abs. 2 Satz 2 RStGB und Urteil des RG. (1. Strafsenat) v. 13. April 1905 in S. L. von L. wegen Weinfälschung.

3. Nr. 1 bedroht mit Strafe die vorsätzliche Verfehlung gegen die Vorschriften über die Verfälschung, Nachmachung und den Verkehr mit Wein usw. Der Versuch ist strafbar, s. Abs. 4; auch die fahrlässige Verfehlung, s. § 29 Nr. 6. Es betrifft:

§ 2 Satz 2 den Zusatz von Dessertwein zu Weißwein,

§ 3 Abs. 1—3 die sachliche, zeitliche und örtliche Begrenzung des Zucker- und Zuckerwasserzusatzes,

§ 3 Abs. 5 die Herstellung von Wein zur Schaumweinbereitung,

§ 3 Abs. 6 die Verwendung reinen Zuckers,

§ 4 die Verwendung von Stoffen bei der Kellerbehandlung,

§ 9 die Nachmachung von Wein,

§ 11 Abs. 4 das Inverkehrbringen von Haustrunk,

§ 13 das Inverkehrbringen gesetzwidriger Getränke und Traubenmaischen,

§ 15 deren weitere Verarbeitung ohne Genehmigung,

§ 12 die Herstellung und Behandlung von Traubenmost und Traubenmaische (§§ 2, 4—9 bzw. 4—9).

§ 4 Abs. 1 Satz 3 die Verwendung bestimmter Stoffe bei der Kellerbehandlung des Weines,

§ 10 Abs. 2 die Verwendung bestimmter Stoffe bei der Herstellung weinähnlicher Getränke,

§ 11 Abs. 2 die Verwendung bestimmter Stoffe bei der Herstellung von Haustrunk,

§ 16 die Verwendung bestimmter Stoffe bei der Herstellung von weinhaltigen Getränken, Schaumwein und Kognak.

4. Nr 2 stellt unter Strafe:

a) **wissentlich unrichtige Eintragungen** in die nach § 19 zu führenden Bücher. Hierunter fällt auch die absichtliche Unterlassung einer Eintragung, wenn dadurch dem betr. Buche als Ganzem ein unrichtiger Inhalt gegeben wird.

(Vgl. zu § 348 StGB. Olsh. Note 7 und Oppenh. Note 12.)

b) die **vorsätzliche Beiseiteschaffung** (s. Rechtspr. zu § 133 StGB.) **oder Vernichtung der Bücher und Geschäftspapiere** vor Ablauf von 5 Jahren nach der letzten Eintragung.

Alle anderen Verfehlungen gegen § 19 fallen unter § 28 Nr. 4; insbesondere die vollständige Unterlassung der vorgeschriebenen Buchführung (vgl. zu § 351 StGB. Olsh. Note 5, Oppenh. Note 21).

c) Erteilung einer **wissentlich unrichtigen nach Maßgabe des § 23 geforderten Auskunft.** Als Täter im engeren Sinne können sohin nur in Betracht kommen die im § 23 bezeichneten Personen, d. i. die Inhaber der betr. Räume, Betriebsleiter und Aufsichtspersonen, bzw. die Vermittler. Gewerbsgehilfen, Arbeiter u. dgl. können höchstens wegen Anstiftung, Beihilfe oder Begünstigung belangt werden.

Unberechtigte Auskunftsverweigerung, und Erteilung einer fahrlässig falschen Auskunft ist durch § 29 Nr. 5 unter Strafe gestellt.

5. Nr. 3 bestraft das Ankündigen, Feilhalten, Verkaufen, Ansichbringen und Vermitteln **von Fälschungsmitteln zu Fälschungszwecken.** Es kann zweifelhaft sein, ob zum Tatbestand Vorsatz und demgemäß auch der sog. Eventualdolus genügt oder ob eine über den einfachen Dolus hinausgehende Absicht erforderlich und Eventualdolus ausgeschlossen ist. Vgl. Olsh. zu § 225 StGB. Note 2 und Frank zu § 59 StGB. Note III und IV. Nach RGE. 47 S. 131 wird hier vorausgesetzt, daß Handel oder Erwerb gerade zum Zwecke der unzulässigen Verwendung stattfindet, also eine solche ermöglichen oder erleichtern soll.

Keinesfalls liegt eine strafbare Handlung schon dann vor, wenn beispielsweise der Verkäufer die abstrakte Möglichkeit einer verbotenen Verwendung durch den Käufer kennt, denn diese ist immer gegeben. Gibt sich vielmehr der Verkäufer beim Verkaufe der Erwartung hin, daß der als möglich vorgestellte Umstand mißbräuchlicher Verwendung tatsächlich nicht eintreten werde, so fehlt es an jedem Vorsatze und damit an einer strafbaren Handlung. S. RGE. 21 S. 420.

Das Verbot trifft nur solche Stoffe, deren Verwendung gegen das **Weingesetz** verstößt, sonach einmal solche Stoffe, deren Verwendung nicht gem. § 4 zugelassen und deshalb verboten ist, und weiter solche Stoffe, deren Zusatz zu weinhaltigen oder weinähnlichen Getränken, soweit sich das Weingesetz mit diesen überhaupt befaßt, auf Grund der §§ 10, 16 des Gesetzes in den Ausführungsbestimmungen des Bundesrats („zu §§ 10, 16“) unter namentlicher Aufführung dieser Stoffe ausdrücklich verboten ist. Ankündigen, Feilhalten usw. von Stoffen, die bei der Herstellung von „Wein“ (i. S. der §§ 1—4 WeinG.) nicht zugesetzt werden dürfen, ist auch dann verboten, wenn sie nachgemachtem Weine zugesetzt werden oder zur Nachmachung von Wein dienen sollen. RGE. 46 S. 330; 47 S. 131; 48 S. 379 (a. M. RGE. 46 S. 256, WeinGE. II S. 100). Dies gilt auch dann, wenn der betr. Stoff zur Haustrunkbereitung angekündigt wird, nicht etwa deshalb, weil der Haustrunk unter die weinähnlichen Getränke zu rechnen sei (so unrichtig RGE. v. 8. April 1911 WeinGE. I S. 90 und Günther u. Marschner unter Berufung auf die nicht mehr verwertbare RGE. Bd. 37 S. 422), sondern weil Haustrunk i. S. des § 11 nur aus den gesetzlich erlaubten Stoffen hergestellt werden darf und im übrigen die verbotene Herstellung von Kunstwein nicht dadurch zulässig wird, daß man den Kunstwein fälschlich Haustrunk nennt. S. § 11 Note 3.

Zu prüfen ist auch, ob der Täter durch Ankündigung und Verkauf seiner Fälschungsmittel nicht durch Verbreitung von Schriften zur Begehung einer strafbaren Handlung — des Nachmachens von Wein — aufgefordert hat (§ 111 StGB.) oder als Teilnehmer, etwa als Gehilfe, derjenigen Personen anzusehen ist, die sich als Täter des Nachmachens von Wein möglicherweise schuldig gemacht haben (WeinGE. II 102).

Über den Verkauf verbotener Stoffe an ausländische Kunden s. RGE. 47 S. 401.

„Ankündigt“ s. die Rechtspr. zu § 184 StGB., „an sich bringt“ s. zu § 259 StGB., „feilhält“, „verkauft“ s. § 5 Note 3c. Die „Verkaufsvermittlung“ ist zum selbständigen Delikt erhoben, um möglichst frühzeitig mit Bestrafung einschreiten zu können. Sie setzt nicht voraus, daß das vermittelte Geschäft auch erfüllt worden ist. Das Delikt ist vielmehr schon vollendet, wenn der betr. Vertrag durch die Mitwirkung des Täters zustand gekommen ist.

Abs. 2.

6. Abs. 2 droht schwerere Strafen an beim Vorliegen erschwerender Umstände. Beispielsweise sind angeführt der Umfang der Verfehlungen (jahrelange Fortsetzung der Fälschung, erhebliche Menge der verfälschten Getränke, der verwendeten Fälschungsmittel usw.) oder Beschaffenheit der in Betracht kommenden Stoffe (Verwendung gesundheitsschädlicher oder ekelerregender Stoffe und dgl.).

Geldstrafe allein ist hier nicht zulässig.

Abs. 3.

7. Abs. 3 sieht Rückfallstrafen vor. Hiezu wird erfordert, daß bei Begehung der neuen Tat

a) der Täter aus § 26 Abs. 1 Nr. 1, 2 oder 3 rechtskräftig vorbestraft ist, mag auch die Strafe gem. § 73 StGB. nach einer anderen Strafnorm bemessen worden sein,

b) diese Vorstrafe völlig oder teilweise verbüßt oder erlassen ist, und

c) die Vorstrafe entweder noch nicht völlig erledigt ist, oder seit der völligen Erledigung der Vorstrafe durch Verbüßung, Erlaß, oder teilweise Verbüßung und teilweisen Erlaß noch nicht 3 Jahre verstrichen sind. Näheres zwecks analoger Anwendung s. die Kommentare zu § 245 StGB.

Bestrafungen auf Grund älterer Weingesetze begründen den Rückfall nicht, können aber als erschwerende Umstände erachtet werden.

Abs. 4.

8. Versuch s. §§ 43 ff. StGB.
Als Versuch eines Vergehens gegen die §§ 4 und 12 dürfte z. B. anzusehen sein das Bestreuen noch nicht zerquetschter Trauben mit Weinsteinsäure zum Zwecke der Verfälschung der Maische. Versuch eines Vergehens gegen § 9 wäre die Herstellung einer Maische aus Rosinen und Zuckerwasser zum Zwecke der Nachmachung von Wein.

§ 27.

I Mit Geldstrafe bis zu eintausendfünfhundert Mark oder mit Gefängnis bis zu drei Monaten wird bestraft, wer den Vorschriften des § 24 zuwider Verschwiegenheit nicht beobachtet, oder der Mitteilung oder Verwertung von Geschäfts- oder Betriebsgeheimnissen sich nicht enthält.

II Die Verfolgung tritt nur auf Antrag des Unternehmers ein.

Abs. 1.

1. Die Zuwiderhandlung ist Vergehen. Zuständig ist die Strafkammer, Überweisung an das Schöffengericht war zulässig. § 75 Nr. 14 GVG. S. auch BundesratsVO. zur Entlastung der Gerichte v. 7. Okt. 1915 (RGBl. 631) und Gesetz zur Vereinfachung der Strafrechtspflege vom 21. Oktober 1917 (RGBl. 1037). Nach Ges. zur Entl. d. Gerichte v. 11. März 1921 (RGBl. 229) ist Anklage zum Schöffengericht u. Strafbefehl zulässig. Verjährungsfrist: 3 Jahre. § 67 Abs. 2 StGB. Falls Preßdelikt: 6 Monate. § 22 PreßG.

2. Die Strafandrohung betrifft nur die Sachverständigen, nicht dagegen die in § 22 neben den Weinkontrolleuren genannten Beamten, da von letzteren in § 24 nicht die Rede ist. Solche Beamte sind nur disziplinär zu belangen, soweit nicht anderweitige Gesetze, insbes. jenes gegen den unlauteren Wettbewerb, verletzt sind. — Die Strafverfolgung wird durch die Lösung des Dienstverhältnisses nicht ausgeschlossen, auch nicht durch den Mangel der Beeidigung (s. § 24 Note 2 u. 6).

3. Über die Frage des Verschuldens spricht sich § 27 ebensowenig aus, wie § 14 des Weingesetzes von 1901, dem er nachgebildet ist. Während bei Polizeidelikten vorsätzliches und fahrlässiges Handeln unter dieselbe Strafdrohung gestellt ist, ist im Gebiete des kriminellen Unrechts im Zweifelsfalle nur die vorsätzliche Handlung mit Strafe bedroht. S. Olshausen, StGB. Teil I Abschn. 4 Note 4. Auch spricht das WeinG. in allen anderen Fällen, wo es fahrlässiges Handeln mit Strafe bedroht, dies ausdrücklich aus §§ 28, 29 Nr. 5 u. 6, 30. Bei den ähnlich gelagerten Delikten der §§ 300 StGB., 353a Abs. 1 StGB. und § 17 des Gesetzes gegen den unlauteren Wettbewerb verlangt die Rechtsprechung fast einstimmig den Vorsatz. S. insbes. RGE. 41 S. 4. Hienach ist anzunehmen, daß das zweifellos dem kriminellen Strafrechte angehörige Vergehen des § 27 nur vorsätzlich, nicht auch fahrlässig, begangen werden kann. Ebenso Günther u. Marschner Note 3, Hofacker Note 4; a. M. Stenglein Anm. 2, v. d. Pfordten Anm. 4 u. 1. Auflage. Vorsatz s. § 26 Note 1.

4. Versuch ist nicht strafbar.

Abs. 2.

5. „Auf Antrag" s. §§ 61 ff. StGB. u. § 156 Abs. 2 StPO.

§ 28.

Mit Geldstrafe bis zu sechshundert Mark oder mit Haft bis zu sechs Wochen wird bestraft, wer vorsätzlich oder fahrlässig

1. den Vorschriften des § 5 Abs. 1, des § 7 Abs. 2, des § 8, des § 10 Abs. 3 oder des § 18 Abs. 1 zuwiderhandelt;
2. den Vorschriften des § 6 oder des § 7 Abs. 1 zuwider bei der Benennung von Wein eine der Herkunft nicht entsprechende geographische Bezeichnung verwendet;
3. Schaumwein oder Kognak gewerbsmäßig verkauft oder feilhält, ohne daß den Vorschriften des § 17 und des § 18 Abs. 4, 5 genügt ist;
4. außer den Fällen des § 26 Nr. 2 den Vorschriften über die nach § 19 zu führenden Bücher zuwiderhandelt.

1. Zuwiderhandlung ist Vergehen. § 1 Abs. 2 StGB. Zuständig ist das Schöffengericht. § 27 Nr. 2 GVG. Strafbefehl ist zulässig. § 447 StPO. Nebenstrafe: Bei Nr. 1, 2 und 3 ist Einziehung oder Vernichtung zulässig. § 31. Verjährungsfrist: 3 Jahre. Falls Preßdelikt 6 Monate. § 22 PreßG. Versuch bleibt straflos.

2. Das Vergehen kann vorsätzlich oder fahrlässig begangen werden. Vorsatz s. Note 1 zu § 26. Fahrlässig handelt, wer die nach Lage des Falles gebotene Sorgfalt und Aufmerksamkeit außer acht läßt, wenn bei deren Anwendung der eingetretene, nach den Erfahrungen des täglichen Lebens für ihn als möglich voraussehbare Erfolg sich hätte vermeiden lassen. E. des Bayer. Obersten Landesgerichtes Bd. 6 S. 75. Kurz ausgedrückt: Fahrlässigkeit ist die Außerachtlassung der Sorgfalt und Aufmerksamkeit, die nach der Lage des Falles und nach den persönlichen Verhältnissen des Täters von diesem gefordert werden kann. Welches Maß von Sorgfalt und Aufmerksamkeit geboten ist, wird teils durch die Gepflogenheit des Lebens, teils durch die Rechtsordnung bestimmt. So verlangt das Weingesetz besondere Genauigkeit bei der Führung der Bücher, besondere Sorgfalt bei der Abmessung der zulässigen Zuckerwassermenge durch das Erfordernis genauer Berechnung, spezielle Erkundigung beim gewerbsmäßigen Einkauf von Wein nach einer etwa stattgehabten Aufzuckerung, Vorkehrungen, daß bei gewerbsmäßigem Inverkehrbringen von Wein durch Hilfspersonal die nach § 5 Abs. 2 zu erteilende Auskunft richtig gegeben werden kann und dgl.

Ist der Verpflichtete beispielsweise nicht selbst in der Lage, die Bücher richtig zu führen, so muß er sie durch hiezu befähigte Dritte führen lassen und diesen die nötigen Angaben und Unterlagen an die Hand geben.

3. Es betrifft:

Nr. 1 § 5 Abs. 1 die Bezeichnung gezuckerten Weins; § 7 Abs. 2 die Benennung eines Verschnittes als Wachstum eines bestimmten Weinbergbesitzers; § 8 den Rotweißverschnitt; § 10 Abs. 3 die Bezeichnng der weinähnlichen Getränke; § 18 Abs. 1 die Bezeichnung als Kognak;

Nr. 2 § 6 und § 7 Abs. 1 die Bezeichnung von Wein und Verschnittwein mit geographischen Bezeichnungen, Gemarkungs- und Lagenamen;

Nr. 3 § 17 die Bezeichnung von Schaumwein und schaumweinähnlichen Getränken; § 18 Abs. 4 und 5 die Bezeichnung von Kognak.

Da das Gesetz nicht unterscheidet zwischen § 17 Abs. 1 Satz 1 und Satz 2, sohin offensichtlich alle Verfehlungen gegen § 17 unter Strafe stellen wollte, und § 17 auch die schaumweinähnlichen Getränke mitumfaßt, sind unter „Schaumwein" i. S. des § 28 ausnahmsweise auch die schaumweinähnlichen Getränke zu verstehen. Ebenso Günther u. Marschner Anm. 2a, Stenglein Anm. 1, a. M. Hofacker Anm. 2.

Nr. 4 § 19 die Führung und Aufbewahrung von Büchern und Belegen. Fahrlässige Verletzung der Pflicht zur Vorlage der zu führenden Bücher ist nicht strafbar, auch nicht in Verbindung mit der AusfBek. zu § 19. Bayer. OberstLGSt. Bd. 14 S. 16. S. auch § 29 Note 3. Vorsätzliche Beseitigung der Bücher und Belege vor Ablauf der gesetzlichen Frist und wissentlich unrichtige Eintragungen werden gem. § 26 Nr. 2 — s. dort Note 4 — härter bestraft.

Wegen des Beginnes der Verjährung bei unterlassener Buchführung s. Olshausen § 67 StGB. Note 13.

§ 29.

Der in § 28 bestimmten Strafe unterliegt ferner

1. wer vorsätzlich die nach Maßgabe des § 5 Abs. 2 zu erteilende Auskunft nicht oder unrichtig erteilt;
2. wer vorsätzlich die nach § 3 Abs. 4 und nach § 11 Abs. 3 vorgeschriebenen Anzeigen nicht erstattet oder den auf Grund des § 11 Abs. 3 erlassenen Anordnungen zuwiderhandelt;
3. wer vorsätzlich es unterläßt, an Gefäßen oder Flaschenstapeln die nach § 20 Abs. 1, 2 vorgeschriebenen Bezeichnungen anzubringen, oder einem auf Grund des § 20 Abs. 3 ergangenen Verbote zuwiderhandelt;
4. wer vorsätzlich den von den Landeszentralbehörden oder

den von diesen ermächtigten Landesbehörden auf Grund des § 25 Abs. 3 erlassenen Vorschriften zuwiderhandelt;

5. wer den Vorschriften der §§ 22, 23 zuwider das Betreten oder die Besichtigung von Räumen, die Begleitung der Beamten oder Sachverständigen bei der Besichtigung der Räume, die Vorlegung oder die Durchsicht von Geschäftsbüchern oder -papieren, die Abgabe oder die Entnahme von Proben verweigert, desgleichen wer die von ihm geforderte Auskunft nicht oder aus Fahrlässigkeit unrichtig erteilt;

6. wer eine der im § 26 Abs. 1 Nr. 1 bezeichneten Handlungen aus Fahrlässigkeit begeht.

1. Für das Vergehen ist das Schöffengericht zuständig. § 27 Nr. 2 GVG. Strafbefehl ist zulässig. § 447 StPO. Nebenst.: Im Falle des § 29 Nr. 6 ist Einziehung oder Vernichtung zulässig. § 31. Verjährungsfrist 3 Jahre. Versuch bleibt straflos.

2. Nr. 1, 2, 3 und 4 bestrafen vorsätzliche Verfehlungen; im Falle fahrlässiger Begehung liegt § 30 vor

Es betrifft:

Nr. 1 § 5 Abs. 2 die Auskunft über die Zuckerung des Weins; durch § 29 geschützt ist nur „die nach Maßgabe des § 5 Abs 2 zu erteilende Auskunft", also nur die Auskunft desjenigen, der Wein gewerbsmäßig in Verkehr bringt, nach Kaufsabschluß bis zur vollendeten Übergabe, nicht die im Zeitpunkt der Vorverhandlungen gegebene, nur die Auskunft auf Befragen, nicht die unverlangt abgegebene, und nur die dem Abnehmer, nicht die sonstigen Personen gegebene Auskunft, s. 5 Note 5;

Nr 2 § 3 Abs. 4 die Anzeige der beabsichtigten Aufzuckerung: § 11 Abs. 3 die Anzeige der beabsichtigten Herstellung von Haustrunk;

Nr. 3 § 20 Abs. 1, 2 betr. die Kennzeichnung anderer in Weinkellern lagernder Getränke; § 20 Abs. 3 Zulässigkeit des Verbots solcher Lagerung gegenüber Vorbestraften;

Nr. 4 § 25 Abs. 3 Vorschriften zur Sicherung des Vollzugs des Gesetzes.

3. Nr. 5 setzt Zuwiderhandlung gegen die Vorschriften der §§ 22 und 23 voraus. Demgemäß können nur die dort bezeichneten Personen — Inhaber, Betriebsleiter, Aufsichtspersonen — als Täter im engeren Sinne in Betracht kommen. Vgl. Note 4 c zu § 26.

Sie werden bestraft, wenn sie

a) vorsätzlich — dies ergibt der Wortsinn (ebenso Bayer. ObersttLGSt. Bd. 14 S. 16) — ihre eigne Mitwirkung, soweit diese vorgeschrieben, verweigern, wenn sie also vorsätzlich die Beamten und Sachverständigen nicht begleiten, die Geschäftsbücher und Papiere nicht vorlegen, die geforderten Proben nicht abgeben, die geforderte Auskunft nicht erteilen (s. auch § 28 Note 3),

b) vorsätzlich das Betreten der Räume usw. verweigern, d. h. wenn sie vorsätzlich verhindern, daß die Beamten und Sachverständigen die Räume betreten oder besichtigen, die Geschäftsbücher und Papiere durchsehen, die Proben entnehmen —

Beschränkt sich die Vorkehrung von Hindernissen nicht auf die Anwendung sog. passiven Widerstands, sondern wird den Beamten während ihrer Amtsausübung durch aktive Tätigkeit Widerstand geleistet, so liegt zugleich Widerstand gegen die Staatsgewalt gem. § 113 StGB. vor. S. Olshausen zu § 113 StGB. Note 22 und 24 (das gleiche gilt für die Sachverständigen, wenn sie, wie in Bayern, Beamte sind. S. § 22 Note 2) —

c) die „nach Maßgabe des § 23" geforderte Auskunft aus Fahrlässigkeit unrichtig erteilen.

Über den Begriff Fahrlässigkeit s. Note 2 zu § 28. Erteilung einer wissentlich unrichtigen Auskunft fällt unter § 26 Nr. 2.

Falls § 29 Nr. 5 nicht zutrifft, kann möglicherweise § 9 NMG. noch einschlägig sein.

4. Nr. 6 bedroht mit Strafe die fahrlässige — s. Note 2 zu § 28 — Verletzung der in § 26 Abs. 1 Nr. 1 aufgezählten Vorschriften über die Verfälschung, Nachahmung und den Verkehr mit Wein usw.

Einziehung oder Vernichtung ist zulässig. § 31. Liegt an sich eine Verletzung der §§ 2, 3, 4, 9, 10 vor, ist aber weder Vorsatz noch Fahrlässigkeit gegeben, so kann weder eine Bestrafung des Täters noch die Einziehung des gesetzwidrigen Weines eintreten; der gesetzwidrige Wein darf jedoch nicht in Verkehr gebracht werden. S. §§ 13 und 31. Ein solcher Fall ist am leichtesten möglich bei der Aufzuckerung von Most mit Zuckerwasser. Ist ein innerhalb der zulässigen 20% aufgezuckerter Most als Wein in seiner Säure infolge des natürlichen Säureverlustes mit der Zeit unter den Säuregehalt gleichen Weines aus guten Jahrgängen herabgesunken, hat aber der betr. Weinbauer jede gebotene Vorsicht angewendet, insbesondere sich auch bei zuverlässigen Sachverständigen Rat erholt, so bleibt ein solcher entschuldbarer tatsächlicher Irrtum von Strafe frei, da jedes Verschulden auf Seite des Täters fehlt.

§ 30.

Mit Geldstrafe bis zu einhundertfünfzig Mark oder mit Haft wird bestraft, wer eine der im § 29 Nr. 1 bis 4 bezeichneten Handlungen aus Fahrlässigkeit begeht.

1. § 30 ist Übertretung. § 1 Abs. 3 StGB. Zuständig ist das Schöffengericht. § 27 Nr. 1 GVG. Strafbefehl ist zulässig. § 447 StPO. Verjährungsfrist: 3 Monate. § 67 Abs. 3 StGB.

2. „Aus Fahrlässigkeit" s. Note 2 zu § 28.

Einziehung.

§ 31.

I In den Fällen des § 26 Abs. 1 Nr. 1 ist neben der Strafe auf Einziehung der Getränke oder Stoffe zu erkennen, welche den dort bezeichneten Vorschriften zuwider hergestellt, eingeführt oder in den Verkehr gebracht worden sind, ohne Unterschied, ob sie dem Verurteilten gehören oder nicht; auch kann die Vernichtung ausgesprochen werden. In den Fällen des § 28 Nr. 1, 2, 3 und des § 29 Nr. 6 kann auf Einziehung oder Vernichtung erkannt werden.

II In den Fällen des § 26 Abs. 1 Nr. 3 ist neben der Strafe auf Einziehung oder Vernichtung der Stoffe zu erkennen, die zum Zwecke der Begehung einer nach den Vorschriften dieses Gesetzes strafbaren Handlung bereit gehalten werden.

III Die Vorschriften des Abs. 1, 2 finden auch dann Anwendung, wenn die Strafe gemäß § 73 des Strafgesetzbuchs auf Grund eines anderen Gesetzes zu bestimmen ist.

IV Ist die Verfolgung oder Verurteilung einer bestimmten Person nicht ausführbar, so kann auf die Einziehung selbständig erkannt werden.

Abs. 1 und 2.

1. Die „Einziehung" (oder Vernichtung) nach Abs. 1 und 2 ist Nebenstrafe (nach RGE. Bd. 44 S. 316 Straffolge) und zugleich polizeiliche Präventivmaßregel. Sie soll den Täter als Strafe treffen und überdies weiteren Gesetzesverletzungen vorbeugen. Aus letzterem Grunde ist auch kein Unterschied gemacht, ob die einzuziehenden Gegenstände dem Verurteilten gehören oder einem möglicherweise völlig unschuldigen, gutgläubigen Dritten. Das Gesetz hat in § 31 Satz 1 Halbsatz 1, wo zum ersten Male von Einziehung die Rede ist, den Grundsatz ausgesprochen, daß die Einziehung auf die Eigentumsverhältnisse keine Rücksicht zu nehmen braucht. Dieser Gedanke gilt, ohne daß er jedesmal wiederholt werden müßte, wie sich aus dem Zusammenhang ergibt, ebenso für die Vernichtung nach Satz 1 Halbsatz 2, für die Einziehung und Vernichtung nach Satz 2, für die Einziehung und Vernichtung der Stoffe nach Abs. 2 und für die Einziehung (oder Vernichtung) nach Abs. 4. (Teilweise a. M. Hofacker Note 8 c).

Die Einziehung oder Vernichtung ist im Urteile, im Strafbefehle oder in der polizeilichen Strafverfügung auszusprechen. Sie erstreckt sich nur soweit, als das Urteil usw. reicht. RGE. 49 S. 165.

Mit Rechtskraft des Einziehungsurteils, s. Olsh. zu § 40 StGB. Note 4 (a. M. Frank zu § 40 StGB. IV: mit der Vollstreckung durch Wegnahme gem. § 495 StPO.) gehen die betr. Getränke oder Stoffe in das Eigentum des Staates über, der sie unter Beobachtung des § 15 verwenden kann. S. § 15 Note 1.

Erachtet das Gericht eine weitere Verwendung der in Frage stehenden Getränke oder Stoffe für bedenklich, so wird es auf Vernichtung erkennen. Die Ausführung der Vernichtung ist Sache der Strafvollstreckungsbehörden.

2. Die Einziehung oder Vernichtung ist obligatorisch in den Fällen des § 26 Abs. 1 Nr. 1 und 3, fakultativ in den Fällen des § 28

Nr. 1, 2, 3 und des § 29 Nr. 6. Sie setzt aber stets eine vorsätzliche oder fahrlässige Straftat voraus, da nur dann „ein Fall des § 26, 28 oder 29“ gegeben ist. Vgl. RGE. 7 S. 429 zu § 15 des NMG., ferner RGE. Bd. 38 S. 311, Bd. 42 S. 123. Eine „Verurteilung“ dagegen ist nicht unbedingt erforderlich. Es ist Einziehung zulässig im Urteile neben der Freisprechung wegen Verjährung, dagegen nicht neben der Freisprechung als nichtschuldig. RGE. Bd. 34 S. 388; Bd. 44 S. 317. S. auch Note 7. Wohl aber bleibt die Einziehung zulässig trotz gnadenweiser Niederschlagung des gegen den Hersteller gerichteten Strafverfahrens. RGE. 50 S. 386 u. 392. Bayer. OberstLG. Beiblatt zum JMBl. 1916 S. 232 u. Urt. v. 14. März 1921 Rev.-R. II Nr. 40, Bay. Staatszeitung v. 29. April 1921 Nr 98.

Ein Fall des § 26 Abs. 1 Nr. 1 liegt auch dann vor, wenn dieses Vergehen nur versucht worden ist. § 26 Abs. 4. In diesem Falle ist auf Einziehung der Getränke oder Stoffe zu erkennen, die man den im Abs. 1 Nr. 1 aufgezählten Vorschriften zuwider herzustellen, einzuführen oder in den Verkehr zu bringen versucht hat. Ebenso LG. Landau, WeinGE. I S. 93 und Galli in LZ. 1915 S. 266. A. M. Günther u. Marschner Note 2a und Hofacker Note 4, ein Fall des § 26 Abs. 1 Nr. 1 liege bei Versuch nicht vor. Dieser Einwand wird durch das Gesetz selbst widerlegt. S. § 26 Abs. 4: „In den Fällen des Abs. 1 Nr. 1 wird auch der Versuch bestraft“ vgl. mit: „In den Fällen des Abs. 1 Nr. 1 ist auf Einziehung zu erkennen.“ Es sind die gleichen Fälle, in denen auf Einziehung erkannt und auch der Versuch bestraft wird. Es ist auch nur natürlich, daß da, wo die Strafe des vollendeten Vergehens sich aus Haupt- und Nebenstrafe zusammensetzt, das gleiche bei der Versuchsstrafe gilt.

„Dem § 26 Abs. 1 Nr. 1 zuwider eingeführt“ ist eine gesetzgeberische Entgleisung. Denn § 26 Abs. 1 Nr. 1 stellt die Einfuhr nicht unter Strafe. S. § 14 Note 2. § 31 könnte nur in Frage kommen, wenn die Einfuhrhandlung zugleich ein Inverkehrbringen in sich schließt. Aber auch dann erfolgt die Konfiskation als Hauptstrafe gem. § 134 des Vereinszollgesetzes als der spezielleren Gesetzesvorschrift, während für § 31 nur insoweit Raum bleibt, als § 134 VZG. nicht anwendbar ist. Vgl. RGE. 38 S. 398 u. 400 (betr. Verhältnis des VZG. zum SüßstoffG.) und über die Beziehungen des VZG. zum WeinG. § 14 Note 2 und die dort angef. WeinGE. II S. 66.

3. Die obligatorische Einziehung ist auszusprechen, ohne Rücksicht darauf, ob die spätere Vollstreckbarkeit zweifellos möglich und die Beschlagnahme des Gegenstandes bereits erfolgt ist. RGR. 3 S. 56 zu § 295 StGB. und E. 39 S. 279 (281) zu § 18 WeinG. v. 24. Mai 1901, nunmehr auch RGE. v. 22. Nov. 1912 (WeinGE. II S. 36). Steht dagegen die Unmöglichkeit der Einziehung fest, so kann der Ausspruch der Einziehung unterbleiben, da dem Gerichte zwecklose Verfügungen nicht zugemutet werden können.

Unmöglich ist die Einziehung, wenn der einzuziehende Gegenstand untergegangen ist, sei es durch Vernichtung (z. B. Wegschütten des Weines), sei es durch Verarbeitung (z. B. Brennen des Weines zu Trinkbranntwein, Sieden zu Essig).

Schwieriger liegt die Sache im Falle der Vermischung. Hat ein gutgläubiger Erwerber den gesetzwidrigen Wein vor Rechtskraft des Einziehungsurteils mit anderem guten Weine vermischt oder ihm Essigsprit (zwecks Herstellung von Brennmaterial) oder sonstige Stoffe zugesetzt, so hängt es von den Umständen des einzelnen Falles ab, ob die Einziehung erfolgen kann oder nicht. Ist der gesetzwidrige Wein mit einer derart erheblichen Menge anderen Weines oder anderer Stoffe vermischt worden, daß er durch die Vermischung nach Stoff, Zusammensetzung oder innerer Eigenschaft für die Auffassung des täglichen Lebens untergegangen und eine neue Sache entstanden ist, so ist die Einziehung dieser neuen Sache unzulässig. So RG., 1. Straff., 1 D 716 vom 21. Dezember 1908 i. S. St. in W. wegen Einziehung (RGE. 42 S. 123), in Anwendung der in den §§ 2172, 947, 948 BGB. niedergelegten Grundsätze. Die Tatsache, daß der gesetzwidrige Wein den Hauptbestandteil der neuen Mischung bildet, also nach Art und Menge überwiegt, eignet sich zur Unterstützung der Annahme, daß der gesetzwidrige Wein noch fortbesteht und nicht untergegangen ist, wenn auch § 7 nicht unmittelbar einschlägig ist. RGE. 52 S. 47. Geringfügige Zusätze dagegen, die den einzuziehenden Wein nicht feststellbar oder nur unerheblich verändern (ihn i. S. des § 947 Abs. 2 BGB. noch als Hauptsache erscheinen lassen), vermögen die Einziehung nicht abzuwenden. Erfolgt eine gutgläubige erhebliche Vermischung nach Rechtskraft des Einziehungsurteils, so ist zwar die Vollstreckung in die neue Sache ausgeschlossen, allein zivilrechtlich kann der Fiskus seine Rechte aus dem Urteile geltend machen.

Erfolgt die Vermischung oder Verarbeitung durch einen bösgläubigen Erwerber, so begeht dieser damit seinerseits eine strafbare Handlung (Verfehlung gegen §§ 4 bzw. 15), welche im Verfahren gegen ihn die Einziehung nach sich zieht. Der Fall liegt hier ebenso, als wenn der Täter zunächst eine geringere Menge Wein gesetzwidrig herstellt oder behandelt und diesen verkehrsunfähigen Wein dann mit anderen Weinmengen verbotswidrig vermischt. Wenn die ganze Mischung als solche mit Rücksicht auf die geflissentliche Verwendung verbotswidriger Zwischenerzeugnisse verbotswidrig hergestellt ist, und der Täter eben durch die Herstellung der Mischung Strafe und die Einziehung der Mischung verwirkt hat, kommt es auf die Mengenverhältnisse der einzelnen Mischungsbestandteile nicht an. Darauf hat die im vorigen Absatz angeführte RGE. Bd. 42 S. 123 selbst hingewiesen. Die Urteile des RG., 1. Straffenat, vom 4./23. Dezember 1911 und vom 29. Juni 1911, WeinGE. II S. 5 und II S. 14, behandeln solche Fälle und nicht den oben erwähnten Fall der straflosen Vermischung durch den gutgläubigen Erwerber. Mit Unrecht behauptet daher Hofacker, Note 9, der 1. Strafsenat des RG. habe die im Bd. 42 S. 123 richtig entwickelten Sätze neuerdings ohne nähere Begründung wieder verworfen. S. auch RGE. 52 S. 47.

4. Die Unterlassung der obligatorischen Einziehung ist Revisionsgrund, die Unterlassung der fakultativen dagegen nur dann, wenn sie aus Rechtsgründen als unzulässig abgelehnt wurde, z. B. wegen vermeintlicher Unzulässigkeit der Einziehung eines von einem gutgläubigen Dritten nur unerheblich veränderten Weines, nicht aber dann, wenn sie nicht für angemessen erachtet wurde.

5. In dem gegen eine bestimmte Person gerichteten Strafverfahren sind die sog. Einziehungsinteressenten, d. s. diejenigen

Personen, welche einen rechtlichen Anspruch auf den Gegenstand der Einziehung haben, insbesondere die Drittbesitzer, denen aber zumeist der Besitz durch die Beschlagnahme des Weines bereits entzogen ist, nicht zuzuziehen. Es steht ihnen mangels einer diesbezüglichen gesetzlichen Vorschrift weder ein Anspruch auf rechtliches Gehör noch ein Rechtsmittel gegen die Entscheidung zu. RGE. 34 S. 388.

A. M. Löwe, Note 1 zum 6. Buch, 5. Abschn. der StPO., wo die Heranziehung der Einziehungsinteressenten zur Verhandlung für erforderlich erklärt wird, damit auch ihnen gegenüber die Einziehung ausgesprochen und die Vollstreckung ermöglicht werde.

Der Vollstreckung der Entscheidung, der Einziehung oder Vernichtung des Weines, mag er bereits zuvor beschlagnahmt sein oder nicht, können Dritte nur Einwendungen auf dem Wege des Zivilprozesses entgegensetzen (s. Löwe zu § 490 StPO. Note 2b). Da aber selbst das Eigentum eines Dritten die Einziehung nicht hindert, können mindere Rechte, wie Pfandrechte, Zurückbehaltungsrechte und dgl. noch weniger mit Erfolg eingewendet werden. Von Belang dürfte wohl nur der Einwand der inzwischen erfolgten erheblichen Vermischung sein. S. Note 3.

Abs. 3.

6. Durch diese Vorschrift ist die Einziehung unter allen Umständen sichergestellt und der unerwünschten Möglichkeit vorgebeugt, daß auf Grund des anderen Gesetzes die Einziehung nicht zulässig wäre und deshalb die Freigabe des verfälschten Weines erfolgen müßte. (S. einen ähnlichen Fall: — RGE. 38 S. 360).

Abs. 4.

7. Die Einziehung im objektiven Strafverfahren auf Grund des Abs. 4 ist polizeiliche Präventivmaßregel, die in strafprozessuale Formen gekleidet ist. Der in Abs. 1 ausgesprochene Grundsatz gilt auch hier, d. h. auch im objektiven Strafverfahren kann statt der Einziehung auf Vernichtung erkannt werden. Das Verfahren richtet sich nach §§ 477 ff. der StPO. Die Zuständigkeit des Gerichts bemißt sich nicht etwa darnach, ob der Gegenstand der Einziehung sich im Bezirk des Gerichts befindet, sondern vielmehr darnach, ob das Gericht für den Fall der Verfolgung einer bestimmten Person zuständig sein würde, ob also der Person gegenüber, deren Nichtverfolgbarkeit Anlaß zur Einleitung des selbständigen Einziehungsverfahrens gegeben hat, nach den Bestimmungen der §§ 7 ff. StPO. in bezug auf die Straftat, die den Grund zur Einziehung abgibt, im ordentlichen Strafverfahren die örtliche Zuständigkeit begründet sein würde. § 477 StPO., RGE. vom 17. März 1913, Veröff. d. Kais. GesAmts, Beil. Bd. IX S. 199. Die Einziehungsinteressenten sind zur Verhandlung beizuziehen. § 478 Abs. 2 StPO.

Voraussetzungen für die Zulässigkeit sind:

a) in positiver Beziehung, daß ein Fall des § 26 Abs. 1 Nr. 1 oder 3, des § 28 Nr. 1, 2, 3 oder des § 29 Nr. 6 gegeben ist, daß also eine vorsätzliche oder fahrlässige Verletzung dieser Vorschriften vorliegt, s. Note 2, — eine solche ist im Auslande durch einen Ausländer nicht möglich, § 4 StGB. —

b) in negativer Beziehung, daß die Verfolgung oder Verurteilung einer bestimmten Person nicht ausführbar ist, gleichgültig, ob die Unausführbarkeit auf tatsächlichen oder rechtlichen Gründen beruht. Die Verurteilung ist unausführbar ebenso, wenn der Täter unbekannt oder verstorben ist, wie wenn er abwesend oder nach der Tat in Geisteskrankheit verfallen oder wenn Verjährung eingetreten ist. RGE. Bd. 14 S. 382; Bd. 30 S. 194; Bd. 44 S. 317; Olshausen, 6. Aufl. zu § 42 StGB. Note 4. Bayer. Oberstes Landesger. Bd. V S. 78. Ebenso bei gnadenweiser Niederschlagung des gegen den Hersteller gerichteten Strafverfahrens. S. oben Note 2.

Ausgeschlossen dagegen ist die Einziehung im objektiven Verfahren, wenn der Täter bereits abgeurteilt, die Einziehung aber damals versäumt worden ist oder wenn die ausgesprochene Einziehung infolge Verjährung der Vollstreckung nicht mehr vollzogen werden kann. S. Olshausen zu § 42 StGB. Note 7 u. Note 8 Abs. 2 u. RGE. 8 S. 349 zu § 42 StGB. A. M. RGE. 14 S. 161, die sich jedoch auf den anders lautenden § 152 StGB. bezieht. — Ist der Angeklagte freigesprochen und die Einziehung abgelehnt worden, so geht es nicht an, die Strafklage, die den Einziehungsantrag mitumfaßte, nachdem sie in vollem Umfange zurückgewiesen ist, teilweise neu zu erheben in der Form, daß der abgewiesene Anspruch zwar außerhalb eines gegen den Freigesprochenen gerichteten Verfahrens, aber doch auf Grund derselben abgeurteilten Handlung in der Richtung und mit Wirkung gegen den Freigesprochenen im objektiven Verfahren erneut erhoben wird. Anders verhielte es sich, wenn die abgeurteilte Handlung in einem Strafverfahren Gegenstand der Erörterung würde, das sich mit dem Verschulden eines anderen zu befassen hätte. Wie in diesem Falle die Rechtskraft der früheren Entscheidung einer anderweitigen Beurteilung der Handlung des Freigesprochenen nicht entgegenstünde, und ein anderer als Mittäter, Anstifter oder Gehilfe zu Strafe verurteilt werden könnte, so wäre in diesem Falle auch die früher abgelehnte Einziehung zulässig, aber nicht als Straffolge aus der Handlung des freigesprochenen Teilnehmers, sondern nur als Folge der strafbaren Handlung des anderen, die ebensogut in einem gegen diesen gerichteten Strafverfahren, wie auch im objektiven Verfahren, falls dessen Einleitung sonst zulässig ist, festgestellt werden könnte. RGE. Bd. 44 S. 319.

Die Entscheidung darüber, ob die Verfolgung oder Verurteilung einer bestimmten Person ausführbar ist, steht der Staatsanwaltschaft zu. RGE. 8 S. 238. Das Gericht kann daher das objektive Verfahren nicht deshalb ablehnen, weil es die Verfolgung usw. für ausführbar hält.

Für das Gericht ist auch im objektiven Verfahren die Einziehung (oder Vernichtung) obligatorisch in den Fällen des § 26 Abs. 1 Nr. 1 und 3, fakultativ in den Fällen des § 28 Nr. 1, 2, 3 und des § 29 Nr. 6. Das Wort „kann“ in § 31 Abs. 4 hat die gleiche Bedeutung wie in § 42 StGB. — S. RGE. Bd. 28 S. 122 — und bedeutet nicht etwa, daß im objektiven Verfahren die Einziehung stets fakultativ sei.

Abs. 1—4.

8. Ob die gegen einen bestimmten Täter und die im objektiven Verfahren erkannte Einziehung auf dem Wege der Begnadigung abgewendet werden kann, richtet sich nach den einschlägigen Landesstaatsrechten.

9. Soweit § 31 nicht Platz greift, bleibt die Einziehung auf Grund des § 40 StGB. zulässig, wenn dessen Voraussetzungen zutreffen. S. insbes. RGE. 40 S. 362 und GoltdArch. Bd. 52 S. 256.

Verhältnis zu anderen Gesetzen.

§ 32.

Die Vorschriften anderer die Herstellung und den Betrieb von Wein treffender Gesetze, insbesondere des Gesetzes, betreffend den Verkehr mit Nahrungsmitteln, Genußmitteln und Gebrauchsgegenständen, vom 14. Mai 1879 (Reichs-Gesetzbl. S. 145), des Gesetzes zum Schutze der Warenbezeichnungen vom 12. Mai 1894 (Reichs-Gesetzbl. S. 441) und des Gesetzes zur Bekämpfung des unlauteren Wettbewerbes vom 27. Mai 1896 (Reichs-Gesetzbl. S. 145) bleiben unberührt, soweit nicht die Vorschriften dieses Gesetzes entgegenstehen. Die Vorschriften der §§ 16, 17 des Gesetzes vom 14. Mai 1879 finden auch bei Strafverfolgungen auf Grund der Vorschriften dieses Gesetzes Anwendung. Durch die Landesregierungen kann jedoch bestimmt werden, daß die auf Grund dieses Gesetzes auferlegten Geldstrafen in erster Linie zur Deckung der Kosten zu verwenden sind, die durch die Bestellung von Sachverständigen auf Grund des § 21 dieses Gesetzes entstehen. Die Verwendung erfolgt in diesem Falle durch die mit dem Vollzuge des Gesetzes betrauten Landeszentralbehörden, durch welche die etwa verbleibenden Überschüsse auf die nach § 17 des Gesetzes vom 14. Mai 1879 in Betracht kommenden Kassen zu verteilen sind.

Satz 1.

1. Ausdrücklich aufgehoben ist das WeinG. vom 24. Mai 1901. S. § 34. Alle anderen die Herstellung und den Vertrieb von Wein treffenden Gesetze bleiben unberührt, soweit nicht die Vorschriften des neuen Weingesetzes entgegenstehen (s. insbesondere § 6 Abs. 2). In Betracht kommen: das Reichsgesetz vom 5. Juli 1887 betr. die Verwendung gesundheitsschädlicher Farben, das Reichssüßstoffgesetz v. 7. Juli 1902, § 367 Nr. 7 des Reichs-Strafgesetzbuches, das Reichsgesetz v. 25. Juni 1887 betr. den Verkehr mit blei- und zinkhaltigen Gegenständen und (als besonders wichtig in § 32 namentlich angeführt) das Nahrungsmittelgesetz, das Gesetz zum Schutz der Warenbezeichnungen und das Gesetz zur Bekämpfung des unlauteren Wettbewerbs, an dessen Stelle am 1. Oktober 1909 das Gesetz gegen den unlauteren Wettbewerb vom 7. Juni 1909 getreten ist.

Insoweit sind auch die Vorschriften dieser Gesetze mit und neben dem Weingesetz in Betracht zu ziehen. Das Weingesetz geht als Spezialgesetz den anderen Gesetzen vor. Soweit aber das Weingesetz ein Gebiet nicht erschöpfend behandelt hat, kommen die Vorschriften der anderen Gesetze ergänzend hinzu. Auch wird die Auslegung der anderen Gesetze durch das Weingesetz beeinflußt. Im einzelnen ist zu sagen:

a) über das Verhältnis zum Nahrungsmittelgesetz: Die §§ 1 bis 3 NMG. sind durch die §§ 21 bis 23 WeinG. im allgemeinen gegenstandslos geworden, bleiben aber von Bedeutung, soweit

§ 22 nicht reicht, nämlich für die Kontrolle von Räumen, in denen Schaumwein, Kognak oder weinhaltige Getränke nur aufbewahrt, feilgehalten oder verkauft werden. S. § 22 Note 3a. § 4 NMG. bleibt weiter anwendbar. A. M. für § 4 Abs. 2 v. d. Pfordten Anm. 2b, und Hofacker Anm. 2c, allein das Weingesetz wollte hier weitergehende landesrechtliche Vorschriften nicht ausschließen, sondern nur „Mindestforderungen und Grundsätze" aufstellen. Erl. S. 12. § 5 Nr. 1 NMG. ist für die „Herstellung" von Wein usw. gegenstandslos geworden, während bestimmte Arten der „Aufbewahrung" und „Verpackung" auch jetzt noch durch VO. verboten werden können. Im übrigen sind die §§ 5 bis 8 NMG. unberührt geblieben. § 9 NMG. kann zur Anwendung kommen, soweit § 29 WeinG. nicht zutrifft. Die Anwendung der §§ 10, 11 ist eingeschränkt, aber nicht aufgehoben (teilweise a. M. v. d. Pfordten). Wohl ist das Nachmachen von Wein in § 9 WeinG., der unerlaubte Zusatz von Stoffen zu Wein in den §§ 3 und 4 WeinG. erschöpfend geregelt, trotzdem aber sind Fälle denkbar, in denen nur das Nahrungsmittelgesetz, nicht aber das Weingesetz anwendbar ist und umgekehrt. S. § 9 Note 2. Aus § 32 WeinG. ergibt sich weiter, daß eine Verfälschung von Wein usw. dann nicht angenommen werden kann, wenn das WeinG. eine bestimmte Herstellungs- oder Behandlungsweise als erlaubt erklärt. Im übrigen ist nach dem NMG. und der zu diesem ergangenen Rechtsprechung zu beurteilen, ob eine Nachahmung oder Verfälschung vorliegt. Nachahmung und Verfälschung einer Ware setzen eine bestimmte Norm der Ware voraus, die in Ermangelung gesetzlicher Vorschriften nach den Anschauungen des redlichen Verkehrs und den berechtigten Erwartungen des Publikums in jedem Einzelfalle festgestellt werden muß. Diese Feststellung ist entbehrlich, wo das Gesetz selbst die Norm für eine Ware gibt und damit festlegt, was berechtigterweise vom Publikum erwartet werden kann. WeinGE. II S. 83. — Die §§ 12 bis 14 NMG. behalten ihre volle Gültigkeit. § 15 ist durch § 31 WeinG. ersetzt. Die §§ 16 und 17 bleiben unberührt und werden sogar als Vorschriften des WeinG. übernommen. S. Note 2.

b) Über das Verhältnis zum Warenbezeichnungs- und Wettbewerbsgesetz: Nach § 6 Abs. 2 des WeinG. finden auf die Benennung von Wein keine Anwendung § 1 Abs. 3 des alten bzw. § 5 Abs. 1 des neuen Wettbewerbsgesetzes und § 16 Abs. 2 des Warenbezeichnungsgesetzes. Weiterhin anwendbar bleiben dagegen alle übrigen Bestimmungen dieser Gesetze, insbes. § 16 Abs. 1 des letztgenannten Gesetzes, welcher lautet:

Wer Waren oder deren Verpackung oder Umhüllung oder Ankündigungen, Preislisten, Geschäftsbriefe, Empfehlungen, Rechnungen oder dergleichen fälschlich mit einem Staatswappen oder mit dem Namen oder Wappen eines Ortes, eines Gemeinde- oder weiteren Kommunalverbandes zu dem Zwecke versieht, über Beschaffenheit und Wert der Waren einen Irrtum zu erregen, oder wer zu dem gleichen Zwecke derartig bezeichnete Waren in Verkehr bringt oder feilhält, wird mit Geldstrafe von 150 bis 5000 ℳ oder mit Gefängnis bis zu 6 Monaten bestraft. (Zum inneren Tatbestand dieses Paragraphen s. WeinGE. I S. 48.)

Aus § 32 WeinG. ergibt sich auch für die Anwendung dieser Gesetze, daß unrichtige oder die Gefahr einer Täuschung begründende Angaben

(§§ 3 und 4 des WettbewerbsG., § 4 Abs. 1 Nr. 3 und § 9 Abs. 1 Nr. 3 des WarenbezeichnG.) nicht vorliegen, wenn die Angaben den Bezeichnungsvorschriften des Weingesetzes entsprechen.

c) Über das Verhältnis zu § 367 Ziff. 7 RStGB. gilt das oben zu § 10 NMG. Gesagte.

d) Das Gesetz betr. die Verwendung gesundheitsschädlicher Farben und das Süßstoffgesetz bleiben unberührt, soweit nicht das Weingesetz seinerseits die Verwendung dieser Stoffe verboten hat. Das Ges. betr. den Verkehr mit blei- und zinkhaltigen Gegenständen kommt in Betracht für Einrichtungen und Gefäße, die bei der Herstellung und dem Ausschank von Wein usw. verwendet werden.

Satz 2.

2. § 16 des NMG., handelnd von der öffentlichen Bekanntmachung der Verurteilungen und Freisprechungen und den Kosten der polizeilichen Untersuchungen, und § 17 NMG., betr. die Zuweisung der Geldstrafen an die Versuchsanstalten, werden auch bei Verfolgungen auf Grund des WeinG. für anwendbar erklärt. Sie gelten sohin auch dann, wenn die Verurteilung (oder Freisprechung) nur auf Grund des WeinG. stattfindet.

§ 16 des NMG. lautet:

In dem Urteil oder dem Strafbefehl kann angeordnet werden, daß die Verurteilung auf Kosten des Schuldigen öffentlich bekannt zu machen sei.

Auf Antrag des freigesprochenen Angeschuldigten hat das Gericht die öffentliche Bekanntmachung der Freisprechung anzuordnen; die Staatskasse trägt die Kosten, insofern dieselben nicht dem Anzeigenden auferlegt worden sind.

In der Anordnung ist die Art der Bekanntmachung zu bestimmen.

Sofern infolge polizeilicher Untersuchung von Gegenständen der im § 1 bezeichneten Art (Nahrungs- und Genußmittel usw.) eine rechtskräftige strafrechtliche Verurteilung eintritt, fallen dem Verurteilten die durch die polizeiliche Untersuchung erwachsenen Kosten zur Last. Dieselben sind zugleich mit den Kosten des gerichtlichen Verfahrens festzusetzen und einzuziehen.

§ 17 des NMG. lautet:

Besteht für den Ort der Tat eine öffentliche Anstalt zur technischen Untersuchung von Nahrungs- und Genußmitteln, so fallen die auf Grund dieses Gesetzes auferlegten Geldstrafen, soweit dieselben dem Staate zustehen, der Kasse zu, welche die Kosten der Unterhaltung der Anstalt trägt.

Satz 3 und 4.

4. Die Verwendung der eingehenden Geldstrafen kann auch abweichend von § 17 NMG. geregelt werden.

Verkehr mit luxemburgischem Wein.

§ 33.

Der Bundesrat ist ermächtigt, im Großherzogtum Luxemburg gewonnene Erzeugnisse des Weinbaues den inländischen

Erzeugnissen gleichzustellen, falls dort ein diesem Gesetz entsprechendes Weingesetz erlassen wird.

1. Luxemburg gehört seit 8. Februar 1842 dem Zollverein an. § 33 wurde in der zweiten Lesung des Gesetzes durch die Reichstagskommission (als § 30a, s. Komm. S. 58) eingefügt, um zu vermeiden, daß innerhalb des Zollgebiets eine Verkehrsgrenze für die Erzeugnisse des Weinbaues errichtet werde. Luxemburg hat am 24. Juli 1909, verkündet 27. August 1909, in Kraft seit 1. September 1909 ein Weingesetz erlassen, das nun wohl beinahe wörtlich dem deutschen Weingesetze nachgebildet ist, aber doch einzelne kleine Abweichungen enthält. Die wesentlichste ist die, daß nach Art. 3 Abs. 2 des luxemburgischen WeinG. die Regierung befugt ist, die Frist für die Aufzuckerung ausnahmsweise und vorbehaltlich einer besonderen Beaufsichtigung bis zum 31. Januar des auf die Lese folgenden Jahres auszudehnen. Damit wollte man verhüten, daß die deutschen Händler ihren Bedarf an luxemburgischen Weinen erst Ende Dezember decken und den drohenden Fristablauf benützen, um die luxemburgischen Winzer im Preise zu drücken. Mit Rücksicht auf die Abweichungen des luxemburgischen WeinG. ist von der Ermächtigung im § 33 zunächst kein Gebrauch gemacht worden. Erst später hat der Bundesrat mit Bek. vom 15. Juni 1912 (RGBl. 1912 Nr. 36 S. 394) unter Vorbehalt des Widerrufs beschlossen die im Großherzogtum Luxemburg gewonnenen Erzeugnisse des Weinbaues den inländischen gleichzustellen. Wie die deutsche Weinzeitung in Mainz in Nr. 48 mitteilt, sind diesem Bundesratsbeschlusse Verhandlungen mit der luxemburgischen Regierung vorausgegangen, um zu verhüten, daß die Abweichungen des luxemburgischen WeinG. nicht in der Folge deutsche Interessen schädigen. Die luxemburgische Regierung hat erklärt, daß die Genehmigung zur Zuckerung im Januar nur Winzern für ihr eigenes in Luxemburg gewonnenes Gewächs bewilligt werde, nicht aber Weinhändlern und Weinkommissionären. Auch an Winzer soll die Genehmigung nur erteilt werden, wenn nicht eigenes Verschulden des Winzers, sondern besondere Umstände, wie außerordentlich reiche oder späte Ernte u. dgl., die Verzögerung der Zuckerung oder den nicht rechtzeitigen Absatz verursacht haben. Weiter ist vereinbart worden, daß die beiderseitigen Weinkontrolleure miteinander Fühlung halten sollen, und daß eine aus Vertretern beider Regierungen bestehende ständige Kommission gebildet wird, die sich über Einzelheiten in der Ausführung des Abkommens auf dem kürzesten Wege verständigen kann.

2. Wirkung der Gleichstellung. Die Gleichstellung ist nur eine einseitige. Die luxemburgischen Erzeugnisse sind den deutschen gleichgestellt, d. h. sie werden in Deutschland als „inländische" betrachtet und dürfen daher unter Beachtung des § 3 gezuckert werden. Das Umgekehrte ist jedoch nicht der Fall. Eine dem § 33 entsprechende Bestimmung fehlt im luxemburgischen Weingesetz. Deutsche Erzeugnisse gelten in Luxemburg als ausländische und dürfen daher dort überhaupt nicht gezuckert werden.

3. Eine Nachprüfung der vom Bundesrat auf Grund der Ermächtigung des § 33 bejahten Frage, ob das luxemburgische Weingesetz dem deutschen entspricht, steht den Gerichten nicht zu.

4. Infolge Versailler Friedensvertrags Art. 40 (RGBl. 1919 S. 765) hat Luxemburg mit dem 1. Januar 1919 aufgehört dem deutschen Zollverein anzugehören. Damit ist der Anlaß für die Gleichstellung weggefallen; die Gleichstellung selbst bleibt jedoch bestehen, solange die Bek. v. 15. Juni 1912 nicht widerrufen wird.

Übergangsvorschriften. **§ 34.**

I Dieses Gesetz tritt am 1. September 1909 in Kraft.

II Mit diesem Zeitpunkte tritt das Gesetz, betreffend den Verkehr mit Wein, weinhaltigen und weinähnlichen Getränken, vom 24. Mai 1901 (Reichs-Gesetzbl. S. 175) außer Kraft.

III Der Verkehr mit Getränken, die bei der Verkündung dieses Gesetzes nachweislich bereits hergestellt waren, ist jedoch nach den bisherigen Bestimmungen zu beurteilen.

Urkundlich unter Unserer Höchsteigenhändigen Unterschrift und beigedrucktem Kaiserlichen Insiegel.

Gegeben Neues Palais, den 7. April 1909.

(L. S.) **Wilhelm.**

von Bethmann Hollweg.

Abs. 1.

1. **Vorbehaltlich des Abs. 3.**

Abs. 2.

2. **Andere einschlägige Gesetze bleiben aufrecht erhalten.** § 32 Satz 1. Mit dem WeinG. vom 24. Mai 1901 fällt insbesondere weg:

Die Befugnis der Branntweinbrennereien, Tresterwein usw. herzustellen,

die Befugnis Dessertweine ausländischen Ursprungs aus Rosinen herzustellen,

die Verpflichtung zum Aushang eines Weingesetzauszuges,

die gesetzliche Gültigkeit der analytischen Grenzzahlen. Die Analysenzahlen **werden jedoch auch künftig noch als ein der freien richterlichen Beurteilung unterliegendes** Beweismittel von hohem Werte sein

Abs. 3.

3. Die Verkündung des Gesetzes erfolgte durch RGBl. Nr. 20, ausgegeben den 16. April 1909. Der Verkehr mit Getränken, die mit dem Ablauf (s. BGB. §§ 186, 187 Abs. 1) des 16. April 1909 nachweislich bereits hergestellt waren, wird nach den bisherigen Vorschriften beurteilt, gleichviel, ob diese sich im Einzelfall, wie regelmäßig, als die milderen oder ausnahmsweise als die strengeren erweisen. Das neue Gesetz hat eben seine Anwendbarkeit hinsichtlich des unter seiner

Herrschaft stattfindenden Verkehrs mit Wein selbst, abweichend von den allgemeinen Grundsätzen (s. § 2 Abs. 2 StGB.), dahin eingeschränkt, daß sobald überhaupt — gleichviel von wem und wie — der Nachweis geführt ist, daß es sich um solche Weine handelt, die vor der Verkündung hergestellt wurden, ganz allgemein die früheren gesetzlichen Bestimmungen so Anwendung finden, als ob das neue Gesetz nicht bestünde. RGE. 45 S. 82, WeinGE. I S. 46. Nach dem neuen Weingesetz (§ 34 Abs. 3) unterliegt in solchen Fällen die Handlung noch der Strafandrohung des insoweit aufrechterhaltenen Weingesetzes vom 24. Mai 1901. WeinGE. II S. 69. Dabei ist jedoch zu beachten, daß die seitherigen gesetzlichen Bestimmungen über die Bezeichnung von Wein sehr streng angewendet werden können. Nur insoweit der Begriff der „überwiegenden Menge" bei Verschnitten und der „nahegelegenen Gemarkung" bei Anwendung von Gattungsnamen in Betracht kommt, ist eine größere Einschränkung im neuen Gesetze vorhanden, die für die vor dem 17. April 1909 bereits hergestellten Weine nicht maßgebend ist. Nach Günther und Marschner, Note 3a soll die Beobachtung der neuen Vorschriften in jedem Falle genügen. S. aber oben angeführte RGE. Bd. 45 S. 82. Richtig ist vielmehr nur soviel, daß mit der Änderung der gesetzlichen Vorschriften sich auch die Verkehrsanschauung umgebildet hat, und daß man hierauf bei Auslegung auch des früheren Gesetzes, soweit dieses auf die Auffassung des Verkehrs verweist, wird Rücksicht nehmen müssen. — § 34 Abs. 3 gilt allgemein, nicht bloß für die Übergangszeit zwischen Verkündung und Inkrafttreten des neuen Gesetzes. WeinGE. II S. 69.

Hergestellt sind Getränke, wenn sie ihrer stofflichen Zusammensetzung nach in den Zustand gebracht worden sind, in welchem sie genossen werden können oder sollen. RGE. 7 S. 151. Verschnittene Getränke, mögen auch die Anteile einzeln schon genußfertig gewesen sein, sind erst mit dem Zeitpunkte des Verschnitts „hergestellt". Wer die Anwendung der bisherigen Vorschriften für seine Getränke beansprucht, muß den Nachweis ihrer Herstellung vor dem 17. April 1909 erbringen können. Daß die Getränke damals schon auf Flaschen gefüllt waren, ist nicht erforderlich. Für Wein und in beschränktem Maße auch für weinähnliche Getränke soll die Vorschrift des § 19 Abs. 4 in Verb. mit der Bundesratsbek. vom 9. Juli 1909 (Anhang I 1) zu § 19 den erforderlichen Nachweis sicherstellen.

4. Für die Zeit zwischen der Verkündung und dem Inkrafttreten des neuen Gesetzes gilt unbeschränkt das alte Recht für die Herstellung sowohl wie für den Verkehr mit Wein. Es ist also bis zum 1. September 1909 niemand gehindert zu tun, was er nach dem alten Rechte verantworten kann. Wer aber auf Vorrat arbeitet für die Zeit nach dem Inkrafttreten des neuen Gesetzes, der muß nach der Verkündigung dieses Gesetzes dessen Vorschriften ins Auge fassen. (Komm. S. 58.)

So ist z. B. bis zum 1. Sept. 1909 die Aufzuckerung noch allgemein und überall erlaubt, jedoch müssen Weine, die zwischen dem 16. April und 1. September 1909 über das durch das neue Gesetz gelassene Maß hinaus aufgezuckert werden, am 1. Sept. an den Verbraucher abgegeben sein, der sie nicht mehr in den Verkehr bringen darf. Weine, die vom 17. April bis 31. August 1909 hergestellt sind, und den sachlichen Vorschriften des neuen Gesetzes genügen, dürfen auch nach dem 1. Sept. 1909 unbeanstandet in den Verkehr gebracht werden. Die Einhaltung formaler Vorschriften, wie die örtliche und zeitliche Beschränkung des Zuckerns, kann erst vom 1. Sept. 1909 ab gefordert werden. Die unterschiedliche Behandlung der formalen und sachlichen Vorschriften begründet sich wie folgt: Formale Vorschriften, wie die örtliche und zeitliche Beschränkung der Zuckerung, bestehen erst seit dem 1. Sept. 1909. Ein in Berlin im Juli 1909 in zulässiger Weise gezuckerter Wein widerspricht daher nicht den formalen Vorschriften des neuen Weingesetzes. Auch sein Zustand im September ist nicht gesetzwidrig. Dem Inverkehrbringen dieses Weines auch nach dem 1. Sept. 1909 steht kein gesetzliches Hindernis entgegen. Anders bei den sachlichen Vorschriften. Ein im Juli 1909 mit Glyzerinzusatz versehener Wein widerspricht bis 31. August 1909 dem § 7 des früheren und vom 1. September 1909 ab dem § 4 des jetzigen Weingesetzes; er darf deshalb nach § 8 des früheren und vom 1. September 1909 ab nach § 13 des jetzigen Weingesetzes nicht in den Verkehr gebracht werden. Der Wein entspricht seiner Zusammensetzung nach im Sept. 1909 nicht dem § 4 des neuen Weingesetzes. Die Sache liegt ähnlich, als wenn der Wein im Ausland hergestellt wäre. Auch der Auslandswein wird bei seiner Einfuhr in das Inland darauf beurteilt, ob er seiner Zusammensetzung nach dem § 4 entspricht, wenn auch seine Herstellung außerhalb des Geltungsbereiches des neuen deutschen Weingesetzes stattgefunden hat. S. § 13 Note 3. Diese Auslegung tut weder dem Wortlaut noch dem Sinn des Gesetzes Zwang an und hält sich frei von unhaltbaren Folgerungen. A. M. einerseits Hofacker Note 5, andrerseits Günther u. Marschner Note 3 b. Nach Hofacker kann in obigem Beispiel der mit Glyzerin versetzte Wein vom 1. Sept. 1909 ab ohne Verstoß gegen das neue Weingesetz in Verkehr gebracht werden, weil § 13 nicht einschlage (es bleibe nichts übrig als auf das NMG. zurückzugreifen); nach Günther u. Marschner sind alle zwischen dem 16. April und 1. Sept. 1909, also noch unter dem alten Recht in zulässiger Weise gezuckerten Erzeugnisse früherer Jahrgänge vom 1. Sept. 1909 ab nach dem neuen Weingesetz verkehrsunfähig, eine Behauptung, für die jede gesetzliche Unterlage fehlt. — S. auch Note 4.

5. Tritt ein Wechsel der Gesetzgebung ein, während der Täter in der Begehung der strafbaren Handlung begriffen ist, so wird nicht § 2 Abs. 2 StGB. angewendet, sondern dasjenige Gesetz, das galt, als die Handlung zum Abschluß gelangte. RGE. Bd. 2 S. 340; Bd. 35 S. 288; GoltdArch. 48 S. 120. Fällt sohin ein fortgesetztes Delikt teils unter das frühere, teils unter das jetzige Weingesetz, vorausgesetzt, daß dessen Anwendung nicht überall nach § 34 Abs. 3 ausgeschlossen ist, so hat die Bestrafung nach dem jetzigen Weingesetz zu erfolgen.

C.

Anhang.

I. Ausführungsbestimmungen.

1. Des Reichs.

a) Bundesrats-Bekanntmachung, betr. Bestimmungen zur Ausführung des Weingesetzes vom 9. Juli 1909.

(RGBl. 1909 S. 549).*)

Auf Grund der §§ 3, 4, 10 bis 14, 17 bis 19 des Weingesetzes vom 7. April 1909 (Reichs-Gesetzbl. S. 393) hat der Bundesrat die nachstehenden Ausführungsbestimmungen beschlossen:

Zu § 3 Abs. 4.

Die Absicht, Traubenmaische, Most oder Wein zu zuckern, ist nach Maßgabe der beigefügten Muster schriftlich anzuzeigen; die zuständige Behörde kann die Eintragung in Listen gestatten, die diesen Mustern nachzubilden und an geeigneten Stellen aufzulegen sind.

Für die neue Ernte ist die Anzeige vor Beginn des Zuckerns nach Muster 1 zu erstatten; dabei braucht die Menge der zu zuckernden Erzeugnisse sowie der Zeitpunkt des Zuckerns für die gesamte Ernte vom 1. September des betreffenden Jahres ab nicht angegeben zu werden. Für Wein früherer Jahrgänge ist jeder einzelne Fall des Zuckerns spätestens eine Woche zuvor nach Muster 2 anzuzeigen.

Zu §§ 4, 11, 12.

Bei der Kellerbehandlung dürfen unbeschadet der nach § 3 des Gesetzes zulässigen Zuckerung der Traubenmaische, dem Traubenmost oder dem Weine Stoffe irgend welcher Art nur nach Maßgabe der folgenden Bestimmungen zugesetzt werden.

Gestattet ist

A. Allgemein:

1. die Verwendung von frischer, gesunder, flüssiger Weinhefe (Drusen)[1]) oder von Reinhefe, um die Gärung einzuleiten oder

---

*) Mit den Änderungen u. Ergänzungen gem. der Bek. vom 20. Juli 1910 (RGBl. S. 945), 6. Juli 1911 (RGBl. S. 475), 21 Mai 1914 (RGBl. S. 127), 27. Juni 1914 (RGBl. S. 235) u. 26. Nov. 1914 (RGBl. S. 486).

[1]) Hefetrub, Geläger, s. oben bei A Einleitung I. Ausgeschlossen ist Preßhefe oder Bierhefe u. dgl.

zu fördern; die Reinhefe darf nur in Traubenmost gezüchtet sein. Der Zusatz der flüssigen Weinhefe darf nicht mehr als zwanzig Raumteile auf eintausend Raumteile der zu vergärenden Flüssigkeit betragen; doch darf diese Hefemenge zuvor in einem Teile des Mostes oder Weines vermehrt werden; dabei darf der Wein[2]) mit einer kleinen Menge Zucker versetzt und von Alkohol befreit werden;[3])

2. die Verwendung von frischer, gesunder, flüssiger Weinhefe (Drusen), um Mängel von Farbe oder Geschmack des Weines[4]) zu beseitigen. Der Zusatz darf nicht mehr als einhundertundfünfzig Raumteile auf eintausend Raumteile Wein betragen; ein Zusatz von Zucker ist hierbei[5]) nicht zulässig;
3. die Entsäuerung mittels reinen, gefällten kohlensauren Kalkes;
4. das Schwefeln, sofern hierbei nur kleine Mengen von schwefliger Säure oder Schwefelsäure in die Flüssigkeiten gelangen. Gewürzhaltiger Schwefel darf nicht verwendet werden;[6])
5. die Verwendung von reiner gasförmiger oder verdichteter Kohlensäure oder der bei der Gärung von Wein entstehenden Kohlensäure, sofern hierbei nur kleine Mengen des Gases in den Wein gelangen;
6. die Klärung (Schönung) mittels nachgenannter technisch reiner Stoffe:
   a) in Wein[7]) gelöster Hausen-, Stör- oder Welsblase,
   b) Gelatine,
   c) Tannin bei gerbstoffarmem Weine bis zur Höchstmenge von 100 Gramm auf 1000 Liter in Verbindung mit den unter a, b genannten Stoffen,[8])
   d) Eiweiß,
   e) Käsestoff (Kaseïn), Milch,
   f) spanischer Erde,

---

[2]) Nicht Maische oder Most (in welchem ja Naturzucker enthalten ist), WeinGE. II S. 13.

[3]) Dieser Zuckerzusatz ist Kellerbehandlung gem. § 4, nicht Aufzuckerung im Sinne der §§ 3 und 5, daher auch bei ausländischen Erzeugnissen zulässig. Naturwein bleibt trotz dieses kleinen Zuckerzusatzes „reiner Naturwein" und unterliegt nicht den Verboten des § 5 Abs. 1. S. § 4 Note 2a am Ende, § 5 Note 2a und Nachtrag zu § 5. A. M. Windisch S. 39, Günther und Marschner zu § 5 Note 2.

[4]) Bei Most und Maische ist Hefeverwendung nach A 2 nicht zulässig, nur bei Wein, auch bei gezuckertem Wein nach völliger Vergärung des Zuckers.

[5]) D. h. weder vor, bei, noch nach dem Hefezusatz. Das Verfahren soll nicht zur Gärungeinleitung (bei welcher Hefeverwendung nur nach A 1 zulässig ist) und Hefeweinbereitung führen.

[6]) Auch nicht zum Ausschwefeln der zunächst noch leeren Weinfässer (WeinGE. II S. 14).

[7]) Auflösung in Weinsteinsäure ist unzulässig. S. § 4 Note 1 u. RGE. v. 2. Oktober 1905, Veröff. d. K. GesA. Beil. Bd. VII 268.

[8]) Tannin für sich allein oder zu anderen als Klärzwecken zu verwenden ist verboten. RGE. 46 S. 223.

g) mechanisch wirkender Filterdichtungsstoffe (Asbest, Zellulose und dergleichen);

7. die Verwendung von ausgewaschener Holzkohle und gereinigter Knochenkohle;

8. das Behandeln der Korkstopfen und das Ausspülen der Aufbewahrungsgefäße mit aus Wein gewonnenem Alkohol oder reinem mindestens 90 Raumprozente Alkohol enthaltenden Sprit, wobei jedoch der Alkohol nach der Anwendung wieder tunlichst[9]) zu entfernen ist; bei dem Versand in Fässern nach tropischen Gegenden auch der Zusatz von solchem Alkohol bis zu einem Raumteil auf einhundert Raumteile Wein zur Haltbarmachung.[10])

B. Bei ausländischem Dessertwein (Süd-, Süßwein):[11])

9. der Zusatz von kleinen Mengen gebrannten Zuckers (Zuckercouleur);[12])

10. der Zusatz von aus Wein gewonnenem Alkohol oder einem mindestens 90 Raumprozente Alkohol enthaltenden Sprit bis zu der im Ursprungslande gestatteten Alkoholmenge.[13])

C. Bei der Herstellung von Haustrunk (§ 11 des Gesetzes):[14])

11. die Verwendung von Zitronensäure bei der Verarbeitung von getrockneten Weinbeeren außerhalb solcher Betriebe, aus denen Wein gewerbsmäßig in den Verkehr gebracht wird.

Die Landeszentralbehörde kann[15]) die Verwendung von Zitronensäure auch bei der Verarbeitung von Rückständen der Weinbereitung und für Betriebe zulassen, aus denen Wein gewerbsmäßig in den Verkehr gebracht wird.

12. der Zusatz von Obstmaische und aus Obst bereiteten Getränken.[16])

Zu §§ 10, 16.

Die nachbezeichneten Stoffe:

lösliche Aluminiumsalze (Alaun und dergleichen), Ameisensäure, Baryumverbindungen, Benzoësäure, Borsäure, Eisencyanver-

---

[9]) Zurückbleibende Reste können höchstens 1 ‰ ausmachen.

[10]) Soweit eine solche überhaupt erforderlich ist, also nicht bei Weinen mit hohem Alkoholgehalt.

[11]) Nicht bei Haustrunk, s. § 11 Note 4.

[12]) Zuckerkouleur ist als Farbstoff (vgl. Bundesratsbek. „zu §§ 10, 16“) von bloß nebenbei färbendem Zucker wesentlich verschieden. RGE. 46 S. 223.

[13]) Ohne Beschränkung auf den Zweck der Haltbarmachung wie bei A 8.

[14]) Außer den unter A angeführten Stoffen.

[15]) Von dieser Ermächtigung haben Gebrauch gemacht Württemberg durch Verfügung des Min. d. Innern v. 3. Aug. 1909 (RegBl. S. 146) § 3, und Elsaß-Lothringen durch VO. d. Min., Abt. d. Innern, vom 28 Juli 1909 (Zentr.- u. BezABl. S. 85) § 2. S. Anhang 2.

[16]) Eingefügt durch Bek. v. 26. Nov. 1914 (RGBl. S. 486).

bindungen (Blutlaugensalze), Farbstoffe[17]) mit Ausnahme von kleinen Mengen gebrannten Zuckers (Zuckercouleur), Fluorverbindungen, Formaldehyd und solche Stoffe, die bei ihrer Verwendung Formaldehyd abgeben, Glyzerin, Kermesbeeren, Magnesiumverbindungen, Oxalsäure, Salizylsäure, unreiner (freien Amylalkohol enthaltender) Sprit, unreiner Stärkezucker, Stärkesirup, Strontiumverbindungen, Wismutverbindungen, Zimtsäure, Zinksalze, Salze und Verbindungen der vorbezeichneten Säuren sowie der schwefligen Säure (Sulfite, Metasulfite und dergleichen)

dürfen bei der Herstellung der im § 10 des Gesetzes bezeichneten dem Weine ähnlichen Getränke, von weinhaltigen Getränken, deren Bezeichnung die Verwendung von Wein andeutet,[18]) oder von Schaumwein[19]) nicht verwendet werden.[20]) [21])

[22]) Bei der Herstellung von dem Weine ähnlichen Getränken aus Malzauszügen ist außerdem die Verwendung von Zucker und Säuren jeder Art, ausgenommen Tannin als Klärmittel, sowie von zuckerhaltigen und säurehaltigen Stoffen untersagt. Nur bei Getränken, die Dessertweinen ähnlich sind und mehr als 10 Gramm Alkohol in 100 Kubikzentimeter Flüssigkeit enthalten, ist der Zusatz von Zucker gestattet; doch darf das Gewicht des Zuckers nicht mehr als 1,8fache des Malzes betragen. Wasser darf höchstens in dem Verhältnis von zwei Gewichtsteilen Wasser auf ein Gewichtsteil Malz verwendet werden; soweit der Zusatz von Zucker zugelassen ist, wird das Gewicht des Zuckers dem des Malzes zugerechnet.

Zu § 13.

Traubenmaische, Traubenmost oder Wein ausländischen Ursprunges, die den Vorschriften des § 4 des Gesetzes nicht entsprechen, werden zum Verkehre zugelassen, wenn sie den für den Verkehr innerhalb des Ursprungslandes geltenden Vorschriften genügen.

---

[17]) Auch Pflanzenfarbstoffe, nicht wie früher (§ 7 d. WeinG. v 1901) nur Teerfarbstoffe (RGE. 47 S. 122).

[18]) Hierunter fallen nicht bloß Worte, sondern auch allgemeinverständliche anderweitige Bezeichnungen, z. B. Verwendung von Weinlaub und Weintrauben auf der Flaschenetikette. RGE. Bd. 46 S. 259; Bd. 47 S. 122.

[19]) Die hier folgenden Worte „oder von Kognak" sind gestrichen durch Bek. v. 27. Juni 1914, s. Bek. „zu § 16".

[20]) Außerdem dürfen diese Stoffe nicht zugesetzt sein zu Traubenmaische, Traubenmost und Wein ausländischen Ursprungs und zu ausländischen weinähnlichen Getränken aus Fruchtsäften, Pflanzensäften oder Malzauszügen (§ 10), die eingeführt oder in den Verkehr gebracht werden sollen. §§ 13, 14 u. AusfBek. „zu § 13" Abs. 2b.

[21]) Die hier nicht erwähnten Stoffe sind damit keineswegs ohne weiteres erlaubt, vielmehr beurteilt sich ihre Zulässigkeit nach den sonstigen Nahrungsmittelgesetzen (NMG., Süßstoffgesetz usw.).

[22]) Abs. 2 ist beigefügt durch Bek. v. 21. Mai 1914 (RGBl. S. 127).

Vom Verkehr ausgeschlossen bleiben jedoch:

a) roter Wein,[23]) mit Ausnahme von Dessertwein, desgleichen Traubenmost oder Traubenmaische zu rotem Weine, deren Gehalt an Schwefelsäure in einem Liter Flüssigkeit mehr beträgt, als zwei Gramm neutralen schwefelsauren Kaliums entspricht;[24])

b) Traubenmaische, Traubenmost oder Weine, die einen Zusatz von Alkalikarbonaten (Pottasche [25]) oder dergleichen), von organischen Säuren oder deren Salzen (Weinsäure,[25]) Zitronensäure, Weinstein, neutrales weinsaures Kalium oder dergleichen) oder eines der in den Bestimmungen zu § 10 des Gesetzes genannten Stoffe [26]) erhalten haben.

Zu § 14.[27])

Traubenmaische, Traubenmost oder Wein dürfen nur über bestimmte Zollämter eingeführt werden. Der Bundesrat bezeichnet die Ämter sowie diejenigen Zollstellen, bei welchen die Untersuchung von Traubenmaische, Traubenmost oder Wein stattfinden kann.

Die aus dem Ausland eingehenden Sendungen unterliegen bei der Einfuhr einer amtlichen Untersuchung unter Mitwirkung der Zollbehörden. Die Kosten der Untersuchung einschließlich der Versendung der Proben hat der Verfügungsberechtigte zu tragen.

Die Untersuchung ist staatlichen Fachanstalten oder besonders hierzu verpflichteten geprüften Nahrungsmittelchemikern zu übertragen. Ausnahmsweise kann sie auch anderen Personen übertragen werden, welche genügend Kenntnisse und Erfahrung besitzen.

Das Ergebnis der Untersuchung ist der Zollstelle alsbald schriftlich mitzuteilen. Nur die etwaige Beanstandung ist ausführlich zu begründen.

Soweit die Sendung beanstandet wird, ist sie durch die Zollbehörde von der Einfuhr zurückzuweisen. Dem Verfügungsberechtigten, der unter Angabe des Grundes alsbald zu benachrichtigen ist, steht frei, innerhalb dreier Tage nach Empfang der Nachricht bei der die Zurückweisung verfügenden Zollstelle die Entscheidung einer von der Landesregierung hierfür zu bezeichnenden höheren Verwaltungsbehörde zu beantragen. Diese Behörde entscheidet endgültig.

Von der Untersuchung befreit sind:

a) Sendungen im Einzelrohgewichte von nicht mehr als 5 kg;

---

[23]) Unter rotem Wein ist nur roter Tisch- und Tafelwein zu verstehen (Komm. S. 5); das Verbot bezieht sich daher nicht auf Weißwein und roten oder weißen Dessertwein.

[24]) Die Vorschrift will die Einfuhr übermäßig gegipster roter Tisch- und Tafelweine verhindern. S. § 13 Note 4aα. über deren Rückverbesserung s. § 13 Note 6.

[25]) Gebräuchliche Mittel, um bei Überstreckung den zu geringen Gehalt an Mineralbestandteilen bzw. an Säuren wieder auszugleichen.

[26]) S. oben Bek „zu §§ 10, 16".

[27]) In der Fassung der Bek. vom 20. Juli 1910 (RGBl. S. 945).

b) Wein in Flaschen (Fläschchen), wenn nach den Umständen nicht zu bezweifeln ist, daß er nur als Muster zu dienen bestimmt ist;

c) Wein in Flaschen (Fläschchen), sofern das Gewicht des in einem Packstück enthaltenen Weines einschließlich seiner unmittelbaren Umschließung nicht mehr als 10 kg beträgt. Ist der Wein, von dem mehrere Arten gleichzeitig in einer Sendung eingehen, nachweislich nicht zum gewerbsmäßigen Absatz bestimmt, so dürfen auch bei einem höheren Gewichte diejenigen Weinarten von der Untersuchung freigelassen werden, von denen nicht mehr als 2¼ Liter eingehen;

d) Mengen von nicht mehr als 10 kg Rohgewicht, die im kleinen Grenzverkehr eingehen;

e) zur Verpflegung von Reisenden, Fuhrleuten oder Schiffern während der Reise mitgeführte Mengen;

f) Erzeugnisse, die als Umzugsgut eingehen und nicht zum gewerbsmäßigen Absatze bestimmt sind;

g) zur unmittelbaren Durchfuhr bestimmte Sendungen.

Die Untersuchung kann unterbleiben, wenn die Einfuhrfähigkeit einer Sendung durch das Zeugnis einer wissenschaftlichen Anstalt des Ursprungslandes nachgewiesen wird, deren Berechtigung zur Ausstellung solcher Zeugnisse durch den Reichskanzler anerkannt ist.

Auch ohne solches Zeugnis kann ausnahmsweise bei hochwertigem Weine in Flaschen von der Untersuchung abgesehen werden, wenn die Einfuhrfähigkeit auf andere Weise glaubhaft gemacht wird.

Im übrigen wird das Verfahren bei der Einfuhr und der Untersuchung durch die Weinzollordnung [28]) geregelt.

---

[28]) Die Weinzollordnung v. 17. Juli 1909 (Zentralbl. f. d. Deutsche Reich S. 333, abgedruckt in der 1. Auflage S. 196 ff.), wurde geändert durch Bek v. 29. April 1910, 20. Juli 1910 und 15. April 1911 (Zentralbl. f. d. Deutsche Reich 1910 S. 137 [173] und 404, 1911 S. 165) und was den Begriff „hochwertiger Wein" nach § 4 WeinzollO. anlangt, erläutert durch Bundesratsbeschl. v. 26. Okt. 1911 (Veröff. d. Kais. GesAmts S. 773). Verzeichnis der Zollstellen, über welche Wein, Traubenmost u Traubenmaische nach § 1 WeinzollO. eingeführt werden dürfen. Zentralbl. f. d. Deutsche Reich 1909 S. 783, 1357, 1479; 1910 S. 281, 401, 475, 644; 1911 S. 244, 435; 1912 S. 379; 1913 S. 151, 516, 687, 1041, 1199; 1914 S. 538. Verzeichnis der zur Ausstellung von Untersuchungszeugnissen für Wein usw. ermächtigten ausländischen Fachchemiker und wissenschaftlichen Anstalten nach § 8 WeinzollO. s. Zentralbl. f. d. Deutsche Reich 1909 S. 942, 1336, 1387; 1910 S. 10, 464, 489, 684; 1911 S. 2, 386, 432, 469, 588; 1912 S. 529; 1913 S. 408, 522, 572, 1078, 1257; 1914 S. 6 und 372. Der Untersuchung auf Einfuhrfähigkeit unterliegen nicht weinähnliche Getränke aus Fruchtsäften, Pflanzensäften oder Malzauszügen, weinhaltige Getränke, Schaumwein, schaumweinähnliche Getränke, Kognak und Kognakverschnitte.

Zu § 16.[29])

Bei der Herstellung von Kognak dürfen nur die nachbezeichneten Stoffe verwendet werden:

1. Weindestillate, denen die den Kognak kennzeichnenden Bestandteile des Weines nicht entzogen worden sind und die in 100 Raumteilen nicht mehr als 86 Raumteile Alkohol enthalten,
2. reines destilliertes Wasser,
3. technisch reiner Rüben- oder Rohrzucker in solcher Menge, daß der Gesamtgehalt an Zucker, einschließlich des durch sonstige Zusätze hineingelangenden (als Invertzucker berechnet), in 100 Kubikzentimeter des gebrauchsfertigen Kognaks bei 15 Grad Celsius nicht mehr als 2 Gramm beträgt,
4. gebrannter Zucker (Zuckercouleur), hergestellt aus technisch reinem Rüben- oder Rohrzucker,
5. im eigenen Betriebe durch Lagerung von Weindestillat (Nr. 1) auf Eichenholz oder Eichenholzspänen auf kaltem Wege hergestellte Auszüge.
6. im eigenen Betriebe durch Lagerung von Weindestillat (Nr. 1) auf Pflaumen, grünen (unreifen) Walnüssen oder getrockneten Mandelschalen auf kaltem Wege hergestellte Auszüge, jedoch nur in so geringer Menge, daß die Eigenart des verwendeten Weindestillats dadurch nicht wesentlich beeinflußt wird,
7. Dessertwein (Süd-Süßwein), der keinen Zusatz von anderem als ausschließlich aus Wein gewonnenem Alkohol enthält, jedoch nur in solcher Menge, daß in 100 Raumteilen des gebrauchsfertigen Kognaks nicht mehr als ein Raumteil Dessertwein enthalten ist,
8. mechanisch wirkende Filterdichtungsstoffe (Asbest, Zellulose oder dgl.),
9. gereinigte Knochenkohle, technisch reine Gelatine und Hausenblase,
10. Sauerstoff.

Die Verwendung eines Vorrats von außerhalb des eigenen Betriebs oder auf warmem Wege hergestellten Auszügen der unter Nr. 5 und 6 bezeichneten Art ist bis zum 1. Juli 1915 gestattet.

Zu § 17.[30])

Schaumwein und ihm ähnliche Getränke, die gewerbsmäßig verkauft oder feilgehalten werden, sind wie folgt zu kennzeichnen:

a) Bei Schaumwein muß das Land, in dem der Wein auf Flaschen gefüllt ist, in der Weise kenntlich gemacht werden, daß auf den Flaschen die Bezeichnung

In Deutschland auf Flaschen gefüllt,
In Frankreich auf Flaschen gefüllt,
In Luxemburg auf Flaschen gefüllt

usw. angebracht wird; ist der Schaumwein in demjenigen

---

[29]) Eingefügt durch Bek. v. 27. Juni 1914 (RGBl. S. 235).
[30]) In der Fassung der Bek. vom 6. Juli 1911 (RGBl. S. 475).

Lande, in welchem er auf Flaschen gefüllt wurde, auch fertiggestellt,[31]) so kann an Stelle jener Bezeichnung die Bezeichnung

Deutscher (Französischer, Luxemburgischer usw.)
Schaumwein
oder
Deutsches (Französisches, Luxemburgisches usw.)
Erzeugnis

treten.

b) Bei Schaumwein, dessen Kohlensäuregehalt ganz oder teilweise auf einem Zusatze fertiger Kohlensäure beruht, sind der unter a vorgeschriebenen Bezeichnung die Worte

Mit Zusatz von Kohlensäure

hinzuzufügen.

c) Bei den dem Schaumwein ähnlichen Getränken sind die zur Herstellung verwendeten, dem Weine ähnlichen Getränke in der Weise kenntlich zu machen, daß auf den Flaschen in Verbindung mit dem Worte Schaumwein[32]) eine die benutzte Fruchtart erkennbar machenden Bezeichnung, wie Apfel-Schaumwein, Johannisbeer-Schaumwein, angebracht wird.

An Stelle dieser Bezeichnungen können die Worte Frucht-Schaumwein, Obst-Schaumwein, Beeren-Schaumwein treten.

d) Die unter a, b vorgeschriebenen Bezeichnungen müssen in schwarzer Farbe auf weißem Grunde, deutlich und nicht verwischbar auf einem bandförmigen Streifen in lateinischer Schrift aufgedruckt sein. Die Schriftzeichen auf dem Streifen müssen bei Flaschen, welche einen Raumgehalt von 425 oder mehr Kubikzentimeter haben, mindestens $0{,}5$ Zentimeter hoch und so breit sein, daß im Durchschnitte je 10 Buchstaben eine Fläche von mindestens $3{,}5$ Zentimeter Länge einnehmen. Die Inschrift darf, falls sie einen Streifen von mehr als 10 Zentimeter Länge beanspruchen würde, auf zwei Zeilen verteilt werden. Die Worte „Mit Zusatz von Kohlensäure“ sind stets auf die zweite Zeile zu setzen. Der Streifen, der eine weitere Inschrift nicht tragen darf, ist an einer in die Augen fallenden Stelle der Flasche, und zwar gegebenenfalls zwischen dem den Flaschenkopf bedeckenden Überzug und der die Bezeichnung der Firma und der Weinsorte enthaltenen Inschrift dauerhaft zu befestigen. Wird der Streifen im Zusammenhange mit dieser oder einer anderen Inschrift hergestellt, so ist er gegen diese mindestens durch einen 1 Millimeter breiten Strich deutlich abzugrenzen.

e) [33]) Die unter c vorgeschriebene Bezeichnung ist in deutlichen Schriftzeichen von mindestens der unter d angegebenen Größe auf der Hauptinschrift der Flasche oder auf einem mit dieser zusammenhängenden Streifen so anzubringen, daß sie sich von

---

[31]) S. § 17 Note 3 u. § 16 Note 4 b.

[32]) Das Wort Schaumwein ist hier zwingend vorgeschrieben und kann nicht durch das Wort Sekt oder Champagner ersetzt werden. Vgl. WeinGE. II S. 76.

[33]) Eingefügt durch Bek. v. 6. Juli 1911 (RGBl. S. 475).

anderen Angaben auf dieser Inschrift (Firma, Sortennamen u. dgl.) sowie von etwa angebrachten Verzierungen deutlich abhebt.

Zu § 18.

Kognak,[34]) der in Flaschen gewerbsmäßig verkauft oder feilgehalten wird, ist nach dem Lande, in dem er fertiggestellt ist, als

Deutscher, Französischer usw. Kognak (Cognac)

zu bezeichnen.

Hat im Auslande hergestellter Kognak in Deutschland lediglich einen Zusatz von destilliertem Wasser erhalten, um unbeschadet der Vorschrift des § 18 Abs. 3 des Gesetzes den Alkoholgehalt auf die übliche Trinkstärke herabzusetzen, so ist er als

Französischer usw. Kognak (Cognac)
in Deutschland fertiggestellt

zu bezeichnen.

Die Bezeichnung muß in schwarzer Farbe auf weißem Grunde deutlich und nicht verwischbar auf einem bandförmigen Streifen in lateinischer Schrift aufgedruckt sein. Die Schriftzeichen müssen bei Flaschen, welche einen Raumgehalt von 350 Kubikzentimeter oder mehr haben, mindestens $0{,}5$ Zentimeter hoch und so breit sein, daß im Durchschnitte je 10 Buchstaben eine Fläche von mindestens $3{,}5$ Zentimeter Länge einnehmen. Die Inschrift darf, falls sie einen Streifen von mehr als 10 Zentimeter Länge beanspruchen würde, auf zwei Zeilen verteilt werden. Der Streifen, der eine weitere Inschrift nicht tragen darf, ist an einer in die Augen fallenden Stelle der Flasche, und zwar gegebenenfalls zwischen dem den Flaschenkopf bedeckenden Überzug und der die Bezeichnung der Firma enthaltenden Inschrift dauerhaft zu befestigen. Wird der Streifen im Zusammenhange mit dieser oder einer anderen Inschrift hergestellt, so ist er gegen diese mindestens durch einen 1 Millimeter breiten Strich deutlich abzugrenzen.

Zu § 19.

Wer durch § 19 des Gesetzes verpflichtet ist, Bücher zu führen, hat sich hierbei sowie bei allen mit der Buchführung zusammenhängenden Aufzeichnungen der deutschen Sprache zu bedienen. Die Landeszentralbehörde kann die Verwendung einer anderen Sprache gestatten.

Die Bücher müssen gebunden und Blatt für Blatt oder Seite für Seite mit fortlaufenden Zahlen versehen sein. Die Zahl der Blätter oder Seiten ist vor Beginn des Gebrauchs auf der ersten Seite des Buches anzugeben. Ein Blatt aus dem Buche zu entfernen ist verboten.

An Stellen, die der Regel nach zu beschreiben sind, dürfen keine leeren Zwischenräume gelassen werden. Der ursprüngliche Inhalt einer Eintragung darf nicht mittels Durchstreichens oder auf andere Weise unleserlich gemacht, es darf nichts radiert, auch dürfen solche Veränderungen nicht vorgenommen werden, deren Beschaffenheit es ungewiß läßt, ob sie bei der ursprünglichen Eintragung oder erst später gemacht worden sind.

---

[34]) Nicht Kognakverschnitt.

Die Bücher und Belege sind sorgfältig aufzubewahren und auf Verlangen jederzeit den nach § 21 des Gesetzes zur Kontrolle berechtigten Beamten oder Sachverständigen vorzulegen. Sind die Geschäftsräume von den Kellereien oder sonstigen Lagerräumen getrennt, so sind die Bücher auf Verlangen auch in den zu kontrollierenden Räumen vorzulegen.[35])

Im einzelnen ist den Vorschriften des Gesetzes nach den den Mustern A bis G beigefügten Anweisungen mit folgender Maßgabe zu genügen:

Es haben Buch zu führen:

a) Winzer, die in der Hauptsache eigenes Gewächs in den Verkehr bringen, auch wenn sie nach Erfordernis im Inlande gewonnene Trauben oder Traubenmaische zum Keltern zukaufen, nach Muster A.[36])

Winzer, die im Durchschnitte der Jahre bei einer Ernte mehr als 30 000 Liter Traubenmost einlegen, daneben auch nach Muster C[37]) oder D, jedoch jedenfalls nach Muster C, wenn sie mehr als 10 000 Liter Traubenmost oder Wein einer Ernte zuckern;

b) Schankwirte, die ausschließlich für den eigenen Bedarf oder Ausschank im Inlande gewonnene Trauben keltern, auch wenn sie nicht zu den Winzern gehören, sofern die im Durchschnitte der Jahre hergestellte Menge 3000 Liter nicht übersteigt, nach Muster A;[36])

c) Schankwirte, Lebensmittelhändler, Krämer und sonstige Kleinverkäufer,[38]) die Traubenmost oder Wein nur in fertigem Zustande beziehen und unverändert wieder abgeben, nach Muster F;

d) Geschäftsvermittler über die von ihnen vermittelten Geschäfte nach Muster E.

Geschäftsvermittler, die für Rechnung ihrer Auftraggeber Traubenmaische, Traubenmost oder Wein einlegen oder behandeln, haben hierüber in gleicher Weise wie über eigene Geschäfte Buch zu führen;

---

35) Strafvorschrift hiezu § 29 Nr. 5.

36) Für die Führung des Kellerbuches (A oder B) kommen nur die Sortenbezeichnungen in Frage, unter denen die ausgegangenen Weine eingelagert waren, sollten sie auch unter einer falschen Bezeichnung verkauft worden sein. RGE. 48 S. 409 (414).

37) Die ordnungsmäßige Führung des Kontrollbuches nach Muster G entbindet nicht von der Verpflichtung, in das Faßlagerbuch (Muster C) oder in sonstige Bücher für jedes einzelne Faß die einzelnen Erzeugnisse mit genauer Herkunftsangabe, sowie die verwendeten Zuckerzusätze nach Kilogramm und Litern einzutragen. WeinGE. II 95.

38) Der Begriff „Kleinverkäufer" ist nicht gleichbedeutend mit „Kleinhändler" i. S. d. § 35 GewO. oder mit dem „Minderkaufmann" des § 4 HGB., sondern umfaßt alle, die Wein im kleinen, im einzelnen oder in geringen Mengen von Flaschen an das Publikum abgeben; auf die Art des Einkaufs und ob dieser im großen stattfindet, kommt es nicht an. WeinGE. I 85.

e) Weinhändler, Winzergenossenschaften oder andere Gesellschaften, auch wenn sie nur die Erzeugnisse ihrer Mitglieder verwerten, endlich alle übrigen zur Buchführung Verpflichteten, soweit nicht die Vorschriften unter a bis d etwas anderes ergeben, nach Muster B [36]) und daneben nach Muster C oder D, jedenfalls jedoch nach Muster C,[37]) wenn sie Traubenmaische, Traubenmost oder Wein zuckern;

f) alle zur Buchführung Verpflichteten über den Bezug und die Verwendung von Zucker oder anderen für die Kellerbehandlung des Weines oder zur Herstellung von Haustrunk bestimmten Stoffen (§ 19 Abs. 1 Nr. 2 des Gesetzes) nach Muster G.

Die bei dem Inkrafttreten des Gesetzes vorhandenen Bestände sind längstens bis zum 1. Oktober 1909 in den Büchern vorzutragen. Mit Rücksicht auf die Vorschrift des § 34 Abs. 3 des Gesetzes ist bei Getränken, soweit sich dies nicht aus dem Eintrag ohne weiteres ergibt, in der Spalte für Bemerkungen anzugeben, wann sie hergestellt sind.

Den zur Buchführung Verpflichteten ist gestattet, nach Bedarf ihrer Betriebe die Bücher auch zu anderen, in dem Vordrucke der Muster nicht vorgesehenen geschäftlichen Aufzeichnungen zu benutzen und den Vordruck entsprechend zu ergänzen, soweit es unbeschadet der Übersichtlichkeit geschehen kann.

Für Lager unter Zollverschluß ersetzt die von der Zollbehörde angeordnete und überwachte Buchführung die Buchführung nach Muster B, C, D.

Die Verwendung der Muster A bis G darf außerdem unterbleiben, wenn die vorgeschriebenen Angaben in Bücher anderer Form eingetragen werden, die nach den Grundsätzen ordnungsmäßiger Buchführung geführt werden, doch sind die Muster zu verwenden, wenn die von der Landeszentralbehörde hierfür bestimmte Behörde [39]) festgestellt hat, daß die geführten Bücher keine genügende Übersicht gewähren. Die Behörde entscheidet hierüber auf Anrufen des Betriebsinhabers oder des nach § 21 Abs. 2 des Gesetzes zur Kontrolle bestellten Sachverständigen endgültig.[40])

Berlin, den 9. Juli 1909.

Der Reichskanzler.

In Vertretung:

von Bethmann Hollweg.

---

[36]) und [37]) s. S. 135.

[39]) S. C 2, in Bayern die Distriktspolizeibehörde.

[40]) Vorbehaltlich der zulässigen Beschwerde an die vorgesetzte Behörde, s. oben § 19 Note 7.

Muster 1.
Zu § 3 Abs. 4.

Anlage 1.

Zuckerungsanzeige für Traubenmaische, Most oder Wein neuer Ernte.

Tag der Anzeige-erstattung	Des Anzeigepflichtigen		Es soll gezuckert werden		Die Räume, in denen gezuckert werden soll, befinden sich (Ort, Straße, Hausnummer)
	Zu- u. Vorname, Beruf	Wohnort, Wohnung	eigenes Gewächs	fremdes Gewächs	
1	2	3	4	5	6
6.10.1909	*Nikolaus Schmitz, Winzer*	*Eheim, Hauptstr. 16.*	*ja*	—	*Eheim, Hauptstrasse 16*

gez. *Nikolaus Schmitz.*

Anmerkung. Die in *Kursivschrift* gedruckten Eintragungen stellen Beispiele für die handschriftlich vorzunehmende Ausfüllung der Listen dar.

Muster 2.
Zu § 3 Abs. 4.

Anlage 2.

Zuckerungsanzeige für Wein früherer Jahre.*)

Tag der Anzeige-erstattung	Des Anzeigepflichtigen		Es soll gezuckert werden		Der Wein ist		Die Zuckerung soll erfolgen	
	Zu- und Vorname, Stand, Beruf	Wohnort, Wohnung	Menge	Bezeichnung des Weines nach Jahrgang, Herkunft, Sorte	eigenes Gewächs	fremd. Gewächs	Wann?	Wo? (Ort, Straße Hausnummer)
1	2	3	4	5	6	7	8	9
16. 11. 1909	*Heinrich Leonhardt, Weinhändler*	*Colmar i. E. Vogesenstrasse 19*	*5000 l*	*1908er Rappoltsweiler Riesling".*	—	*ja*	*26. 11. 1909*	*Rufach i. E. Haus No. 101*

gez. *Heinrich Leonhardt.*

*) Die Zuckerung darf nur bei ungezuckerten Weinen früherer Jahrgänge nachgeholt werden (§ 3 Abs. 2 des Gesetzes).

Anlage 3. **Muster A.**

[Seite 1]

Kellerbuch.

Gültig für die Kellerräume zu ....

Name des Besitzers ....

Anweisung für die Eintragungen.

1. Bei der Anlage des Buches sind die vorhandenen Bestände unter „Eingang" nach Sorten hintereinander einzutragen. Diese Eintragungen sind von den nachfolgenden Eintragungen durch einen Querstrich zu trennen.
2. Die Eintragungen sind spätestens 8 Tage nach dem Ein- oder Ausgange zu bewirken, jedoch genügt für den Verbrauch im eigenen Haushalt oder eigenen Ausschanke monatliche Eintragung. Wird Wein vom Fasse verzapft, so genügt es, wenn der Ausgang des ganzen Fasses auf den Tag des Anstichs gebucht und der Tag der Leerung in Spalte 16 angegeben wird.
3. In jedem Jahre ist das Buch einmal abzuschließen. Der Abschluß ist unter Angabe des Tages zu unterschreiben.
4. Mit dem Abschlusse des Buches ist eine Bestandsaufnahme zu verbinden. Die Bestände sind wie bei Anlage des Buches als „Eingang" neu einzutragen.
5. In den Spalten 4, 5, 12 und 14 genügt die Angabe der Menge in runden Zahlen; auch ist es zulässig, die Menge in ortsüblichem Maße (Stück, Halbstück, Fuder, Logel usw.) anzugeben.
6. Wird Traubenmaische gleich nach der Einlagerung abgepreßt, so genügt in Spalte 4 die Angabe der gewonnenen Mostmenge.
7. Bei jeder Zuckerung, auch zur Herstellung des Haustrunkes, ist in Spalte 2 einzutragen, ob Zuckerwasser oder welche Art trockenen Zuckers zugesetzt wird. Erfolgt die Zuckerung kurz nach Einlagerung eines Erzeugnisses, so ist sie unmittelbar unter der Eintragung desselben zu buchen und das Erzeugnis in Spalte 8 als „gezuckert" zu bezeichnen; erfolgt die Zuckerung erst später, so ist das Erzeugnis zunächst als „ungezuckert" zu bezeichnen und der Zuckerungsvorgang besonders einzutragen. Unter die ursprüngliche Angabe „ungezuckert" ist alsdann zu setzen „nachträglich gezuckert".
8. Abgänge an Hefe oder Trub sind als Ausgang zu buchen.

[Seite 2]

Eingang

Tag des Einganges	Herkunft und Sorte (Erntejahr, Gemarkung, Weinbergslage, Farbe, Bezugsfirma) sowie Tag des Geschäftsabschlusses	Größe der abgeernteten Weinbergsflächen (Hektar, Ar)	Menge: Maische Most, Wein (Liter, Flaschen) Trauben (Kilogramm)	Menge: Haustrunk und sonstige weinähnliche Getränke (Liter oder Flaschen)	Menge: Zucker (Kilogramm) in Zuckerwasser (Liter)	Lagerbezeichnung Faß Nr. oder Wein Nr.	Bemerkungen, insbesondere ob Wein, Most oder Maische gezuckert oder ungezuckert
1	2	3	4	5	6	7	8
1909 *1. 10.*	*Bestandsaufnahme:*						
	1908 er Bodenheimer Spiegelberg, weiss		*1 000 l*			*Hofkeller 1, 2, 3*	*gezuckert*
	„ Bodenheimer Verschnitt Hölle-Hochberg, weiss		*500 l*			*Hofkeller 4*	*ungezuckert*
	1905 er Niersteiner Rehbach, weiss		*20¹/₁ Fl.*				
	Haustrunk			*300 l*		*Strassenkeller 6*	
	Apfelwein (Hartmann, Frankfurt a. M.)			*150 l*		*Strassenkeller 130*	
1. 10.	*1909 er Bodenheim, Spiegelberg, weiss*	*75 Ar*	*2 500 l*		*100 kg*	*Hofkeller 9*	*gezuckert*
„	*Zuckerwasser*				*in 300 l*	*„ 9*	
5. 10.	*„ Bodenheim, Hölle, weiss*	*68 Ar*	*2 000 l*		*75 kg*	*„ (8) 10*	*ungezuckert*
„	*Zuckerwasser*				*in 400 l*	*„ (8) 10*	
„	*„ Bodenheim, Hochberg, weiss Trauben*	*15 Ar*	*600 kg*				
10. 10.	*Apfelwein (Hartmann, Frankfurt a. M. 3. 10. 09)*			*500 l*			
15. 10.	*1909 er Bodenheim, Kreuzweg, weiss*	*16 Ar*	*800 l*			*Strassenkeller 15*	*ungezuckert nachträglich gezuckert*
	„ Bodenheim, Kieselberg, weiss	*15 Ar*					
18. 10.	*„ Bodenheim, Kapellenweg, weiss*	*79 Ar*	*2 000*			*Strassenkeller 18*	*ungezuckert*
18. 12.	*Weisser Kandiszucker*				*30 kg*	*Strassenkeller 15*	

Anmerkung: Die in *Kursivschrift* gedruckten Eintragungen stellen Beispiele für die handschriftlich vorzunehmende Ausfüllung des Formulars dar.

[Seite 3]

Ausgang

Tag des Ausganges	Herkunft und Sorte (Erntejahr, Gemarkung, Weinbergslage, Farbe)	Art des Ausganges (Name und Wohnort des Abnehmers, eigener Verbrauch u. dergl.) sowie Tag des Geschäftsabschlusses	Menge: Maische Most, Wein (Liter) Trauben (Kilogramm)	Menge: Wein in Flaschen (Zahl)	Menge: Haustrunk und sonstige weinähnliche Getränke (Liter oder Flaschen)	Lagerbezeichnung Faß Nr. oder Wein Nr.	Bemerkungen, insbesondere ob Wein, Most oder Maische gezuckert oder ungezuckert
9	10	11	12	13	14	15	16
1909							
5. 10.	*1908er Bodenheimer Spiegelberg, weiss*	*Verkauf an Richard Meyer, Münster a. Stein (1. 10. 09).*	*500 l*			*Hofkeller 3*	*gezuckert*
6. 10.	*1909er Bodenheimer Hochberg, weiss, Trauben*	*Verkauf an W. Klinger, Bodenheim (25. 9. 09)*	*600 kg*				
10. 10.	*1908er Bodenheimer Verschnitt Hölle-Hochberg, weiss*	*Unentgeltlich abgegeben an Kurt Schmitt, Kreuznach*	*500 l*			*„ 4*	*ungezuckert*
1. 11.	*Haustrunkverbrauch Oktober 1909*	*Eigener Verbrauch*			*etwa 60 l*	*Strassenkeller 6*	
27. 12.	*Abgang durch Hefe*		*50 l*			*Hofkeller 10*	
30. 12	*1908er Bodenheimer Spiegelberg, weiss*	*In Zapf genommen*	*100 l*			*„ 1*	*gezuckert geleert 30. 1. 10.*

Anmerkung. Die in *Kursivschrift* gedruckten Eintragungen stellen Beispiele für die handschriftlich vorzunehmende Ausfüllung des Formulars dar.

Muster B. **Anlage 4.**

[Seite 1]

Kellerbuch.

Gültig für die Kellerräume zu ....

Name des Besitzers ....

Anweisung für die Eintragungen.

1. Bei der Anlage des Buches sind die vorhandenen Bestände unter „Eingang" nach Sorten hintereinander einzutragen, wobei der Inhalt eines jeden Fasses — bei Führung des Buches D jede Weinnummer — und jede Flaschenweinsorte einzeln aufzuführen sind. Die Eintragung der Flaschenweine darf unter der Voraussetzung summarisch erfolgen, daß der Bestand an einzelnen Sorten aus anderen Büchern genau zu ersehen ist.
2. Die Eintragungen sind spätestens 8 Tage nach dem Ein- oder Ausgange zu bewirken, jedoch genügt für den Verbrauch im eigenen Haushalt oder eigenen Ausschanke monatliche Eintragung. Wird Wein vom Fasse verzapft, so genügt es, wenn der Ausgang des ganzen Fasses auf den Tag des Anstichs gebucht und der Tag der Leerung in Spalte 25 angegeben wird.
   Werden Nebenbücher (Expeditionsbücher usw.) ordnungsmäßig geführt, so genügt es, wenn die Eintragungen in dieses Buch unter Hinweis auf die Nebenbücher spätestens bis zum 10. Tage des auf den Geschäftsvorgang folgenden Monats erfolgen.
3. In jedem Jahre ist das Buch einmal abzuschließen. Der Abschluß ist unter Angabe des Tages zu unterschreiben.
4. Mit dem Abschlusse des Buches ist eine Bestandsaufnahme zu verbinden. Die Bestände sind wie bei Anlage des Buches als „Eingang" neu einzutragen.
5. Wird Traubenmaische gleich nach der Einlagerung abgepreßt, so genügt in Spalte 5 die Angabe der gewonnenen Mostmenge.
6. Bei jeder Zuckerung, auch zur Herstellung des Haustrunkes, ist in Spalte 2 einzutragen, ob Zuckerwasser oder welche Art trockenen Zuckers zugesetzt wird. Erfolgt die Zuckerung kurz nach Einlagerung eines Erzeugnisses, so ist sie unmittelbar unter der Eintragung desselben zu buchen und das Erzeugnis in Spalte 8 als „gezuckert" zu bezeichnen; erfolgt die Zuckerung erst später, so ist das Erzeugnis zunächst als „ungezuckert" zu bezeichnen und der Zuckerungsvorgang besonders einzutragen. Unter die ursprüngliche Angabe „ungezuckert" ist alsdann zu setzen „nachträglich gezuckert".
7. In den Spalten 12 und 24 sind je nach Benutzung des Buches C oder D entweder die Nummern der Lagerfässer oder die Weinnummern, unter denen die Erzeugnisse geführt werden, einzutragen.
8. Bei Benutzung des Buches D darf an Stelle der Herkunftsangabe in Spalte 15 die betreffende Weinnummer angegeben werden.

[Zu Seite 1]

9. Jeder Eingang von gleichem Weine in Flaschen ist mit einer Flaschenlagernummer zu versehen, die in Spalte 12 zu verzeichnen ist. Unter dieser Nummer ist der Wein in ein Flaschenlagerbuch einzutragen. Aus diesem Buche müssen*) die Ausgänge der einzelnen Sorten ersichtlich sein.

10 Es ist gestattet, die Ausgänge in Flaschen während eines Monats nicht nach Sorten getrennt, sondern summarisch einzutragen. In diesem Falle muß Spalte 25 einen Hinweis auf das Flaschenlager- oder Flaschenverkaufsbuch enthalten, aus welchem die einzelnen Weinsorten, die abgegebenen Mengen und bei Abgabe in Mengen von mehr als einem Hektoliter im einzelnen Falle auch die Abnehmer zu ersehen sind.

11. Wird Faßwein auf Flaschen gefüllt, so ist der Wein in Ausgang — die Menge in Litern — zu bringen und die Anzahl der Flaschen als neuer Eingang einzutragen.

12. Abgänge an Hefe oder Trub sind als Ausgang zu buchen.

---

*) Anmerkung des Verfassers: Aus der Muß-Vorschrift der Nr. 9 oben ist nicht zu folgern, daß im Flaschenweingeschäft neben dem Kellerbuch unter allen Umständen auch ein Flaschenlager- oder Flaschenverkaufsbuch geführt werden müsse. Wie sich aus Nr. 10 der Anweisung ergibt, ist das Flaschenlagerbuch (Flaschenverkaufsbuch) nur dann obligatorisch, wenn die Flaschenlagernummern (Stavelnummern), die Ausgänge der einzelnen Sorten, die abgegebenen Mengen und, wo nötig, die Namen der Abnehmer nicht schon aus dem Kellerbuch oder aus dem etwa daneben geführten Weinlagerbuch ersichtlich sind.

[Seite 2]

Eingang.

Tag des Einganges	Herkunft und Sorte (Erntejahr, Gemarkung, Weinbergslage, Farbe, Bezugsfirma) sowie Tag des Geschäftsabschlusses	Größe der abgeernteten Weinbergsflächen (Hektar Ar)	Maische (Liter) Trauben (Kilogramm)	Wein, Most in Fässern (Liter)	Wein, Most in Flaschen 1/1 Fl.	Wein, Most in Flaschen 1/2 Fl.	Angabe, ob gezuckert oder ungezuckert	Haustrunk (Liter)	Sonstige weinähnliche Getränke (Liter oder Flaschen)	Zucker (Kilogramm) Zuckerwasser (Liter)	Lagerbezeichnung Faß Nr. oder Wein Nr.	Bemerkungen
1	2	3	4	5	6	7	8	9	10	11	12	13
1909 *2. 10.*	*Nackenheimer Verschnitt versch. Lagen, 1904/1905, weiss (F. Lange, Mainz, 28. 9. 09)*			*5000 l*			*gez.*				*Hauskeller 12*	
3. 10.	*Dienheimer 1908, Verschnitt, versch. Lagen, weiss (C. Simon, Dienheim, 27. 9. 09)*			*1700 l*			*gez.*				*Hauskeller 10*	
"	*Zuckerwasser*									*300 l*	*Hauskeller 10*	
31. 10.	*Niersteiner 1909, eigenes Gewächs, Verschnitt versch. Lagen, weiss*	*62 Ar*		*1600 l*			*gez.*				*Postkeller 18*	
"	*Zuckerwasser*									*200 l*	*Postkeller 18*	
30. 11.	*Flaschenfüllung, Nackenheimer, Verschnitt versch. Lagen, 1904/1905, weiss (F. Lange, Mainz)*				*546*		*gez.*				*Hofkeller 115*	
5. 12.	*Apfelwein (S. Herz, Frankfurt a. M., 20. 11. 09)*								*1000 l*		*Hofkeller 29*	

Anmerkung. Die in *Kursivschrift* gedruckten Eintragungen stellen Beispiele für die handschriftlich vorzunehmende Ausfüllung des Formulars dar.

[Seite 3]

Ausgang.

Tag des Ausganges	Herkunft und Sorte (Erntejahr, Gemarkung, Weinbergslage, Farbe)	Art des Ausganges (Name und Wohnort des Abnehmers, eigener Verbrauch, Flaschenfüllung u. dergl.) sowie Tag des Geschäftsabschlusses	Maische (Liter) Trauben (Kilogramm)	Wein, Most in Fässern (Liter)	Wein, Most in Flaschen 1/1 Fl.	Wein, Most in Flaschen 1/2 Fl.	Angabe, ob gezuckert oder ungezuckert	Haustrunk (Liter)	Sonstige weinähnliche Getränke (Liter oder Flaschen)	Lagerbezeichnung Faß Nr. oder Wein Nr.	Bemerkungen
14	15	16	17	18	19	20	21	22	23	24	25
1909											
30. 11.	*Nackenheimer, Verschnitt versch Lagen, 1904/1905, weiss (F. Lange, Mainz)*	*Auf Flaschen gefüllt*		*410 l*			*gez.*			*Haus-keller 12*	*Flaschenlager Nr. 115*
2. 12.	*Oppenheimer 1907, Verschnitt versch. Lagen, weiss*	*Versand an H. Werner, Mainz (15. 11. 09)*		*1 000 l*			*gez.*			*Haus-keller 15*	
15. 12.	*Dienheimer, Kapellenberg 1907, weiss*	*desgl. an Julius Krause, Berlin (1. 12. 09)*		*8 500 l*	*500*		*ungez.*			*Haus-keller 2*	*Flaschenlager Nr. 109*
,	*Walporzheimer, Kreuzweg 1906, rot*	*desgl.*				*180*	*ungez.*			*Hauskeller Flaschen-lager 16*	

Anmerkung. Die in *Kursivschrift* gedruckten Eintragungen stellen Beispiele für die handschriftlich vorzunehmende Ausfüllung des Formulars dar.

Muster C. **Anlage 5.**

[Seite 1]

Faßlagerbuch.

Gültig für die Kellerräume zu ....

Name des Besitzers ....

Anweisung für die Eintragungen.

1. Bei der Anlage des Buches ist der Inhalt eines jeden Fasses genau zu bezeichnen und einzutragen (Spalten 1 bis 6).
2. Alle Eintragungen sind spätestens 8 Tage nach dem Ein- oder Ausgange vorzunehmen.
3. Bei ausgedehnten Kellereien ist gestattet, für jede Kellerabteilung ein besonderes Buch anzulegen.
4. Haustrunk, weinähnliche Getränke oder sonstige Flüssigkeiten sind im Faßlagerbuche nicht nachzuweisen.
5. Ist ein Faß völlig geleert worden, so ist ein Strich unter Ein- und Ausgang zu ziehen. Die Eintragungen der neuen Füllung können bei hinreichendem Platze unterhalb des Trennungsstrichs vorgenommen werden, andernfalls ist eine neue Seite zu verwenden.
6. Entstammt der eingefüllte Wein einem anderen Fasse, so ist in Spalte 2 neben den dort vorgesehenen Eintragungen zu vermerken „aus Faß Nr. . . . .".
7. In Spalte 11 können Hinweise auf die Eintragungen im Kellerbuche (Muster A oder B) vermerkt werden.

[Seite 2]

Lager-Abteilung Nr. *3.*

Lagerfaß Nr. *510.*

Raumgehalt *7000* Liter.

Eingang

Tag des Eingangs	Herkunft (Gemarkung, Weinbergslage, Traubensorte, Bezugsfirma)	Jahrgang	Farbe des Weines (weiß, rot oder Schiller)	Angabe, ob gezuckert oder nicht gezuckert	Menge in Litern	Zuckerzusatz (trocken oder in Wasser gelöst) Kilogramm in Litern
1	2	3	4	5	6	7
3. 10. 09	*Niersteiner Kehrweg (v. F. Friedrich, Nierstein)*	*1908*	*weiss*	*gez.*	*1900*	
10 10.09	*Oppenheimer Falkenberg (desgl)*	*„*	*desgl.*	*ungez.*	*5100*	
15.11.09	*Oppenheimer Verschnitt Hölle und Hinterweg (W. Steeg, Oppenheim) Aus Fass Nr. 508*	*1909*	*weiss*	*ungez.*	*5800*	
16.11.09	*Zuckerwasser*					*240 kg in 1000 l*

[Seite 3]

Ausgang

Tag des Ausganges	Menge in Litern	Angaben über Versand, Ab- und Umfüllung, Verschnitt, Kellerbehandlung und dergl.	Bemerkungen
8	9	10	11
1. 11. 09	*1000*	*in Versandfässer gefüllt, an R. Hansch, Bingen*	*Vergl. Buch B Fol. 113*
4. 11. 09	*800*	*auf Flaschen gefüllt (600 Flaschen, Lager Nr. 66)*	*Vergl. Buch B Fol. 114*
6. 11. 09	*5000*	*auf Versandfässer gefüllt, an M. Nacken, Mainz*	*Vergl. Buch B Fol. 116*
„	*50*	*umgefüllt in Lagerfass 61 (zum Auffüllen)*	
„	*150*	*Verlust durch Trub, Schwund usw.*	
11. 2. 10	*6000*	*abgestochen in Lagerfass 14*	
„	*400*	*abgestochen in Lagerfass 31*	
„	*300*	*Verlust durch Hefe, Schwund usw.*	*Hefe in Fass 91 gefüllt*

Anmerkung. Die in *Kursivschrift* gedruckten Eintragungen stellen Beispiele für die handschriftlich vorzunehmende Ausfüllung des Formulars dar.

Muster D. **Anlage 6.**

[Seite 1]

Weinlagerbuch.

(Für Bezeichnung der Weine nach Wein-Nummern.)

Gültig für die Kellerräume zu

Name des Besitzers ....

Anweisung für die Eintragungen.

1. Bei der Anlage des Buches sind die Weinbestände nach Nummern einzutragen.
2. Alle Eintragungen sind spätestens 8 Tage nach dem Ein- oder Ausgange vorzunehmen. Werden Nebenbücher (Expeditionsbücher usw.) ordnungsmäßig geführt, so genügt es, wenn die Eintragungen in dieses Buch unter Hinweis auf die Nebenbücher je für einen Monat summarisch, spätestens bis zum 10. Tage des folgenden Monats erfolgen.
3. Bei ausgedehnten Kellereien ist gestattet, für jede besondere Kellerabteilung ein besonderes Buch anzulegen.
4. Unter einer Wein-Nummer darf nur der gleiche Wein eingetragen werden, wobei es gleichgültig ist, ob er in einem oder mehreren Gebinden lagert oder ganz oder teilweise auf Flaschen gefüllt ist.
5. Die Gesamtmenge des in mehreren Fässern eingehenden Weines ist in Spalte 6 zu buchen, die Anzahl der einzelnen Fässer in Spalte 7.
6. Werden unter verschiedenen Nummern geführte Weine ihrer ganzen Menge nach oder nur teilweise miteinander verschnitten, so ist der Verschnitt unter einer neuen Nummer zu führen, die einen Hinweis auf die alten Nummern enthalten muß.
7. Bei Flaschenfüllungen ist der Wein — die Menge in Litern — in Ausgang zu bringen und die Flaschenzahl unter Eingang neu einzutragen.
8. In Spalte 10 und 16 können Hinweise auf die Eintragungen im Kellerbuche (Muster A oder B) vermerkt werden.
9. In jedem Jahre ist das Buch einmal abzuschließen. Die vorhandenen Bestände sind unter Eingang vorzutragen.

[Seite 2]

Wein-Nummer *131.*

Bordeaux-Pomerol

Eingang

Tag des Einganges	Herkunft (Gemarkung, Weinbergslage, Traubensorte, Bezugsfirma)	Jahrgang	Farbe des Weines (weiß, rot oder Schiller)	Angabe, ob gezuckert oder nicht gezuckert	Gesamtmenge in Litern oder Gebindeeinheiten	Anzahl der Gebinde	Flaschenzahl 1/1 Fl.	Flaschenzahl 1/2 Fl.	Bemerkungen
1	2	3	4	5	6	7	8	9	10
18. 3. 09	*Bordeaux Pomerol v. Fred. Beauvite, Bordeaux (100 Oxhoft)*	*1905*	*rot*	*ungez.*	*22 500 l*	*100 Oxhoft*			*Lagerkeller B*
30. 5. 09	*desgl. Flaschenfüllung*	*1905*	*rot*	*ungez.*			*1170*	*573*	*Flaschenkeller 3 Abt. 13*

[Seite 3]

Ausgang

Tag des Ausganges	Menge in Litern oder Gebindeeinheiten	Menge in Flaschen 1/1 Fl.	Menge in Flaschen 1/2 Fl.	Angaben über Versand, Ab- und Umfüllung, Verschnitt, Kellerbehandlung und dergl.	Bemerkungen
11	12	13	14	15	16
10. 4. 09	*150 l*			*durch Auffüllung verbraucht*	
30. 5. 09	*1 125 l*			*auf Flaschen gefüllt*	
10. 6. 09	*900 l*			*versandt an E. Schmitz, Posen*	
13. 6. 00		*300*		*versandt an R. Körner, Potsdam*	*vergl. Flaschenversandbuch Fol 116*

Anmerkung. Die in *Kursivschrift* gedruckten Eintragungen stellen Beispiele für die handschriftlich vorzunehmende Ausfüllung des Formulars dar.

Muster E. **Anlage 7.**

[Seite 1]

Buch für Geschäftsvermittler.

Name des Geschäftsinhabers

Anweisung für die Eintragungen.

1. In das Buch sind nur vermittelte Geschäfte einzutragen.
2. Bei der Anlage des Buches sind die angekauften, aber noch nicht abgelieferten Erzeugnisse in den Spalten 1 bis 9 einzeln einzutragen.
3. Alle Eintragungen haben spätestens 8 Tage nach jedem Geschäftsvorgange zu erfolgen.
4. Jeder Weinankauf ist mit einer besonderen Ankaufnummer zu bezeichnen, die in Spalte 2 und bei Ablieferung der Ware in Spalte 11 einzutragen ist.
5. In jedem Jahre ist das Buch einmal abzuschließen. Die angekauften, aber noch nicht abgelieferten Erzeugnisse sind für das folgende Betriebsjahr in den Spalten 1 bis 9 gesondert mit den früheren Ankaufnummern vorzutragen. Der Abschluß ist unter Angabe des Tages zu unterschreiben.

[Seite 2]

Ankauf

Tag des Ankaufs	Ankauf Nr.	Bezeichnung der Ware (Herkunft, Gemarkung, Lage, Jahrgang, Farbe des Weines u. dergl.)	Menge der Trauben, Maische, des Mostes oder Weines: Ungezuckert Liter	Ungezuckert Flaschen	Gezuckert Liter	Gezuckert Flaschen	Name und Wohnort des Verkäufers	Name und Wohnort des Käufers
1	2	3	4	5	6	7	8	9
1909								
1. 12.	*16*	*1908er Oppenheimer, versch. Lagen, weiss*	*3 600*				*J. Kirchner Oppenheim*	*R. Kupfer, Mainz*
5. 12.	*17*	*1908er Niersteiner, versch. Lagen, weiss*			*50 000*		*K. Gaul, Nierstein*	*F. Schwalb, Cochem*

[Seite 3]

Ablieferung

Tag der Ablieferung	Ankauf Nr.	Name und Wohnort des Empfängers	Menge der Trauben, Maische, des Mostes oder Weines: Ungezuckert Liter	Ungezuckert Flaschen	Gezuckert Liter	Gezuckert Flaschen	Bemerkungen
10	11	12	13	14	15	16	17
1919							
15 12.	*16*	*R. Kupfer, Mainz*	*3 580*				
18. 2.	*17*	*F. Kahn, Leipzig im Namen des Käufers*			*19 450*		
21. 12.	*17*	*F. Schwab, Cochem*			*30 215*		

Anmerkung. Die in *Kursivschrift* gedruckten Eintragungen stellen Beispiele für die handschriftlich vorzunehmende Ausfüllung des Formulars dar.

Muster F. **Anlage 8.**

[Seite 1]

Weinbuch

für Schankwirte, Lebensmittelhändler, Krämer und sonstige Kleinverkäufer von Wein.

Gültig für die Keller- und Geschäftsräume zu ....

Name des Geschäftsinhabers ....

Anweisung für die Eintragungen.

1. Bei der Anlage des Buches sind die vorhandenen Mengen in den Spalten 2 bis 7, nach Sorten gesondert, einzutragen
2. Bei Abgabe von Wein in Flaschen darf die Gesamtzahl der während eines Monats abgegebenen Flaschen, nach Weinsorten gesondert, summarisch eingetragen werden. Der Eintrag hat spätestens bis zum 10. Tage des folgenden Monats zu erfolgen
3. Wird Wein vom Fasse verzapft, so ist der Ausgang des ganzen Fasses auf den Tag des Anstichs zu buchen und der Tag der Leerung in Spalte 15 anzugeben.
4. Alle übrigen Eintragungen sind spätestens 8 Tage nach dem Ein- oder Ausgange zu bewirken.
5. Wird Faßwein auf Flaschen gefüllt, so ist die Flaschenfüllung in Spalte 11, die Literzahl in Spalte 12 zu vermerken; die Zahl der Flaschen ist unter „Eingang" zu buchen.
6. Das Buch ist in jedem Jahre einmal abzuschließen. Die vorhandenen Vorräte sind unter „Eingang", nach Weinsorten gesondert, neu einzutragen.

[Seite 2]

Eingang

Tag des Einganges	Bezeichnung der Getränke	Bezugsfirma sowie Tag des Geschäftsabschlusses	Gezuckert oder nicht gezuckert	Menge			Bemerkungen
				Liter	Flaschen		
					1/1	1/2	
1	2	3	4	5	6	7	8
1909							
9. 11.	*Trabener*	*H. Wagner, Coblenz (1. 11. 09)*	*gez.*		*25*	*25*	
"	*Zeltinger*		*"*		*25*		
"	*Brauneberger*		*"*		*25*		
"	*Ober-Emmeler*		*"*		*25*		
"	*Caseler*		*"*		*25*		
"	*Ohligsberger*		*"*		*25*		
"	*Niersteiner*		*"*				
1. 12.	*Rüdesheimer*	*W. Schilling, Mainz (15. 11. 09)*	*"*	*250*			
20. 12.	*"*	*Auf Flaschen gefüllt*	*"*		*330*		
21. 12.	*Johannisbeerwein*	*S. Schröder-Erfurt (11. 12. 09)*	*"*				
22. 12.	*Rheinpfälzer*	*K. Stark, Neustadt a. H. (13. 12. 09)*	*"*	*50*			

[Seite 3]

Ausgang

Tag des Ausganges	Bezeichnung der Getränke	Art des Ausganges (ob verkauft, im Ausschank oder in eigenen Haushalte verbraucht, auf Flaschen gefüllt usw.)	Menge			Bemerkungen
			Liter	Flaschen		
				1/1	1/2	
9	10	11	12	13	14	15
1909						
1. 12.	*Trabener* (*von H. Wagner, Coblenz*)	*Verkauft im Laden (Monat November 09)*			*12*	
	Brauneberger (*von H. Wagner, Coblenz*)			*13*		
	Niersteiner (*von H. Wagner, Coblenz*)			*16*		
20. 12.	*Rüdesheimer (W. Schilling, Mainz)*	*Auf Flaschen gefüllt*	*250*			
25. 12.	*Rheinpfälzer (K. Stark, Neustadt a. H.)*	*In Zapf genommen*	*50*			*Geleert 6. 1. 10*

Anmerkung. Die in *Kursivschrift* gedruckten Eintragungen stellen Beispiele für die handschriftlich vorzunehmende Ausfüllung des Formulars dar.

Muster G. **Anlage 9.**

[Seite 1]

Kontrollbuch

für die Verwendung von Zucker und anderen Stoffen bei der Zubereitung und weiteren Behandlung von Wein und Haustrunk.

Name des Geschäftsinhabers ....

Anweisung für die Eintragungen.

1. Bei der Anlage des Buches sind die vorhandenen Bestände unter „Eingang" — jeder Stoff auf einer besonderen Seite — einzutragen.
2. Alle Eintragungen sind spätestens 3 Tage nach dem Tage des Einganges oder Verbrauchs zu bewirken.
3. Die Menge der Stoffe ist in handelsüblicher Weise nach Stückzahl, Maß oder Gewicht einzutragen, die Menge des Zuckers in Kilogramm.
4. In Spalte 6 ist die Verwendung von Zucker und derjenigen Stoffe einzutragen, die zur Bereitung von Haustrunk (§ 11 Abs. 1 des Gesetzes) gedient haben. Es sind — für jeden Tag besonders — Verwendungsart und verwendete Menge genau anzugeben. Für andere Stoffe bedarf es einer solchen Eintragung nicht. In den Spalten 4 bis 6 sind auch diejenigen Mengen — unter Angabe des Empfängers — abzuschreiben, die an andere abgegeben werden.
5. Am 31. Dezember eines jeden Jahres ist das Buch abzuschließen. Die vorhandenen Vorräte sind unter „Eingang" neu einzutragen. Bei hinreichendem Platze können die neuen Eintragungen für den gleichen Stoff auf der gleichen Buchseite unterhalb eines Trennungsstrichs vorgenommen werden, andernfalls ist eine neue Seite zu wählen.

[Seite 2]

1909/10.

Bezeichnung der Zuckerart: *Weisser Kandiszucker.*
Bezeichnung des zur Kellerbehandlnng des Weines oder zur Herstellung von Haustrunk bestimmten Stoffes (außer Zucker):

Eingang			Abschreibung der verbrauchten Menge		
Tag des Ein-ganges	Menge	Name und Wohnort de› Verkäufers sowie Tag des Geschäftsabschlusses	Tag des Ver-brauchs	Menge	Art der Verwendung
1	2	3	4	5	6
1. 9. 09	*880 kg*	*Bestand*	*2.10.09*	*260 kg*	*Zur Zuckerung von Most*
10. 9. 09	*2 000 kg*	*Kahn & Co., Mainz(1.9.09)*	*5.10.09*	*250 kg*	*desgl*
			8.10.09	*90 kg*	*Zur Haustrunkbereitung*
			5.11 09	*500 kg*	*Verkauft an W. Marx, Mühlheim*
			3.12.09	*300 kg*	*Zur Zuckerung von Wein*
			1312.09	*400 kg*	*desgl.*

1910/11.

1. 9. 10	*1800 kg*	*Bestand*			

[Seite 3]

1909/10.

Bezeichnung der Zuckerart:
Bezeichnung des zur Kellerbehandlung des Weines oder zur Herstellung von Haustrunk bestimmten Stoffes (außer Zucker): *Weingelatine*

Eingang			Abschreibung der verbrauchten Menge		
Tag des Ein-ganges	Menge	Name und Wohnort des Verkäufers sowie Tag des Geschäftsabschlusses	Tag des Ver-brauchs	Menge	Art der Verwendung
1	2	3	4	5	6
1. 9. 09	*10 kg*	*Bestand*			
1. 10. 09	*20 kg*	*G. Hennig, Neustadt (20. 9. 09)*			

1910/11.

1. 9. 10	*5 kg*	*Bestand*			

Anmerkung. Die in *Kursivschrift* gedruckten Eintragungen stellen Beispiele für die handschriftlich vorzunehmende Ausfüllung des Formulars dar.

b) Bekanntmachung des Reichskanzlers vom 1. August 1910, betr. die Bezeichnung der Weinbaugebiete des Deutschen Reiches, innerhalb deren allein gem. § 3 des WeinG. Traubenmaische, Traubenmost oder Wein gezuckert werden darf.

(Zentralbl. f. d. Deutsche Reich S. 442.)

Nach den auf Grund des § 25 Abs. 4 des Weingesetzes vom 7. April 1909 (RGBl. S. 393) von den zuständigen Landeszentralbehörden getroffenen Anordnungen gehören zu den am Weinbau beteiligten Gebieten des Reichs, innerhalb deren allein gemäß § 3 des Gesetzes Traubenmaische, Traubenmost oder Wein gezuckert werden darf,

in Preußen:

1. das südwestliche Weinbaugebiet, umfassend
   a) die Kreise Gelnhausen und Hanau des Regierungsbezirkes Frankfurt,
   b) die Kreise Stadt und Land, St. Goarshausen, Höchst, Cassel, Limburg, Oberlahnkreis, Obertaunus, Rheingau, Unterlahnkreis und Wiesbaden Stadt und Land des Regierungsbezirkes Wiesbaden,
   c) die Kreise Adenau, Ahrweiler, St. Goar, Coblenz, Stadt und Land, Kochem, Kreuznach, Mayen, Meisenheim, Neuwied, Simmern und Zell des Regierungsbezirks Coblenz,
   d) die Kreise Bonn Stadt und Land, Rheinbach und Siegkreis des Regierungsbezirks Cöln,
   e) die Kreise Bernkastel, Bitburg, Merzig, Saarbrücken, Saarburg, Saarlouis, Trier, Stadt und Land, St. Wendel und Wittlich des Regierungsbezirkes Trier,
   f) den Kreis Düren des Regierungsbezirks Aachen.
2. das mittlere (sächsisch-thüringische) Weinbaugebiet, umfassend die Kreise:
   a) Erfurt Stadt und Land, Langensalza und Weißensee des Regierungsbezirks Erfurt und
   b) Eckartsberga, Naumburg, Querfurt, Schweinitz und Weißenfels Stadt und Land des Regierungsbezirks Merseburg.
3. das östliche Weinbaugebiet, umfassend die Kreise:
   a) Bomst des Regierungsbezirks Posen,
   b) Freystadt, Grünberg und Sagan des Regierungsbezirks Liegnitz,
   c) Kalau, Krossen und Züllichau-Schwiebus des Regierungsbezirks Frankfurt;

in Bayern:

1. der ganze Regierungsbezirk der Pfalz,
2. von dem Regierungsbezirk Unterfranken
   die Bezirke der Bezirksämter Gerolzhofen, Hammelburg, Karlstadt, Kitzingen, Ochsenfurt, Schweinfurt, Würzburg, Alzenau, Lohr, Aschaffenburg, Ebern, Haßfurt, Hofheim, Kissingen, Neustadt a. S., Gemünden, Marktheidenfeld, Miltenberg und Obernburg,

die Bezirke der kreisunmittelbaren Städte Aschaffenburg, Kissingen, Kitzingen, Schweinfurt und Würzburg,

3. von dem Regierungsbezirke Mittelfranken
die Bezirke der Bezirksämter Neustadt a. A., Rothenburg o. T., Scheinfeld und Uffenheim,
der Bezirk der kreisunmittelbaren Stadt Rothenburg o. T.,

4. von dem Regierungsbezirk Oberfranken
die Bezirke der Bezirksämter Bamberg I und II, Forchheim und Staffelstein,
die Bezirke der kreisunmittelbaren Städte Bamberg u. Forchheim, Forchheim,

5. von dem Regierungsbezirke der Oberpfalz
die Bezirke der Bezirksämter Regensburg und Stadtamhof,

6. von dem Regierungsbezirke Schwaben
der Bezirk des Bezirksamts Lindau i. B. und der Bezirk der unmittelbaren Stadt Lindau i. B.;

im Königreich Sachsen:
die weinbautreibenden Ortschaften in den amtshauptmannschaftlichen Bezirken Meissen, Großenhain, Oschatz, Grimma, Dresden-Altstadt, Dresden-Neustadt und Pirna sowie der Stadtbezirk Dresden;

in Württemberg:
das ganze Gebiet des Königreichs;

in Baden:
das ganze Gebiet des Großherzogtums;

in Hessen:
die Provinzen Starkenburg und Rheinhessen sowie die zur Provinz Oberhessen gehörigen Kreise Büdingen und Friedberg,

im Großherzogtum Sachsen:
der Amtsgerichtsbezirk Jena und die Gemeindebezirke Bad Sulza, Stiebritz, Hopfgarten, Niederzimmern, Utzberg, Vogelsberg und Großbrembach;

in Sachsen-Meiningen:
das Weinbaugebiet bei Camburg, umfassend die Fluren der Gemeinden Camburg, Wichmar, Eckolstädt und Kaatschen;

in Sachsen-Coburg und Gotha:[1])
der Amtsgerichtsbezirk Königsberg in Franken;

in Elsaß-Lothringen:[2])
das ganze Gebiet der Reichslande.

Danach bilden die südwestlichen Teile des Reichs ein geschlossenes Weinbaugebiet, welches im Westen und Süden die Reichsgrenze erreicht, im Osten und Norden durch eine Linie begrenzt wird, die am Bodensee beginnend das bayerische Bezirksamt Lindau einschließt, sodann der Ostgrenze des Königreichs Württemberg folgt und weiterhin die baye-

---

[1]) Coburg ist durch Staatsvertrag vom 14. Februar 1920 (GVBl. 335) mit Bayern vereinigt.

[2]) Elsaß-Lothringen ist durch den Versailler Frieden Art. 51 (RGBl. 1919 S. 803) französisch, also Ausland geworden.

rischen Bezirksämter Rothenburg o. T., Uffenheim, Neustadt a. A., Scheinfeld, Bamberg II, Forchheim, Bamberg I, Staffelstein, Ebern, Hofheim, Kissingen, Neustadt a. S., Hammelburg, Gemünden, den preußischen Kreis Gelnhausen, die hessischen Kreise Büdingen und Friedberg und die preußischen Kreise Obertaunus, Untertaunus, Limburg, Oberlahnkreis, Unterlahnkreis, St. Goarshausen, Landkreis Coblenz, Neuwied, Siegkreis, Bonn, Rheinbach, Adenau, Kochem, Wittlich und Bitburg einschließt.

Ausgenommen ist jedoch der innerhalb dieses Gebietes gelegene preußische Kreis Ottweiler und das oldenburgische Fürstentum Birkenfeld.

Berlin, den 1. August 1919.

Der Reichskanzler.

Im Auftrage: v. Jonquières.

---

2. Ausführungsbestimmungen der Bundesstaaten (Länder).

Baden.

Verordnung vom 7. August 1909, den Vollzug des Weingesetzes betr.

(GVBl. 1909 S. 395.)

Zum Vollzuge des Weingesetzes vom 7. April 1909 (Reichsgesetzblatt S. 393) und im Anschluß an die Ausführungsbestimmungen des Bundesrats (Bekanntmachung des Reichskanzlers vom 9. Juli 1909, betreffend Bestimmungen zur Ausführung des Weingesetzes, Reichsgesetzblatt Seite 549) wird, soweit erforderlich, auf Grund Allerhöchster Ermächtigung aus Großherzoglichem Staatsministerium, verordnet, was folgt:

§ 1.

Die in § 3 Absatz 4 und in § 11 Absatz 3 des Gesetzes vorgeschriebene Anzeige

1. der Absicht, Traubenmaische, Most oder Wein zu zuckern,
2. der Herstellung von Haustrunk

ist an das Bürgermeisteramt zu erstatten.

§ 2.

Die Bezirksämter sind zuständig:

1. die Herstellung von Haustrunk zu beschränken oder unter besondere Aufsicht zu stellen (§ 11 Absatz 3 zweiter Halbsatz des Gesetzes),
2. bei Auflösung des Haushalts oder Aufgabe des Betriebs die Veräußerung des etwa vorhandenen Vorrats von Haustrunk zu gestatten (§ 11 Absatz 4 Satz 2 des Gesetzes),
3. die Verwahrung anderer Stoffe als Wein oder Traubenmost in

den in § 20 Absatz 1 des Gesetzes bezeichneten Räumen zu untersagen (§ 20 Absatz 3 des Gesetzes),

4. die Entscheidung darüber zu treffen, ob die an Stelle der aufgestellten Musterbücher geführten Bücher eine genügende Übersicht gewähren (letzter Absatz der Ausführungsbestimmungen des Bundesrats zu § 19 des Gesetzes).

§ 3.

Die Genehmigung zur Anstellung von Versuchen nach § 4 Absatz 2 des Gesetzes und zur Verwendung von Getränken gemäß § 15 des Gesetzes erteilt das Ministerium des Innern.

§ 4.

Landeszentralbehörde im Sinne von § 25 Absatz 3 und 4 des Gesetzes ist das Ministerium des Innern.

Karlsruhe, den 7. August 1909.

Großherzogliches Ministerium des Innern.

J. A.:

Weingärtner.

Eberlein.

Erlaß des Ministeriums des Innern an die Bezirksämter, betr. den Vollzug des Weingesetzes.

Vom 7. August 1909.

(S. Veröffentl. d. Kais. Ges.-Amts 1910 S. 77.)

Bekanntmachung vom 16. September 1909, das Weingesetz betr.

(GVBl. 1909 S. 451).

Im Einvernehmen mit dem Reichskanzler wird auf Grund des § 25 Absatz 3 des Weingesetzes vom 7. April 1909 (Reichsgesetzblatt S. 393) und gemäß § 4 unserer Verordnung vom 7. August 1909, den Vollzug des Weingesetzes betreffend (Gesetzes- und Verordnungsblatt S. 395), das Großherzogtum Baden als ein einheitliches Weinbaugebiet erklärt.

Karlsruhe, den 16. September 1909.

Großherzogliches Ministerium des Innern.

von Bodman.

Walli.

MinVO. betr. die Herstellung von Haustrunk. Vom 16. Nov. 1910. GVBl. 1910 S. 705. (Verwendung von Zitronensäure auch bei Verarbeitung von Rückständen der Weinbereitung und für Betriebe, aus denen Wein gewerbsmäßig in den Verkehr gebracht wird, zugelassen).

Veröff. d. Kais. GesAmts 1911 S. 542.

Bayern.

Königliche Verordnung vom 17. Juli 1909, den Vollzug des Weingesetzes betreffend.[1])

(GVBl. 1909 S. 435).

Luitpold, von Gottes Gnaden
Königlicher Prinz von Bayern, Regent.

Wir finden Uns bewogen, auf Grund des § 25 Abs. 1 des Weingesetzes vom 7. April 1909 zum Vollzuge dieses Gesetzes zu verordnen, was folgt:

§ 1.

Die Behörde, der nach § 3 Abs. 4 des Gesetzes die Absicht, Traubenmaische, Most oder Wein zu zuckern, und nach § 11 Abs. 3 des Gesetzes die Herstellung von Haustrunk anzuzeigen sind, ist die Ortspolizeibehörde, in München der Stadtmagistrat.

§ 2.

Die Distriktspolizeibehörde, in München der Stadtmagistrat, ist zuständig,

nach § 11 Abs. 3 zweiter Halbsatz des Gesetzes die Herstellung von Haustrunk zu beschränken oder unter besondere Aufsicht zu stellen,

nach § 11 Abs. 4 zweiter Satz des Gesetzes bei Auflösung des Haushaltes oder bei Aufgabe des Betriebes die Veräußerung des etwa vorhandenen Vorrats von Haustrunk zu gestatten und

nach § 20 Abs. 3 des Gesetzes die Verwahrung anderer Stoffe als Wein oder Traubenmost in den in § 20 Abs. 1 bezeichneten Räumen zu untersagen.

§ 3.

Die Regierung, Kammer des Innern, ist zuständig, die Anstellung von Versuchen nach § 4 Abs. 2 des Gesetzes und die Verwendung von Getränken nach § 15 Satz 2 des Gesetzes zu genehmigen.

§ 4.

Landeszentralbehörde im Sinne des § 25 Abs. 3 und § 4 des Gesetzes ist das K. Staatsministerium des Innern.

Hohenschwangau, den 17. Juli 1909.

Luitpold,
Prinz von Bayern, des Königreichs Bayern Verweser.

v. Brettreich.

Auf Allerhöchsten Befehl:
Der General-Sekretär: Ministerialrat v. Schreiber.

---

[1]) Durch Bek. v. 11. April 1921 (Bayer. Staatszeitung Nr. 86, 2. Bl.) in den vormals koburgischen Landesteilen vom 1. April 1921 ab eingeführt.

Bek. vom 19. Juli 1909, den Vollzug des Weingesetzes betreffend.[1])

(GVBl. 1909 S. 436).

K. Staatsministerium des Innern.

Auf Grund des § 25 Abs. 3 des Weingesetzes vom 7. April 1909, der Ausführungsvorschriften des Bundesrates zu § 19 des Gesetzes und des § 4 der K. Verordnung vom 17. Juli 1909 über den Vollzug des Weingesetzes wird folgendes bestimmt:

1.

Die Distriktspolizeibehörden, in München der Stadtmagistrat, haben nach dem letzten Absatze der Ausführungsvorschriften des Bundesrates zu § 19 des Weingesetzes auf Anrufen des Betriebsinhabers oder der nach § 21 Abs. 2 des Gesetzes zur Kontrolle bestellten Sachverständigen darüber endgültig zu entscheiden, ob die in einem Betriebe anstatt der vom Bundesrate aufgestellten Musterbücher geführten Bücher eine genügende Übersicht gewähren.

2.

Die Anzeige der Herstellung von Haustrunk gemäß § 11 Abs. 3 des Gesetzes ist nach Maßgabe des beigefügten Musters schriftlich zu erstatten; die Ortspolizeibehörde kann die Eintragung in Listen gestatten, die dem Muster nachgebildet und an geeigneten Stellen aufzulegen sind.

Die Anzeige soll spätestens eine Woche vor Beginn der Herstellung des Haustrunkes erstattet werden.

München, den 19. Juli 1909.

v. Brettreich.

Anlage zu Ziffer 2 der Ministerialbekanntmachung zu § 11 Abs. 3 des Reichsweingesetzes.

Anzeige der Herstellung von Haustrunk.

1.	2.		3.	4.					5.		6.
Tag der Anzeigeerstattung	des Anzeigepflichtigen		Es sollen hergestellt werden Liter (oder sonst übliche Maßangabe)	Hiebei sollen verarbeitet werden — Bezeichnung und Menge der einzelnen Stoffe —					Die Herstellung soll erfolgen		Der hergestellte Haustrunk wird gelagert Ort, Straße Hausnummer Raum
	Zu- u. Vorname, Beruf	Wohnort, Wohnung							Wann?	Wo? (Ort, Straße, Hausnummer)	
				kg	kg	kg	kg	kg			

Unterschrift des Anzeigenden.

[1]) Durch Bek. v. 11. April 1921 (Bayer. Staatszeitung Nr. 86, 2. Bl.) in den vormals koburgischen Landesteilen vom 1. April 1921 ab eingeführt.

Bek. vom 19. Juli 1909, den Vollzug des Weingesetzes, hier die Hilfsbeamten der Staatsanwaltschaft betreffend.[1])

(GVBl. 1909 S. 438).

K. Staatsministerium des Innern.

Auf Grund des § 2 der K. Verordnung vom 31. August 1879, die Hilfsbeamten der Staatsanwaltschaft betreffend (GVBl. S. 1057), werden für den Vollzug des Weingesetzes vom 7. April 1909 (RGBl. S. 393) die sachverständigen Beamten der öffentlichen Untersuchungsanstalten für Nahrungs- und Genußmittel im Einverständnis mit dem K. Staatsministerium der Justiz als Hilfsbeamte der Staatsanwaltschaft bezeichnet.

München, den 19. Juli 1909.

v. Brettreich.

Entschl. des Staatsministerums des Innern, betr. den Vollzug des Weingesetzes.

Vom 19. Juli 1909.

(Amtsblatt d. Staatsmin. d. K. Hauses u. d. Äußern u d. Innern S. 605).

K. Staatsministerium des Innern.

An die K. Regierungen, Kammern des Innern, die Distriktsverwaltungs- und die Gemeindebehörden.

Vollzug des Weingesetzes betr.

Am 1. September l. Js. tritt das Reichsweingesetz vom 7. April 1909 (RGBl S. 393) in Kraft.

Mit diesem Zeitpunkte tritt das Gesetz, betreffend den Verkehr mit Wein, weinhaltigen und weinähnlichen Getränken, vom 24. Mai 1901 (RGBl. S. 175) mit der Maßgabe außer Wirksamkeit, daß der Verkehr mit Getränken, die bei der Verkündung des neuen Gesetzes nachweislich bereits hergestellt waren, nach den bisherigen Bestimmungen zu beurteilen ist.

Zur Ausführung des Gesetzes vom 7. April 1909 hat der Bundesrat unterm 9. Juli l. Js. die in der Nummer 36 S. 549 des Reichsgesetzblattes veröffentlichten Vorschriften erlassen.

Zum Vollzuge des Gesetzes wurden ferner die in der Nummer 34 S. 435 des Gesetz- und Verordnungsblattes veröffentlichte bayerische Verordnung vom 17. l. Mts. und die in der gleichen Nummer S. 436 und 438 veröffentlichten Ministerialbekanntmachungen vom 19. l. Mts.

[1]) Durch Bek. v. 11. April 1921 (Bayer. Staatszeitung Nr. 86, 2. Bl.) in den vormals koburgischen Landesteilen vom 1. April 1921 ab eingeführt.

erlassen, welche die Zuständigkeit der bayerischen Behörden, soweit sich diese Zuständigkeit nicht unmittelbar aus dem Gesetze selbst ergibt, regeln, Anordnungen über die Anzeige der Herstellung von Haustrunk treffen und die sachverständigen Beamten der öffentlichen Untersuchungsanstalten für Nahrungs- und Genußmittel als Hilfsbeamte der Staatsanwaltschaft für den Vollzug des Weingesetzes erklären.

Zur weiteren Durchführung des Gesetzes wird folgendes bemerkt und auf Grund des § 4 der Zuständigkeitsverordnung angeordnet:

1. Bei dem lebhaften Interesse, mit dem die Kreise des Weinbaues und Weinhandels die gesetzgeberischen Arbeiten verfolgt haben, darf angenommen werden, daß ein großer Teil der Beteiligten über die Vorschriften des fertigen Gesetzes bereits ausreichend unterrichtet ist.

Durch wiederholte Bekanntmachung nach Art. 133 und 63 der beiden Gemeindeordnungen sowie durch geeignete Belehrung namentlich durch Vorträge in landwirtschaftlichen und gewerblichen Interessentenversammlungen ist aber weiter dafür zu sorgen, daß bis zum Inkrafttreten des Gesetzes alle Beteiligten sich mit dessen Vorschriften und mit den reichs- und landesrechtlichen Ausführungsvorschriften vertraut machen und entsprechende Bücher anlegen, soweit für sie nach § 19 des Gesetzes eine Verpflichtung zur Buchführung besteht.

2. Nach § 21 des Gesetzes ist die Beobachtung der Vorschriften des Gesetzes durch die mit der Handhabung der Nahrungsmittelpolizei betrauten Behörden und Sachverständigen zu überwachen und sind zur Unterstützung dieser Behörden Sachverständige im Hauptberufe zu bestellen.

In Bayern obliegt die Handhabung der Nahrungs- und Genußmittelpolizei als ein Teil der örtlichen Polizei nach Art. 92 Abs. 2 und Art. 138 Abs. 1 der rechtsrheinischen und nach Art. 71 Abs. 1 der pfälzischen Gemeindeordnung den Ortspolizeibehörden; die hierauf erwachsenden Kosten sind als Kosten der örtlichen Polizeiverwaltung nach Art. 95 Abs. 1 und 142 und Art. 76 der beiden Gemeindeordnungen von den Gemeinden zu tragen.

Nach diesen Vorschriften gehörte schon der polizeiliche Vollzug des derzeit geltenden Weingesetzes vom 24. Mai 1901 und die Aufbringung der hiefür erforderlichen Mittel zu den Obliegenheiten der Gemeinden (s. die Min.-Entschl. vom 24. September 1901, MABl. S. 461). Das neue Gesetz bringt hienach eine Neuerung nur insoferne, als es die Mitwirkung von Sachverständigen bei der Überwachungstätigkeit der Ortspolizeibehörden vorschreibt. Hieraus folgt im Zusammenhalt mit den Vorschriften der beiden Gemeindeordnungen, daß in Bayern die Gemeinden als Träger der Ortspolizei sich diese Mitwirkung zu sichern und die Kosten hiefür zu tragen haben.

Als Sachverständige kommen zunächst die wissenschaftlichen Beamten der öffentlichen Untersuchungsanstalten für Nahrungs- und Genußmittel, sodann die besonderen ausschließlich für den Vollzug des Weingesetzes im Hauptamte bestellten Sachverständigen in Betracht. Sachverständige im Hauptamte werden vorläufig bei den staatlichen Untersuchungsanstalten für Nahrungs- und Genußmittel in Würzburg und in München aufgestellt, der Sachverständige in Würzburg für die drei fränkischen Kreise, jener in München für die übrigen Kreise des rechtsrheinischen Bayerns. In der Pfalz ist ein solcher Sachverständiger bereits bei der öffentlichen Untersuchungsanstalt für Nahrungs- und Genußmittel in Speyer von der pfälzischen Kreisgemeinde aufgestellt worden.

Die Gemeinden, in denen Traubenmost, Wein oder dem Wein ähnliche Getränke hergestellt, verarbeitet, feilgehalten oder verkauft werden, haben, da sie eigene Sachverständige und jedenfalls solche im Hauptamte nicht bestellen werden, im Vollzuge der bezeichneten Gesetzesvorschriften durch entsprechende Vereinbarungen mit den örtlich zuständigen Untersuchungsanstalten in Erlangen, München, Würzburg und Speyer (s. hiezu § 5 und § 13 Abs. 1 der K. Verordnung vom 27. Januar 1884, GVBl. S. 43) sich die Unterstützung der genannten Sachverständigen bei der Überwachung der Beobachtung der Vorschriften des Gesetzes zu sichern.

Im Interesse der Geschäftsvereinfachung und der Kostenminderung ist es dringend angezeigt, daß für die mittleren Gemeinden die Distriktsgemeinden, die schon jetzt fast sämtliche mit den Untersuchungsanstalten im Vertragsverhältnis bezüglich der Mitwirkung bei der Handhabung der allgemeinen Lebens- und Genußmittelpolizei stehen, Vereinbarungen bezüglich der Mitwirkung beim Vollzuge des Weingesetzes nach § 11 Abs. 2 und § 13 Abs. 5 der Verordnung vom 27. Januar 1884 treffen.

3. Die beteiligten Gemeinden haben in einem Verzeichnis die im Gemeindebezirke vorhandenen, unter das Weingesetz fallenden Betriebe unter näherer Bezeichnung der Betriebsart zusammenzustellen, das Verzeichnis auf dem laufenden zu erhalten und auf Verlangen den Sachverständigen vorzulegen und zu übersenden. Sie haben ferner die schriftlichen Anzeigen über die Absicht der Zuckerung und über die Herstellung von Haustrunk oder, soweit Listen zur Eintragung aufgelegt werden, diese 5 Jahre lang in der Gemeinderegistratur aufzubewahren und den Sachverständigen auf Verlangen vorzulegen und zu übersenden.

Die Anzeigen und Listen sind nach Jahrgängen, die Anzeigen der einzelnen Jahrgänge zugleich nach der Reihenfolge der Anfangsbuchstaben der Familiennamen der Anzeigepflichtigen zu ordnen.

Die Bezirksämter haben bei Gemeindevisitationen den Vollzug dieser Anordnungen zu überwachen und etwaige Mängel mit Nachdruck abzustellen.

4. Die beteiligten Gemeinden haben im August und September dieses Jahres sowie der ersten Jahre nach Inkrafttreten des Gesetzes unter Hinweis auf die Strafbestimmungen in § 29 Ziff. 2 und § 30 des Gesetzes wiederholt ortsüblich bekanntzumachen, daß die Absicht, Traubenmaische, Most oder Wein zu zuckern, nach § 3 Abs. 4 des Gesetzes im Zusammenhalt mit den Ausführungsvorschriften des Bundesrates hiezu und mit § 1 der Zuständigkeitsverordnung der Ortspolizeibehörde vor Beginn der Zuckerung anzuzeigen ist.

Für die Übergangszeit ist außerdem noch darauf aufmerksam zu machen, daß nach den Ausführungsvorschriften des Bundesrats die bei dem Inkrafttreten des Gesetzes vorhandenen Bestände längstens bis zum 1. Oktober 1909 in den Büchern vorzutragen sind und daß im Hinblick auf die Vorschrift des § 34 Abs. 3 des Gesetzes bei Getränken die Zeit der Herstellung anzugeben ist, soweit sie sich nicht ohne weiteres aus dem Eintrage ergibt.

5. Die Genehmigung zur Anstellung von Versuchen unter Abweichung von den Vorschriften in § 4 Abs. 1 des Gesetzes darf von den Regierungen, Kammern des Innern, nur öffentlichen Anstalten unter der Voraussetzung erteilt werden, daß ein Inverkehrbringen der auf diese Weise hergestellten Getränke ausgeschlossen ist.

6. Die Veräußerung von Haustrunk nach § 11 Abs. 4 des Gesetzes ist von den Distriktspolizeibehörden nur dann zu gestatten, wenn eine ausreichende Sicherheit gegen eine unzulässige Verwendung des Haustrunks von Seite des Erwerbers gegeben ist.

Von der Zuständigkeit, die Herstellung von Haustrunk zu beschränken oder unter besondere Aufsicht zu stellen, wird überall da Gebrauch zu machen sein, wo der Verdacht besteht, daß die nur für die Haustrunkbereitung gewährten Freiheiten mißbraucht werden.

Auch ohne solchen besonderen Anlaß wird die sorgsamste Aufsicht dort am Platze sein, wo auf Grund der Ausführungsvorschriften des Bundesrates zu §§ 4, 11 und 12 unter C der Gebrauch von Zitronensäure in Betrieben gestattet werden sollte, aus denen gewerbsmäßig Wein in den Verkehr gebracht wird.

München, den 19. Juli 1909.

von Brettreich

Bek. vom 6. August 1909, den Vollzug des Weingesetzes betr.[1])

(GVBl. 1909 S. 634).

K. Staatsministerium des Innern und der Finanzen.

Zum Vollzug des Weingesetzes vom 7. April 1909 wird bestimmt:

1. Für die bei bayerischen Zollämtern anfallenden Untersuchungen von Wein, Traubenmost und Traubenmaische auf ihre Einfuhrfähigkeit werden gemäß den Ausführungsvorschriften des Bundesrats zu § 14 des Weingesetzes und gemäß § 2 der Weinzollordnung die K. Untersuchungsanstalten für Nahrungs- und Genußmittel zu München, Erlangen und Würzburg sowie die Landwirtschaftliche Kreisversuchsstation zu Speyer bestellt.

Die örtliche Zuständigkeit dieser Untersuchungsanstalten bemißt sich nach den §§ 5 und 13 der Königlich Allerhöchsten Verordnung vom 27. Januar 1884, betreffend Untersuchungsanstalten für Nahrungs- und Genußmittel (GVBl. S. 43 ff.).

(Ziff. 1 Abs. 3 aufgehoben durch Bek v 16 November 1909, s. unten).

2. Die Entscheidung über die Berechtigung der Zurückweisung einer bei der Untersuchung beanstandeten Sendung Wein, Traubenmost oder Traubenmaische wird nach Abs. 6 der Ausführungsbestimmungen des Bundesrats zu § 14 des Weingesetzes und nach § 10 Abs. 1 der Weinzollordnung der K. Generaldirektion der Zölle und indirekten Steuern übertragen.

---

[1]) Durch Bek. v 11. April 1921 (Bayer. Staatszeitung Nr. 86, 2 Bl.), in den vormals koburgischen Landesteilen vom 1. April 1921 ab eingeführt.

3. Die Ermächtigung, bei hochwertigen Weinen in Flaschen die Untersuchung, auch abgesehen von dem Falle des § 8 der Weinzollordnung, zu erlassen, wird gemäß Abs. 9 der Ausführungsbestimmungen des Bundesrats zu § 14 des Gesetzes und gemäß § 4 Abs. 3 der Weinzollordnung den nach §§ 1 und 2 der Weinzollordnung zuständigen bayerischen Zollämtern erteilt, bei denen die Abfertigung beantragt wird.

München, den 6. August 1909.

v. Pfaff. v. Brettreich.

Bek. des K. Staatsmin. des Innern vom 14. September 1909, den Vollzug des Weingesetzes betreffend.

(GVBl. 1909 S. 675).

Ergänzt durch Bek des Staatsmin. d. Innern vom 19. April 1910 (GVBl. 1910 S. 177.)

Inhaltlich wiedergegeben in der Bek. des Reichskanzlers vom 1. August 1910 (s. oben unter C I 1 b).

Bek. vom 9. Nov. 1909, den Vollzug des Weingesetzes betreffend.

(GVBl. 1909 S. 845).

K. Staatsministerium des Innern und der Finanzen.

In Ergänzung der Ziffer 1 der Bekanntmachung vom 6. August 1909, den Vollzug des Weingesetzes betreffend (GVBl. 1909 S. 634) wird Nachstehendes bestimmt:

Die Untersuchung von Wein, Traubenmost und Traubenmaische, die in das Zollinland eingeführt werden, — Ausführungsvorschriften des Bundesrats zu § 14 des Weingesetzes und § 2 der Weinzollordnung — wird

für den Bezirk des Hauptzollamts Nürnberg der chemisch-technischen Abteilung der Bayerischen Landesgewerbeanstalt in Nürnberg, für den Bezirk des Hauptzollamts Würzburg der Landwirtschaftlichen Kreisversuchsstation in Würzburg und bis auf weiteres für den Bezirk des Hauptzollamts Ludwigshafen der Zweigstelle der Landwirtschaftlichen Kreisversuchsstation Speyer in Ludwigshafen

übertragen.

Hinsichtlich der Gebühren sind die für die K. Untersuchungsanstalten für Nahrungs- und Genußmittel getroffenen Bestimmungen maßgebend.

München, den 9. November 1909.

v. Pfaff. v. Brettreich.

Bek. vom 16. Nov. 1909, Untersuchungsanstalten für Nahrungsmittel, Genußmittel und Gebrauchsgegenstände, hier Gebührentarif betreffend.

(GVBl. 1909 S. 846).

(Aufgehoben durch Bek. v. 3. Januar 1912, s. unten)

Bek. vom 16. Juni 1911, Vollzug des Weingesetzes betreffend.

(GVBl. 1911 S. 941).

K. Staatsministerium des Innern und der Finanzen.

Unter Änderung der Ministerialbekanntmachung vom 9. November 1909 — GVBl. S. 845 — wird die Untersuchung von Wein, Traubenmost und Traubenmaische, die in das Zollinland eingeführt werden — Ausführungsvorschriften des Bundesrats zu § 14 des Weingesetzes und § 2 der Weinzollordnung — für den Bezirk des Hauptzollamts Ludwigshafen der Landwirtschaftlichen Kreisversuchsstation und Untersuchungsanstalt für Nahrungs- und Genußmittel in Speyer übertragen.

München, den 16. Juni 1911.

Dr. v. Pfaff. Dr. v. Brettreich.

Bek. vom 3. Januar 1912, die Untersuchung ausländischer Weine betreffend.

(GVBl. 1912 S. 6).

(Aufgehoben durch Bek. vom 21. August 1290, s. unten).

Bek. vom 21. August 1920, die Untersuchung ausländischer Weine betreffend.

(GVBl. 1920 S. 412).

Unter Abänderung der Bek. v. 3. Jan. 1912 (GVBl. S. 6) wird bestimmt, daß für die Untersuchung eine Gebühr von 16—24 ℳ zu entrichten ist.

Die neue Gebührenfestsetzung tritt mit dem Tage der Veröffentlichung dieser Bek. im Gesetz- und Verordnungsblatt in Kraft.

Wutzlhofer. Dr. Krausneck. J. V. Dr. Schweyer.
J. A. Dr. Meyer. J. A. Hauptmann.

Hessen.

Vollzugsverordnung vom 16. Juni 1909 zum Weingesetz vom 7. April 1909 (R.-G.-Bl. S. 393).

(RegBl. S. 205).

Ernst Ludwig von Gottes Gnaden Großherzog von Hessen und bei Rhein usw. usw.

Wir haben auf Grund des § 25 Abs. 1 des Weingesetzes vom 7. April 1909 folgendes verordnet:

§ 1.

Zuständig zur Entgegennahme von Anzeigen

1. der Absicht, Traubenmaische, Most oder Wein zu zuckern (§ 3 Abs. 4 des Gesetzes),
2. der Herstellung von Haustrunk (§ 11 Abs. 3 erster Halbsatz des Gesetzes)

ist die Ortspolizeibehörde (Bürgermeisterei oder besonders bestellte staatliche Polizeiverwaltung).

§ 2.

Die Kreisämter sind zuständig,

1. die Herstellung von Haustrunk zu beschränken oder unter besondere Aufsicht zu stellen (§ 11 Abs. 3 zweiter Halbsatz des Gesetzes);
2. bei Auflösung des Haushalts oder Aufgabe des Betriebs die Veräußerung des etwa vorhandenen Vorrats von Haustrunk zu gestatten (§ 11 Abs. 4 zweiter Satz des Gesetzes);
3. die Verwahrung anderer Stoffe als Wein oder Traubenmost in den in § 20 Abs. 1 des Gesetzes bezeichneten Räumen zu untersagen (§ 20 Abs. 3 des Gesetzes).

§ 3.

Zuständige Behörde im Sinne des § 4 Abs. 2 sowie des § 15 des Gesetzes ist die Abteilung für Landwirtschaft, Handel und Gewerbe des Ministeriums des Innern.

§ 4.

Die auf Grund des Gesetzes auferlegten Geldstrafen sind, soweit sie dem Staat zustehen, in erster Linie zur Deckung der Kosten zu verwenden, die durch die Bestellung von Sachverständigen auf Grund des § 21 des Gesetzes entstehen (§ 32 des Gesetzes).

§ 5.

Landeszentralbehörde im Sinne des § 25 Abs. 3, 4 des Gesetzes ist das Ministerium des Innern.

Urkundlich Unserer eigenhändigen Unterschrift und beigedruckten Großherzoglichen Siegels.

Darmstadt, den 16. Juni 1909.

(L. S.) Ernst Ludwig.

In Vertretung:
Dr. Usinger.

Bek. vom 19. Juli 1909, den Vollzug des Weingesetzes vom 7. April 1909 (R.-G.-Bl. S. 393) betreffend.

Auf Grund des § 25 Abs. 3 des obgenannten Gesetzes und des § 5 der Vollzugsverordnung hierzu vom 16. Juni 1909 (vorläufig veröffentlicht in Nr. 166 der „Darmstädter Zeitung" vom 19. Juli 1909) sowie unter Bezugnahme auf die Ausführungsbestimmungen des Bundesrats vom 9. Juli 1909 (RGBl. S. 549) wird folgendes angeordnet und bekannt gegeben.

I. Zuständigkeitsvorschriften.

Die Kreisämter sind außer den in § 2 der Vollzugsverordnung vom 16. Juni 1909 genannten Fällen zur Entscheidung darüber zuständig, ob die geführten Bücher eine genügende Übersicht gewähren oder nicht (letzter Absatz der Ausführungsbestimmungen des Bundesrats zu § 19).

Vor der Entscheidung soll je nach Art des in Betracht kommenden Betriebs entweder die zuständige Handelskammer oder die Landwirtschaftskammer gutachtlich gehört werden. Dem Kreisamt bleibt es unbenommen, auch noch andere ihm geeignet scheinende Sachverständige zuzuziehen.

II. Anzeige der Zuckerung.

(§ 3 Abs. 4 des Ges.).

1. Die beteiligten Ortspolizeibehörden haben alljährlich in den letzten Wochen des Monats August durch wiederholte ortsübliche Bekanntmachung darauf hinzuweisen, daß die Absicht, Traubenmaische, Most oder Wein zu zuckern, entsprechend den vom Bundesrat zu § 3 Abs. 4 des Gesetzes erlassenen Ausführungsbestimmungen, unter Benutzung eines dem vorgeschriebenen Muster nachgebildeten Formulars der Ortspolizeibehörde bei Meidung der in § 29 Nr. 2 und § 30 des Gesetzes angedrohten Strafen schriftlich anzuzeigen ist.

2. Die Anzeige gilt als an dem Tage erstattet, an dem sie bei der Ortspolizeibehörde eingegangen ist. Diese hat den Tag des Eingangs auf der Anzeige zu vermerken.

3. Gestattet die Ortspolizeibehörde, daß die Anzeigen auch durch Einträge in von ihr aufzulegende Listen erstattet werden können (vgl. Abs. 1 der Ausführungsvorschriften des Bundesrats zu § 3 Abs. 4 des Gesetzes), so ist hierauf in den nach Nr. 1 ergehenden ortsüblichen Bekanntmachungen aufmerksam zu machen.

4. Die schriftlichen Anzeigen über beabsichtigte Zuckerungen (Nr. 1) oder, soweit Listen aufgelegt werden, die Listen (Nr. 3) sind 5 Jahre lang in der Registratur der Ortspolizeibehörde aufzubewahren und den mit Überwachung der gesetzlichen Vorschriften betrauten Sachverständigen (s. unter VI und VII unten) auf Verlangen vorzulegen oder zuzusenden. Die Anzeigen und Listen sind nach Jahrgängen, die Anzeigen der einzelnen Jahrgänge nach der Reihenfolge der Anfangsbuchstaben der Familiennamen der Anzeigepflichtigen zu ordnen. Die Kreisämter haben bei sich bietender Gelegenheit die Beobachtung dieser Vorschriften zu überwachen und etwa vorgefundene Mängel nachdrücklichst abzustellen.

III. Anzeige der Herstellung von Haustrunk.
(§ 11 Abs. 3 des Ges.).

Die Herstellung von Haustrunk ist der Ortspolizeibehörde unter Benutzung eines dem unten abgedruckten Muster entsprechenden Formulars bei Meidung der in § 29 Nr. 2, 4 und § 30 des Gesetzes angedrohten Strafen schriftlich anzuzeigen. Die Ortspolizeibehörde kann gestatten, daß die Anzeigen durch Einträge in von ihr aufzulegende Listen erfolgen, welche dem vorgeschriebenen Muster nachgebildet sind. Bezüglich der ortsüblichen Bekanntmachung, sowie hinsichtlich der Aufbewahrung und Ordnung der Listen gelten entsprechend die Vorschriften unter II Nr. 1, 2 und 4 oben.

IV. Veräußerung von Haustrunk.
(§ 11 Abs. 4 Satz 2 d. Ges.).

Die Veräußerung von Haustrunk ist vom Kreisamt nur dann zu gestatten, wenn ausreichende Sicherheit dafür besteht, daß er vom Erwerber nicht in unzulässiger Weise verwendet wird.

V. Überwachung der gesetzlichen Vorschriften und Deckung der hierdurch erwachsenden Kosten im allgemeinen.

1. Nach § 21 des Gesetzes ist die Beobachtung der gesetzlichen Vorschriften durch die mit Handhabung der Nahrungsmittelpolizei betrauten Behörden und Sachverständigen zu überwachen, auch sind zur Unterstützung dieser Behörden Sachverständige im Hauptberuf zu bestellen. Da die Nahrungsmittelpolizei ein Teil der örtlichen Polizei ist, sind die durch ihre Handhabung erwachsenden Kosten als solche der örtlichen Polizeiverwaltung nach Artikel 57 der Städteordnung und Artikel 54 der Landgemeindeordnung von den Gemeinden zu tragen. Hiernach gehörte schon der polizeiliche Vollzug des zurzeit noch geltenden Weingesetzes, sowie die Aufbringung der hierfür erforderlichen Mittel zu den Obliegenheiten der Gemeinden. Das Weingesetz vom 7. April 1909 bringt im Vergleich hiermit nur insofern etwas Neues, als es die Mitwirkung von Sachverständigen bei der Überwachungstätigkeit der Ortspolizeibehörden vorschreibt. Die Gemeinden haben sich hiernach diese Mitwirkung zu sichern und sowohl die dadurch entstehenden Kosten, wie auch, vorbehaltlich des unter VII Nr. 4 und 5 Gesagten, diejenigen Kosten zu tragen, welche durch die Bestellung von Sachverständigen im Hauptberuf erwachsen.

2. Die beteiligten Ortspolizeibehörden haben die im Gemeindebezirk vorhandenen, unter das Weingesetz fallenden Betriebe unter näherer Bezeichnung der Betriebsart in einem Verzeichnis zusammenzustellen, dieses auf dem Laufenden zu halten und den Sachverständigen auf Verlangen vorzulegen oder zu übersenden.

VI. Überwachung der gesetzlichen Vorschriften durch die Ortspolizeibehörden und Sachverständigen.
(§ 21 Abs. 1 d. Ges.).

1. Als Sachverständige im Sinne des § 21 Abs. 1 des Gesetzes werden folgende „Öffentliche Untersuchungsanstalten“ bestellt:

1. das chemische Untersuchungsamt zu Darmstadt für die Provinz Starkenburg, ausgenommen den Kreis Offenbach;
2. das chemische Untersuchungsamt zu Offenbach für den Kreis Offenbach;
3. das chemische Untersuchungsamt zu Gießen für die Provinz Oberhessen;
4. das chemische Untersuchungsamt zu Mainz für die Provinz Rheinhessen, ausgenommen den Kreis Worms;
5. das chemische Untersuchungsamt zu Worms für den Kreis Worms.

2. Die Ortspolizeibehörden sollen den Befolg der gesetzlichen Vorschriften nur bei solchen Gast- und Schankwirten, Apothekern, Lebensmittelhändlern, Krämern und sonstigen Kleinverkäufern überwachen, die Traubenmost, Wein oder dem Wein ähnliche Getränke nur in fertigem Zustand beziehen und unverändert wieder abgeben. Auf andere, der Überwachung unterliegende Betriebe, wie auf solche von Produzenten, Weinhändlern, Winzergenossenschaften oder anderen Gesellschaften, Geschäftsvermittlern, sowie von Gast- und Schankwirten, die gleichzeitig Handel mit Getränken der vorerwähnten Art treiben, sollen sie ihre Tätigkeit nur ausdehnen, wenn dies notwendig ist, um die genaue Herkunft der bei der Kontrolle als verdächtig befundenen Getränke festzustellen.

3. Die Ortspolizeibehörden haben bei ihrer Tätigkeit das nach Nr. 1 zuständige Untersuchungsamt zuzuziehen, entweder derart, daß ein Beamter desselben bei der Kontrolle an Ort und Stelle mitwirkt, oder in der Form, daß erhobene Proben dem Untersuchungsamt zugestellt werden. Den Kreisämtern bleibt unbenommen, das zuständige Untersuchungsamt unmittelbar zur Entnahme von Proben anzuweisen.

4. Soweit nicht schon durch Verträge zwischen Kreisen oder Stadtgemeinden einerseits und dem nach Nr. 1 zuständigen Untersuchungsamt andererseits für eine genügende Ausübung der Weinkontrolle in den zum Kreis gehörigen Gemeinden gesorgt ist, haben die Kreisämter im Interesse der Geschäftsvereinfachung und Kostenersparnis zu veranlassen, daß diejenigen Gemeinden, in denen Traubenmost, Wein oder dem Wein ähnliche Getränke hergestellt, verarbeitet, feilgehalten oder verpackt werden, durch entsprechende Vereinbarung mit dem zuständigen Untersuchungsamt sich alsbald der sachverständigen Unterstützung beim Überwachen der gesetzlichen Vorschriften versichern.

5. Die Kreisämter haben sich dasjenige Personal des zuständigen Untersuchungsamts namhaft machen zu lassen, welches als „Sachverständige" im Sinne des § 21 Abs. 1 des Gesetzes tätig werden soll. Sie haben die ihnen Genannten nach § 24 des Gesetzes zu beeidigen. Diese sowie die Beamten der Ortspolizeibehörde haben die in § 22 des Gesetzes aufgeführten Befugnisse, sollen sich jedoch mit Rücksicht auf die Vorschriften unter VII der Einsichtnahme von geschäftlichen Aufzeichnungen, Frachtbriefen und Büchern zwar enthalten, im übrigen jedoch dem zu bestellenden Sachverständigen im Hauptberuf alles mitteilen, was diesem bei der ihm obliegenden Überwachungstätigkeit von Wert sein kann.

6. Die Untersuchungsämter haben, insoweit nicht eine anderweite vertragsmäßige Regelung Platz greift, vom 1. September l. J. ab, die durch ihre Tätigkeit in den einzelnen Gemeinden erwachsenen Kosten

am Schluß des Vierteljahres, erstmalig am 31. Dezember 1909, bei dem zuständigen Kreisamt anzufordern. Dieses hat die berechneten Beträge nach geeigneter Prüfung vorlagsweise auf die Kreiskasse anzuweisen und nach Schluß des Rechnungsjahres von den zahlungspflichtigen Gemeinden zurückzuerheben, es sei denn, daß hinsichtlich der Kostentragung durch gerichtliches Urteil im Einzelfall anders bestimmt wird.

VII. Überwachung der gesetzlichen Vorschriften durch Sachverständige im Hauptberuf.

(§ 21 Abs. 2 d. Ges.).

1. Sachverständige im Hauptberuf werden demnächst in der erforderlichen Zahl von uns bestellt werden. Sie sind von unsrer Abteilung für Landwirtschaft, Handel und Gewerbe zu beeidigen. Die Namen der ernannten Sachverständigen, sowie ihre Dienstbezirke werden in der Darmstädter Zeitung veröffentlicht. Bis zu ihrer Bestellung bleiben die zurzeit beauftragten Sachverständigen in Tätigkeit.

2. Die Sachverständigen haben die im § 22 des Gesetzes erwähnten Befugnisse. Sie werden den Befolg der gesetzlichen Vorschriften in all den unter das Gesetz fallenden Betrieben überwachen, die nicht schon nach dem unter VI Gesagten anderweitig beaufsichtigt werden, ohne daß jedoch ihre Tätigkeit in Betrieben der letzterwähnten Art ausgeschlossen ist. Näheres bleibt der von uns zu erlassenden Dienstanweisung vorbehalten.

3. Die durch die Bestellung der Sachverständigen erwachsenden Kosten sind vorbehaltlich des unter Nr. 4 und 5 Gesagten von denjenigen Gemeinden zu tragen, die zu dem dem Sachverständigen zugewiesenen Dienstbezirk gehören und in denen der Sachverständige tätig war. Die Kosten sind vorlagsweise auf die für die einzelnen Provinzen bestehenden Polizeikassen zu übernehmen und diesen nach Berechnung der verhältnismäßigen Anteile der zahlungspflichtigen Gemeinden nach Schluß des Rechnungsjahres zu ersetzen, es sei denn, daß hinsichtlich der Kostentragung durch gerichtliches Urteil im Einzelfall anders bestimmt wird.

4. In Ausführung der Vorschriften in § 4 der Vollzugsverordnung vom 16. Juni 1909 werden die auf Grund des Gesetzes auferlegten Geldstrafen, insoweit sie dem Staat zustehen, der Hauptstaatskasse überwiesen und in erster Linie zur Deckung sämtlicher durch die Bestellung der Sachverständigen erwachsenden Kosten verwendet werden. Das Erforderliche wegen Aufrechnung angefallener Geldstrafen auf den nach Nr. 3 den beteiligten Provinzgemeinden zu belastenden Gesamtkostenbetrag wird alljährlich nach Schluß des Rechnungsjahres von uns veranlaßt werden. Etwa noch verbleibende Überschüsse aus angefallenen Geldstrafen sind auf die nach § 17 des Gesetzes vom 14. Mai 1879 in Betracht kommenden Kassen zu verteilen.

5. Wird ein von uns nach § 21 Abs. 2 des Gesetzes bestellter Sachverständiger der öffentlichen Untersuchungsanstalt eines Kommunalverbandes auf Grund besonderer Vereinbarung angegliedert, so können die angefallenen Geldstrafen aus demjenigen Bezirk, für den der Sachverständige bestellt ist, bis zum Betrag der durch dessen Bestellung dem

Kommunalverband erwachsenden Kosten diesem überwiesen werden. Hinsichtlich der alsdann etwa noch verbleibenden Überschüsse gilt das unter Nr. 4 am Schluß Gesagte.

Darmstadt, den 19. Juli 1909.

Großherzogliches Ministerium des Innern.

Braun Lotz.

Anlage zu Ziff. III der Bek. vom 19. Juli 1909).

Zu § 11 Abs. 3 d. Ges.

Anzeige der Herstellung von Haustrunk.

Tag der Anzeigeerstattung	Des Anzeigepflichtigen: Zu- und Vorname, Beruf	Des Anzeigepflichtigen: Wohnort, Wohnung	Es sollen hergestellt werden	Hierbei sollen verarbeitet werden (Bezeichnung der Art und der Menge der einzelnen Stoffe)						Der hergestellte Haustrunk wird gelagert (Bezeichnung des Raumes)
			l	kg	kg	kg	kg	kg	kg	

Unterschrift des Anzeigenden

Bekanntmachung vom 13. September 1909, betreffend den Vollzug des Weingesetzes vom 7. April 1909.

Auf Grund des § 25 Abs. 4 des oben genannten Gesetzes und des § 5 der Vollzugsverordnung hierzu vom 16. Juni 1909 (Reg.-Bl. S. 205) wird im Einvernehmen mit dem Reichskanzler bestimmt, daß im Großherzogtum Hessen als am Weinbau beteiligte Gebiete anzusehen sind:

Die Provinzen Starkenburg und Rheinhessen, sowie die zur Provinz Oberhessen gehörigen Kreise Büdingen und Friedberg.

Darmstadt, den 13. September 1909.

Großherzogliches Ministerium des Innern.

In Vertretung:
Dr. Usinger. Lotz.

Bekanntmachung, den Vollzug des Weingesetzes und der Weinzollordnung betreffend.

Vom 4. Dezember 1909.

Im Einvernehmen mit Großherzoglichem Ministerium der Finanzen wird folgendes bestimmt:

1. Für die bei hessischen Zollstellen zu bewirkenden Untersuchungen von Wein, Traubenmost und Traubenmaische auf ihre Einfuhrfähigkeit werden auf Grund der Ausführungsbestimmungen des Bundesrats zu § 14 des Weingesetzes und gemäß § 2 der Weinzollordnung folgende öffentliche Untersuchungsanstalten bestellt:
   a) das chemische Untersuchungsamt zu Darmstadt;
   b) das chemische Untersuchungsamt zu Offenbach;
   c) das chemische Untersuchungsamt zu Gießen;
   d) das chemische Untersuchungsamt zu Mainz;
   e) das chemische Untersuchungsamt zu Worms.

2. Über die Berechtigung, eine bei der Untersuchung beanstandete Sendung Wein, Traubenmost oder Traubenmaische zurückzuweisen, entscheidet auf Grund des Abs. 6 der Ausführungsbestimmungen des Bundesrats zu § 14 des Weingesetzes und nach § 10 Abs. 1 der Weinzollordnung die Provinzialdirektion derjenigen Provinz, in der die Zollstelle ihren Sitz hat.

3. Die Ermächtigung, bei hochwertigen Weinen in Flaschen die Untersuchung auch abgesehen von dem Falle des § 8 der Weinzollordnung zu erlassen, wird auf Grund des Abs. 9 der Ausführungsbestimmungen des Bundesrats zu § 14 des Weingesetzes und gemäß § 4 Abs 3 der Weinzollordnung den nach den §§ 1 und 2 der letzteren zuständigen hessischen Zollstellen erteilt, bei denen die Abfertigung beantragt wird

Darmstadt, den 4. Dezember 1909.

Großherzogliches Ministerium des Innern.

Braun. Ruppel.

Preußen.

Bek. v. 31. Aug. 1909, betreffend Ausführung des Reichsweingesetzes vom 7. April 1909, RGBl. S. 393.

(MinBl. f. Mediz. und med. Unterr.-Angel. 1909 S. 449).

Auf Grund von § 25 Abs. 3 des Reichsweingesetzes vom 7. April 1909, Reichsgesetzblatt S. 393, bestimmen wir zur Ausführung dieses Gesetzes und der dazu vom Bundesrat beschlossenen Ausführungsbestimmungen (Bekanntmachung des Reichskanzlers vom 9. Juli ds. Js., Reichsgesetzblatt S. 549) hinsichtlich der Zuständigkeit der nachgeordneten Behörden folgendes:

1. Der Gemeindevorstand ist zuständig zur Entgegennahme von Anzeigen

a) der Absicht, Traubenmaische, Most oder Wein zu zuckern (§ 3 Abs. 4 des Gesetzes);

b) der Herstellung von Haustrunk seitens solcher Personen, die Wein gewerbsmäßig in Verkehr bringen (§ 11 Abs. 3 Halbsatz 1 des Gesetzes).

2. Der Landrat, in Stadtkreisen die Ortspolizeibehörde ist zuständig

a) für die Anordnung einer Beschränkung oder einer besonderen Beaufsichtigung der Herstellung von Haustrunk seitens solcher Personen, die Wein gewerbsmäßig in Verkehr bringen (§ 11 Abs. 3 Halbsatz 2 des Gesetzes);

b) für die Genehmigung der Veräußerung von Haustrunk bei Auflösung des Haushalts oder Aufgabe des Betriebes (§ 11 Abs. 4 Satz 2 des Gesetzes);

c) für die Genehmigung der Verwendung von Getränken, die nach § 13 des Gesetzes vom Verkehr ausgeschlossen sind (§ 15 Satz 2 des Gesetzes);

d) für die Entscheidung, ob die Buchführung seitens der dazu vom Gesetz Verpflichteten in anderer Weise als nach den vom Bundesrat beschlossenen Mustern erfolgen darf (§ 19 Abs. 4 des Gesetzes und Ausführungsvorschriften des Bundesrats dazu Abs. 9);

e) für das Verbot der Verwahrung anderer Stoffe als Wein oder Traubenmost in Räumen, in denen Wein zum Zwecke des Verkaufs hergestellt oder gelagert wird (§ 20 Abs. 3 des Gesetzes).

3. Der Regierungspräsident, im Landespolizeibezirk Berlin der Polizeipräsident, ist zuständig

a) für die Genehmigung von Versuchen, die bei der Kellerbehandlung des Weins mit anderen als den vom Bundesrat dafür gestatteten Stoffen angestellt werden sollen (§ 4 Abs. 2 des Gesetzes);

b) für die Entscheidung über Beschwerden gegen die Zurückweisung von einzuführendem Wein usw. durch die Zollbehörden (§ 14 des Gesetzes, Ausführungsvorschriften des Bundesrats dazu Abs. 6, Weinzollordnung vom 17. Juli d. J., Zentralblatt für das Deutsche Reich S. 333).

Ferner bestimmen wir, daß für die Untersuchung von Wein, Traubenmost und Traubenmaische, die in das Zollinland eingeführt werden — § 14 des Gesetzes, Ausführungsvorschriften des Bundesrats dazu Abs. 3, Weinzollordnung § 2 Abs. 2 —, zuständig sind die mit polizeilichen Nahrungsmitteluntersuchung betrauten staatlichen Anstalten und die als öffentlich im Sinne von § 17 des Gesetzes vom 14. Mai 1879, Reichsgesetzblatt S. 145, anerkannten Untersuchungsanstalten für Nahrungsmittel usw.

Berlin, den 31. August 1909.

Der Finanzminister.
In Vertretung:
Michaelis.

Der Minister für Landwirtschaft, Domänen und Forsten.
Im Auftrage:
Küster.

Der Minister des Innern.
In Vertretung:
Holtz.

Der Minister für Handel u. Gewerbe.
Im Auftrage:
von der Hagen.

Der Minister
der geistlichen, Unterrichts- und Medizinalangelegenheiten.
Im Auftrage:
Förster.

Erlaß vom 7. September 1909, betr. Ausführung des Reichsweingesetzes vom 7. April 1909 (RGBl. S. 393).

(MinBl. f. Med. und med. Unterr.-Angelegenheiten 1909 S. 450).

In der Anlage erhalten Ew. Hochwohlgeboren Abschrift einer von uns vollzogenen Bekanntmachung, betreffend Ausführung des Reichsweingesetzes vom 7. April d. Js., Reichs-Gesetzblatt S. 393. Wir ersuchen ergebenst die Bekanntmachung in dem nächsten Stück des Amtsblattes für den dortigen Regierungsbezirk abdrucken zu lassen und auch sonst in geeigneter Weise zur Kenntnis der interessierten Kreise zu bringen.

Von seiten des Bundesrats sind Ausführungsbestimmungen zu dem am 1. September d. Js. in Kraft tretenden Gesetz beschlossen worden, die der Herr Reichskanzler durch Bekanntmachung vom 9. Juli d. Js., Reichs-Gesetzblatt S. 549, veröffentlicht hat. Ferner hat der Bundesrat in Ausführung von § 14 des Gesetzes einer Weinzollordnung seine Zustimmung erteilt, die von dem Herrn Reichskanzler unter dem 17. Juli d. Js. im Zentralblatt für das Deutsche Reich S. 333 veröffentlicht worden ist.

Zur Ausführung des Gesetzes ordnen wir des weiteren folgendes an:

1. Zu § 3 Abs. 4 des Gesetzes.

Es ist dafür Sorge zu tragen, daß die Vorschriften über die Pflicht zur Anzeige der Absicht, Traubenmaische, Most oder Wein zu zuckern, in den am Weinbau beteiligten Gebieten, in denen nach § 3 Abs. 3 des Gesetzes die Zuckerung allein zulässig ist, alljährlich rechtzeitig vor Beginn der Weinlese seitens der Ortspolizeibehörden oder Gemeindevorstände durch öffentliche Bekanntmachung unter Hinweis auf die Strafvorschriften in § 29 Nr. 2 und § 30 des Gesetzes der Bevölkerung in Erinnerung gebracht werden. Dabei ist zugleich anzugeben, ob die Anzeige durch Eintragung in Listen erfolgen kann und wo diese Listen aufliegen.

Um die Erstattung der Anzeigen zu erleichtern, haben die für die Entgegennahme der Anzeigen gemäß unserer beigefügten Bekanntmachung zuständigen Gemeindevorstände allgemein, falls nicht besondere Gründe entgegenstehen, Listen für die Eintragung der Anzeigen an geeigneter Stelle aufzulegen; es ist jedoch zu beachten, daß die Erstattung einer schriftlichen Anzeige an Stelle der Eintragung in die Listen überall statthaft ist. Die Anzeige gilt als an dem Tage erstattet, an dem sie bei dem Gemeindevorstand eingegangen ist.

Die Anzeigen und Anzeigelisten sind von dem Gemeindevorstand, nach Jahren geordnet, mindestens fünf Jahre lang aufzubewahren. Einsicht in sie ist außer den zuständigen Polizei- und Aufsichtsbehörden nur den mit der Ausführung der Weinkontrolle beauftragten Sachverständigen (§ 21 des Gesetzes) zu gestatten. Ob und inwieweit es angebracht erscheint, anzuordnen, daß die erstatteten Anzeigen von den Gemeindevorständen den Sachverständigen unaufgefordert zur Kenntnisnahme übermittelt werden, ist nach Lage der örtlichen Verhältnisse zu entscheiden.

2. Zu § 4 Abs. 2 des Gesetzes.

Die gemäß unserer beiliegenden Bekanntmachung Ew. Hochwohlgeboren zustehende Genehmigung zur Anstellung von Versuchen mit anderen Verfahren der Kellerbehandlung, als sie durch die vom Bundesrat beschlossenen Ausführungsbestimmungen zugelassen sind, ist nur dann zu erteilen, wenn nach der gesamten Sachlage Gewähr dafür geboten erscheint, daß es sich tatsächlich nur um Versuche zur Verbesserung der Kellerbehandlung, nicht aber um eine Umgehung der für diese aufgestellten Bestimmungen handelt. Vor der Genehmigung ist der zuständige mit der Weinkontrolle betraute Sachverständige zu hören.

3. Zu § 6 Abs. 2 des Gesetzes.

In dem am Weinbau und Weinhandel interessierten Kreisen scheint vielfach erwartet zu werden, daß behördlicherseits Ausführungsbestimmungen oder Erläuterungen zu den Vorschriften in § 6 Abs. 2 des Gesetzes, namentlich hinsichtlich der Begriffe „einzelne Gemarkungen oder Weinbergslagen" und „benachbarte oder nahegelegene Gemarkungen oder Lagen" im zweiten Satze, werden erlassen werden. Wir bemerken dazu, daß der Erlaß solcher Bestimmungen, der im Gesetz auch nicht besonders vorgesehen ist, nicht beabsichtigt wird. Es bleibt abzuwarten, ob sich Weinbau und Weinhandel vielleicht über bestimmte Auffassungen der angegebenen Begriffe einig werden, die dem Sinne des Gesetzes entsprechen und daher den mit der Ausführung des Gesetzes befaßten Behörden und Sachverständigen als Unterlagen für ihre Beurteilung empfohlen werden könnten. Im übrigen wird es Sache der Gerichte sein, zu entscheiden, ob bei der Bezeichnung eines Weines im Handel und Verkehr die Bestimmungen in § 6 Abs. 2 Satz 2 des Gesetzes richtig befolgt sind.

4. Zu § 11 Abs. 3 des Gesetzes.

Für die Anzeige der Herstellung von Haustrunk seitens derjenigen Personen, die Wein gewerbsmäßig in Verkehr bringen, sind vom Bundesrat besondere Muster nicht vorgeschrieben worden. Ew. Hochwohlgeboren überlassen wir die Entscheidung, ob es sich empfiehlt, im dortigen Verwaltungsbezirk oder in Teilen desselben ein besonderes Muster für die Erstattung der Anzeige unter Berücksichtigung der nach § 11 Abs. 3 Halbsatz 1 des Gesetzes zu fordernden Angaben vorzuschreiben. Desgleichen wollen Sie erwägen, ob etwa die Auflegung von Listen seitens der Gemeindevorstände, ähnlich wie es für die aus § 3 Abs. 4 des Gesetzes zu erstattende Anzeige statthaft ist, für die Eintragung der Anzeigen durch die dazu Verpflichteten zweckmäßig erscheint. Auch könnte in den Weinbau treibenden Gegenden eine alljährliche Erinnerung an die gesetzlichen Vorschriften durch öffentliche Bekanntmachung in Verbindung mit der nach Nr. 1 dieses Erlasses alljährlich zu veröffentlichenden erwägungswert sein.

In welcher Weise und in welchem Umfange seither die Bereitung des Haustrunks der Weinfälscherei als Vorwand und Deckmantel gedient hat, dürfen wir als bekannt voraussetzen. Diesen Verhältnissen entsprechend ist der Überwachung der Betriebe, in denen Haustrunk hergestellt wird, seitens der mit der Ausführung des Gesetzes befaßten Behörden und Sachverständigen große Aufmerksamkeit zuzuwenden. Wo der Verdacht besteht, daß die nur für die Haustrunkbereitung durch das Gesetz gewährten Freiheiten mißbraucht werden, ist gemäß § 11 Abs. 3 Halbsatz 2 zu verfahren, die Herstellung des Haustrunks nach Menge, Zeit, Ort und Raum zu beschränken und zu veranlassen, daß sie unter besonderer Aufsicht der Polizeiorgane oder der Weinkontrolleure erfolgt.

Bezüglich der Aufbewahrung der Anzeigen über Haustrunkbereitung und ihre Übermittelung an die mit der Weinkontrolle betrauten Sachverständigen gilt das unter 1 dieses Erlasses zu § 3 Abs. 4 des Gesetzes Angeordnete.

In den vom Bundesrat zu §§ 4, 11, 12 des Gesetzes beschlossenen Ausführungsbestimmungen ist unter C 11 Abs. 2 vorgesehen, daß die Landeszentralbehörde die Verwendung von Zitronensäure zur Haustrunkbereitung auch für bestimmte andere Fälle als die ebenda Abs. 1 genannten, in denen sie ohne weiteres zulässig ist, gestatten kann. Sollte ein Bedürfnis für eine solche Erlaubnis bestehen, was wir nach den uns vorliegenden bezüglichen Berichten einstweilen nicht annehmen, so ist an mich, den mitunterzeichneten Minister der geistlichen usw. Angelegenheiten, entsprechend zu berichten.

5. Zu § 11 Abs. 4 des Gesetzes.

Bei der nach unserer beigefügten Bekanntmachung von dem Landrate, in Stadtkreisen von der Ortspolizeibehörde zu erteilenden Genehmigung der Veräußerung von Haustrunk unter den im Gesetz genannten Voraussetzungen ist mit Vorsicht zu verfahren, um zu vermeiden, daß etwa Haustrunk als Wein in den freien Verkehr gelangt; aus diesem Gesichtspunkte ist es ratsam, die Genehmigung nur zu erteilen, wenn der Abnehmer für den Haustrunk namhaft gemacht wird und dessen Person die nötige Gewähr für gesetzmäßige Verwendung des Haustrunks gibt.

6. Zu § 14 des Gesetzes.

Gemäß unserer beigefügten Bekanntmachung sind für die Untersuchung von Wein, Traubenmost und Traubenmaische, die in das Zollinland eingeführt werden, zuständig die mit der polizeilichen Nahrungsmitteluntersuchung betrauten staatlichen Anstalten und die als öffentlich im Sinne von § 17 des Nahrungsmittelgesetzes anerkannten Untersuchungsanstalten. Aus beiliegender Übersicht ergibt sich, welche Anstalten zurzeit in Betracht kommen.

Die Zuständigkeit der Anstalten beschränkt sich nicht, was die Untersuchung einzuführender Weine usw. anbelangt, auf die Verwaltungsbezirke, für die sie Untersuchungen im Interesse der polizeilichen Nahrungsmittelkontrolle ausführen oder für die sie als öffentliche Anstalten anerkannt sind. Es steht den Zollstellen, über die nach den vom Bundesrate noch zu treffenden Bestimmungen (s. § 1 der Weinzollordnung, Zentralblatt für das Deutsche Reich 1909 S. 333) die Einfuhr von Wein usw. erfolgen kann, vielmehr frei, welcher Anstalt sie die Untersuchungen übertragen wollen, wobei vorausgesetzt wird, daß tunlichst die nächstgelegene Anstalt herangezogen wird.

Nach Abs. 4 der vom Bundesrat beschlossenen Ausführungsbestimmungen zu § 14 des Gesetzes haben die Anstalten bei der Untersuchung nach der Anweisung des Bundesrats zur chemischen Untersuchung des Weins zu verfahren. Als solche kommt zurzeit in Betracht die durch Bekanntmachung des Herrn Reichskanzlers vom 25. Juni 1896 veröffentlichte und durch Bekanntmachung vom 2. Juli 1901 abgeänderte Anweisung (Zentralblatt für das Deutsche Reich 1896 S. 152 und 1901 S. 234). Der Umfang der Untersuchung ist dem Ermessen des untersuchenden Sachverständigen überlassen.

Die Gebühren für die Untersuchung sind nach dem von einer Kommission von Nahrungsmittelchemikern im Kaiserlichen Gesundheitsamte 1901 vereinbarten „Entwurf von Gebührensätzen für Untersuchungen von Nahrungsmitteln und Genußmitteln", Berlin 1902, Verlag von J. Springer zu berechnen und durch Vermittelung der die Untersuchung veranlassenden Zollbehörde von dem zur Zahlung Verpflichteten (§ 3 der Weinzollordnung) einzuziehen. Die Verrechnung der Gebühren für die Untersuchungen an staatlichen Anstalten hat bei der Etatstelle zu erfolgen, bei der die Einnahmen für die Nahrungsmitteluntersuchungen verbucht werden.

Ew. Hochwohlgeboren ersuchen wir, die im dortigen Verwaltungsbezirk belegenen Untersuchungsanstalten unter Hinweis auf die vom Bundesrat zu § 14 des Gesetzes beschlossenen Ausführungsvorschriften und die Weinzollordnung dementsprechend in Kenntnis zu setzen und anzuweisen.

7. Zu § 19 des Gesetzes.

Nach Abs. 1 der vom Bundesrat beschlossenen Ausführungsbestimmungen zu § 19 des Gesetzes kann die Landeszentralbehörde die Buchführung in anderer als deutscher Sprache gestatten. Ein Bedürfnis, diese Genehmigung für bestimmte Landesteile allgemein zu erteilen, besteht nicht. Anträge auf Genehmigung in Einzelfällen sind an uns, die Minister der geistlichen usw. Angelegenheiten und des Innern, unter Beifügung einer Äußerung zu dem Gesuche einzureichen.

Einer Einrichtung der Buchführung nach den vom Bundesrat beschlossenen Mustern bedarf es nach Abs. 9 der Ausführungsbestimmungen des Bundesrats zu § 19 nur, wenn festgestellt wird, daß die geführten Bücher keine genügende Übersicht gewähren. Eine sofortige Prüfung der Buchführung in allen zu ihr gesetzlich verpflichteten Betrieben ist nicht erforderlich; vielmehr kann ein entsprechender Antrag der zur Buchführung Verpflichteten oder das Ergebnis der Kontrolle des Betriebes durch die mit der Beaufsichtigung betrauten Polizeibehörden und Sachverständigen abgewartet werden.

8. Zu § 21 des Gesetzes.

In denjenigen Teilen des Staatsgebietes, für die bisher Sachverständige im Hauptberuf nicht bestellt sind, hat die Weinkontrolle einstweilen in der bisherigen Weise zu erfolgen. Jedoch ist die, in den meisten Regierungsbezirken von uns bereits wiederholt angeregte Ersetzung nicht genügend sachverständiger Weinkontrolleure aus verschiedenen Berufsständen durch Nahrungsmittelchemiker der mit der Untersuchung der Nahrungsmittel für die polizeiliche Kontrolle beauftragten Untersuchungsanstalten mit Nachdruck zu betreiben.

Wegen der Bestellung hauptberuflicher Sachverständiger im gesamten Staatsgebiet wird das weitere demnächst veranlaßt werden. Wo solche schon tätig sind, bleibt es bei der bisherigen Regelung der Verhältnisse.

9. Zu § 25 Abs. 4 des Gesetzes.

Welche Gebietsteile des Staates als zu dem am Weinbau beteiligten Gebiete des Deutschen Reiches (§ 3 Abs. 3 des Gesetzes) gehörig zu erachten sind, werden wir demnächst bekannt geben. Bis auf weiteres gelten dafür die in der Bekanntmachung des Herrn Reichskanzlers vom 27. März 1906, RGBl. S. 449, betreffend die Bildung von Weinbaubezirken im Sinne von § 3 Abs. 1 des Gesetzes vom 6. Juli 1904, RGBl. S. 261, aufgeführten Weinbaubezirke; soweit darin nur einzelne Gemeinden, Gemarkungen usw. angegeben sind, rechnen jedoch die Kreise, zu denen diese gehören, in ihrer Gesamtheit zum Weinbaugebiet.

(Unterschriften.)

An die Herren Regierungspräsidenten und den Herrn Polizeipräsidenten zu Berlin.

Abschrift übersenden wir Ew. Exzellenz zur gefälligen Kenntnisnahme ergebenst.

Der Finanzminister.
In Vertretung.
Michaelis.

Der Minister für Landwirtschaft, Domänen und Forsten.
Im Auftrage. Küster.

Der Minister des Innern.
In Vertretung:
Holtz.

Der Minister für Handel u. Gewerbe.
Im Auftrage:
von der Hagen.

Der Minister der geistlichen, Unterrichts- und Medizinalangelegenheiten.
Der Minister.
Förster.

Verzeichnis der Nahrungsmitteluntersuchungsämter.

Regierungsbezirk	Untersuchungsamt
	Staatliche Anstalten.
Berlin	Anstalt zur Untersuchung von Nahrungsmitteln pp. bei dem Königlichen Polizeipräsidium in Berlin.
Stettin	Chemisches Laboratorium der Königlichen Auslandsfleischbeschaustelle in Stettin.
Posen	Königliches Hygienisches Institut in Posen.
Oppeln	Königliches Hygienisches Institut in Beuthen. (Abteilung zur Untersuchung von Nahrungsmitteln).
Merseburg	Chemisches Untersuchungsamt am Hygienischen Institut der Universität Halle.
Osnabrück	Chemisches Laboratorium der Auslandsfleischbeschaustelle in Bentheim.
Wiesbaden	Chemisches Laboratorium der Königlichen Auslandsfleischbeschaustelle in Frankfurt a. M.
Cöln	Untersuchungsanstalt am Chemischen Institut der Universität Bonn.
	Sonstige Anstalten.
Königsberg	Nahrungsmittel-Untersuchungsamt der Landwirtschaftskammer für die Provinz Ostpreußen in Königsberg.
Gumbinnen	Nahrungsmittel-Untersuchungsamt des Landwirtschaftlichen Zentralvereins in Insterburg.
"	Städtisches Nahrungsmittel-Untersuchungsamt in Tilsit.
Danzig	Nahrungsmittel-Untersuchungsamt für die Provinz Westpreußen in Danzig.
Potsdam	Nahrungsmittel-Untersuchungsamt der Landwirtschaftskammer für die Provinz Brandenburg in Berlin.
Frankfurt a. O.	Zweigstelle Frankfurt a. O. des Nahrungsmittel-Untersuchungsamts der Landwirtschaftskammer für die Provinz Brandenburg in Berlin.
"	Städtisches Untersuchungsamt in Kottbus.
Köslin	Nahrungsmittel-Untersuchungsanstalt der Landwirtschaftskammer in Köslin.
Stralsund	Städtisches chemisch-hygienisches Untersuchungsamt in Stralsund.
Bromberg	Städtisches Nahrungsmittel-Untersuchungsamt in Bromberg.
Breslau	Städtisches chemisches Untersuchungsamt in Breslau
"	Städtisches Untersuchungsamt in Glatz.
"	Städtisches Nahrungsmittel-Untersuchungsamt in Reichenbach.
"	Städtisches chemisches Untersuchungsamt in Waldenburg i. Schl.

Regierungsbezirk	Untersuchungsamt
Liegnitz	Städtisches Nahrungsmittel-Untersuchungsamt in Liegnitz.
"	Städtisches chemisches Untersuchungsamt in Görlitz.
Oppeln	Städtisches Nahrungsmittel-Untersuchungsamt in Oppeln.
Magdeburg	Städtisches Nahrungsmittel-Untersuchungsamt in Magdeburg.
"	Städtisches Nahrungsmittel-Untersuchungsamt in Halberstadt.
Merseburg	Städtisches Nahrungsmittel-Untersuchungsamt in Merseburg.
Erfurt	Städtisches Nahrungsmittel-Untersuchungsamt in Erfurt.
Schleswig	Nahrungsmittel-Untersuchungsamt der Landwirtschaftskammer in Kiel.
"	Städtisches chemisches Untersuchungsamt in Altona.
"	Städtisches Nahrungsmittel-Untersuchungsamt in Flensburg.
Hannover	Städtisches chemisches Untersuchungsamt in Hannover.
Hildesheim	Nahrungsmittel-Untersuchungsanstalt bei der landwirtschaftlichen Versuchsstation in Hildesheim.
Lüneburg	Städtisches Nahrungsmittel-Untersuchungsamt in Harburg.
Osnabrück	Städtisches Nahrungsmittel-Untersuchungsamt in Osnabrück.
Stade	Städtisches Untersuchungsamt in Geestemünde.
Aurich	Städtisches Untersuchungsamt in Emden.
Münster	Nahrungsmittel-Untersuchungsamt der Landwirtschaftskammer (Abteilung der landwirtschaftlichen Versuchsstation) in Münster i. W.
"	Öffentl. chemisches Untersuchungsamt in Recklinghausen.
Minden	Städtisches Untersuchungsamt in Bielefeld.
"	Städtisches Nahrungsmittel-Untersuchungsamt in Minden.
"	Untersuchungsamt des Kreises Paderborn in Paderborn.
Arnsberg	Städtisches Nahrungsmittel-Untersuchungsamt in Bochum.
"	Städtisches chemisches Untersuchungsamt in Dortmund.
"	Untersuchungsamt für den Landkreis Dortmund und den Kreis Hörde in Dortmund.
"	Städtisches Untersuchungsamt in Hamm.
"	Städtisches Untersuchungsamt in Hagen.
"	Untersuchungsanstalt in Gelsenkirchen.
"	Untersuchungsanstalt in Witten.
Cassel	Städtisches Untersuchungsamt in Cassel.

Regierungsbezirk	Untersuchungsamt
Cassel	Untersuchungsstelle der Landwirtschaftskammer (bei der landwirtschaftlichen Versuchsstation) in Marburg.
Koblenz	Öffentliches Nahrungsmittel-Untersuchungsamt in Koblenz.
"	Untersuchungsanstalt des Kreises Kreuznach in Kreuznach.
Düsseldorf	Städtisches Untersuchungsamt für Nahrungsmittel pp. in Barmen.
"	Städtisches chemisches Untersuchungsamt in Crefeld.
"	Städtische Nahrungsmittel-Untersuchungsanstalt in Düsseldorf.
"	Städtisches chemisches Untersuchungsamt in Duisburg.
"	Städtisches Untersuchungsamt in Elberfeld.
"	Nahrungs-Untersuchungsanstalt in Essen.
"	Nahrungsmittel-Untersuchungsamt in M.-Gladbach.
"	Chemische Untersuchungsanstalt des Kreises Kempen in Kaldenkirchen.
"	Untersuchungsamt des Kreises Mörs in Mörs.
"	Untersuchungsamt in Mülheim/Ruhr.
"	Untersuchungsamt des Kreises Neuß in Neuß.
"	Städtisches Untersuchungsamt in Oberhausen.
"	Städtisches Nahrungsmittel-Untersuchungsamt in Remscheid.
"	Städtisches Nahrungsmittel-Untersuchungsamt in Rheydt.
"	Kreis-Untersuchungsamt in Ruhrort.
"	Städtisches Untersuchungsamt in Solingen.
"	Kreis-Nahrungsmittel-Untersuchungsamt in Vohwinkel.
Cöln	Versuchsstation des landwirtschaftlichen Vereins für Rheinpreußen in Bonn.
"	Städtisches Nahrungsmittel-Untersuchungsamt in Cöln.
"	Städtisches Nahrungsmittel-Untersuchungsamt in Mühlheim/Rhein.
Trier	Städtisches Nahrungsmittel-Untersuchungsamt in Trier.
"	Untersuchungsamt des Kreises Saarbrücken.
Aachen	Städtisches chemisches Untersuchungsamt in Aachen.
"	Städtisches chemisches Untersuchungsamt in Düren.
"	Untersuchungsamt in Eschweiler.

Abänderung des Verzeichnisses der mit der Untersuchung von Auslandsweinen beauftragten Nahrungsmitteluntersuchungsämter vom 2. Dezember 1909 (Ministerialblatt für Medizinal- usw. Angelegenheiten S. 51). Veröff. d. Kais.GesAmts 1912 S. 212.

Das Verzeichnis der mit der Untersuchung von Auslandsweinen beauftragten Nahrungsmitteluntersuchungsämter ist seitens der zuständigen Herren Ressortminister durch Erlaß vom 2. Dezember 1909 wie folgt abgeändert:

Zugang.

Staatliche Anstalten.

Regierungsbezirk Düsseldorf.

a) Chemisches Laboratorium der Kgl. Auslandsfleischbeschaustelle in Duisburg-Ruhrort;
b) Chemisches Laboratorium der Kgl. Auslandsfleischbeschaustelle in Emmerich und
c) Chemisches Laboratorium der Kgl. Auslandsfleischbeschaustelle in Cleve.

Abgang.

Sonstige Anstalten.

Regierungsbezirk Düsseldorf. Kreisuntersuchungsamt in Ruhrort.

Ministerialbekanntmachung betr. die Grenzen der am Weinbau beteiligten Gebiete des preußischen Staats. Vom 27. September 1909 (Ministerialblatt für Medizinal- usw. Angelegenheiten S. 499).

Inhaltlich wiedergegeben in der Bek. des Reichskanzlers vom 1. August 1910 (s. oben unter C I 1 b).

Verfügung des Justizministers betr. die Verwertung eingezogener Weine vom 30. November 1909 (JMBl. 1909 S. 367).
Veröff. d. Kais. GesAmts 1910 S. 211.

S. auch **Erlaß des Finanzministers, betr. die Untersuchung von Wermutwein bei der Einfuhr** vom 15. November 1909 (Reichsanzeiger Nr. 277 vom 24. November 1909).
Veröff. d. Kais. GesAmts 1909 S. 1436.

Erlaß des Ministers für Handel und Gewerbe, betr. die Einfuhr ungarischer Weine vom 16. Dezember 1909 (Ministerialblatt der Handels- und Gewerbeverwaltung S. 545),
Veröff. d. Kais. GesAmts 1910 S. 131.

Ministerialerlaß, betr. die Gesichtspunkte, nach welchen der Gehalt französischer Weine an schwefliger Säure zu beurteilen ist, vom 19. Juni 1910 (Ministerialblatt für Medizinal- usw. Angelegenheiten S. 252).

MinErlaß betr. Einführung von Madeiraweinen. Vom 28. Juni 1910.
MinBl. f. Medizinal- usw. Angelegenheiten 1910 S. 292.
Veröff. d. Kais. GesAmts 1910 S. 972.

MinErlaß betr. Sendungen von Traubenmaische (Untersuchung auf Salizyl). Vom 30. Nov. 1910.
MinBl. f. Medizinal- usw. Angelegenh. 1911 S. 46.
Veröff. d. Kais. GesAmts 1911 S. 236.

MinErlaß betr. Abänderungen der Ausführungsbestimmungen zum Reichsweingesetz und der Weinzollordnung. Vom 3. Sept. 1910 (weist auf die Abänderungen hin.)
MinBl f. Medizinal- usw. Angelegenh. 1911 S. 335
Veröff. d. Kais. GesAmts 1911 S. 540.

MinErlaß betr. die frühere Herbstlese von Trauben. Vom 28. Okt. 1910.
MinBl. f. Medizinal- usw. Angelegenh. 1911 S. 406.
Veröff. d. Kais. GesAmts 1911 S. 541.

MinErlaß betr. die Unzulässigkeit der Bezeichnung eines deutschen Weines als „Deutscher Burgunder". Vom 20. März 1912.
MinBl. f. Medizinal- usw. Angelegenh. 1912 S. 118.
Veröff. d. Kais. GesAmts 1912 S. 646.

MinErlaß betr. die Bezeichnung von Weinen als „Medizinalwein", „Blutwein" oder dergl. Vom 24. Sept. 1912.
MinBl. f. Medizinal- usw. Angelegenh. 1912 S. 345.
Veröff. d. Kais. GesAmts 1912 S. 1372.

MinErlaß betr. den Gehalt der Weine an schwefliger Säure. Vom 30. August 1912.
MinBl. f. Medizinal- usw. Angelegenh. 1912 S. 296.
Veröff. d. Kais. GesAmts 1912 S. 1212.

MinErlaß betr. die Gebühren für die Untersuchung von Proben ausländischen Weines. Vom 18. März 1912.
MinBl. f. Medizinal- usw. Angelegenh. 1912 S. 117.
Veröff. d. Kais GesAmts 1912 S. 773.

MinErlaß betr. die sog. Gewürzgetränke. Vom 19. Febr. 1913.
MinBl. f. Medizinal- usw. Angelegenh. 1913 S. 92.
Veröff. d. Kais GesAmts 1913 S. 429.

MinErl. betr. die Unzulässigkeit von Bezeichnungen wie „Portil", „red Port" usw. für andere als aus dem Dourogebiet stammende Weine. Vom 8. Juli 1913.
MinBl. f. Medizinal- usw. Angelegenh. 1913 S. 230.
Veröff. d. Kais. GesAmts 1913 S. 885.

MinErl. betr. die Verpflichtung von Filialen von Weingeschäften zu der im § 19 WeinG. vorgeschriebenen Buchführung. Vom 13. Juli 1913.
MinBl f. Medizinal- usw. Angelegenh. 1913 S. 225.
Veröff. d. Kais. GesAmts 1913 S. 771.

MinErl. betr. die Herstellung von Haustrunk durch Winzergenossenschaften. Vom 14. Febr. 1913.
MinBl. f Medizinal- usw. Angelegenh. 1913 S. 78.
Veröff. d. Kais. GesAmts 1913 S. 477.

MinVerfügung betr. Zuwiderhandlungen gegen die weingesetzl. Bestimmungen. Vom 1. Dez. 1913.
MinBl f. d. pr. innere Verwaltung 1913 S. 224.
Veröff. d. Kais. GesAmts 1914 S. 72. (Steuer-, Zoll- und Eisenbahnbehörden sind befugt, an die Weinkontrolleure Auskünfte zu erteilen.)

MinErl. betr. den Gebrauch der Namen „Porto" und „Madeira" oder ähnl. Bezeichnungen im Weinhandel. Vom 10. Febr. 1914.
MinBl. f. Medizinal- usw. Angelegenh. 1914 S. 86.
Veröff. d. Kais GesAmts. 1914 S. 355.

MinErlaß betr. die Herstellung von Wermutwein in Italien. Vom 17. Febr. 1914.
MinBl. f. Medizinal- usw. Angelegenh. 1914 S. 132.
Veröff. d. Kais. GesAmts 1914 S. 459.

MinErlaß **betr. den Verkehr mit Kunstweinen.** Vom 14. April 1920 MinBl. f. Hand. u. GewVerwaltung S. 110. Veröff. d. ReichsGesAmts 1920 S. 413.

MinErlaß **betr. Einfuhr von Sherrywein.** Vom 21. Juli 1920. MinBl. f. Hand. u. GewVerwaltung S. 227. Veröff. d. ReichsGesAmts 1920 S. 645.

Württemberg.

Verfügung des Ministeriums des Innern vom 3. August 1909, betreffend den Vollzug des Weingesetzes.

(RegBl. S. 146).

Zum Vollzug des Weingesetzes vom 7. April 1909 (RGBl. S. 393) wird nachstehendes verfügt:

§ 1.

Die in § 3 Abs. 4 und § 11 Abs. 3 des Weingesetzes vorgeschriebenen Anzeigen der Zuckerung und der Herstellung von Haustrunk sind der Ortspolizeibehörde derjenigen Gemeinde zu erstatten, innerhalb deren die Zuckerung oder die Herstellung des Haustrunks erfolgen soll.

Die Ortspolizeibehörden haben zur Erleichterung der Zuckerungsanzeigen im Bedürfnisfall Listen, welche den Mustern für Zuckerungsanzeigen (RGBl. von 1909 S. 556) nachgebildet sind, an geeigneten leicht zugänglichen Stellen aufzulegen. Die Anzeigen sind zu sammeln; die Anzeigen über die Herstellung von Haustrunk sind dem Oberamt dann vorzulegen, wenn eine Beschränkung oder besondere Beaufsichtigung der Herstellung im Sinne des § 11 Abs. 3 zweite Satzhälfte des Weingesetzes in Betracht kommen kann.

§ 2.

Zuständige Behörde im Sinne von § 4 Abs. 2, § 11 Abs. 3 zweite Satzhälfte, § 11 Abs. 4, § 15 Satz 2, § 20 Abs. 3 des Weingesetzes und der Ausführungsbestimmungen des Bundesrats vom 9. Juli 1909 (RGBl. S. 549) zu § 19 letzter Absatz des Weingesetzes ist das Oberamt, welches in den geeigneten Fällen ein vorheriges Sachverständigengutachten (etwa des Weinsachverständigen, des Vorstands der Weinbau-Versuchsanstalt in Weinsberg oder des chemischen Laboratoriums des K. Medizinalkollegiums) einzuholen hat.

§ 3.

Auf Grund der zu den §§ 4 und 11 des Weingesetzes unter Ziff. 11 gegebenen Ausführungsbestimmungen des Bundesrats vom 9. Juli 1909 wird bis auf weiteres die Verwendung von Zitronensäure auch bei der Verarbeitung von Rückständen der Weinbereitung und für Betriebe zugelassen, aus denen Wein gewerbsmäßig in den Verkehr gebracht wird.

§ 4.

Weitere Vorschriften hinsichtlich der Grenzen der am Weinbau beteiligten Gebiete und des Überwachungsdienstes bleiben vorbehalten.

Stuttgart, den 3. August 1909.

Pischek.

Verfügung des Ministeriums des Innern, betr. den Vollzug des Weingesetzes vom 14. September 1909 (Regierungsblatt S. 300) inhaltl. wiedergegeben in der Bek. des Reichskanzlers vom 1. August 1910, oben unter C I 1 b.

S. auch **Bekanntmachung der K. Zentralstelle für die Landwirtschaft, betr. die Bestellung eines Sachverständigen im Hauptberuf** i. S. des § 21 Abs. 2 des Weingesetzes vom 7. April 1909. Vom 28. Dezember 1909 (Amtsblatt 1910 S. 6).

Verfügung des Ministeriums des Innern, betr. den Überwachungsdienst nach § 21 des Weingesetzes. Vom 5. Januar 1910 (Amtsbl. S. 1).

Verfügung des Ministeriums des Innern, betr. die Verwendung der auf Grund des Weingesetzes auferlegten Geldstrafen. Vom 26. Febr. 1910 (Regierungsblatt S. 196).

MinErlaß betr. die Überwachung des Verkehrs mit Wein. Vom 27. Sept. 1911. Amtsbl. S. 309.
Veröff. d. Kais. GesAmts 1912 S. 242.

MinVerfügung betr. die Gebührenfestsetzung für die Untersuchung ausländischer Weine. Vom 28. März 1912.
RegBl. 1912 S. 72. Veröff. d. Kais. GesAmts 1912 S. 773.

Übrige Bundesstaaten (Länder).

Die grundlegenden Vollzugsverordnungen finden sich abgedruckt in den Veröffentl. d. Kais. GesAmts 1910 S. 76 ff. und S. 527 ff.

II. Kriegs-Verordnungen des Reichs.

Bek. vom 24. Nov. 1914, betr. vorübergehende Änderung des Weingesetzes.

(RGBl. S. 486).

Der Bundesrat hat auf Grund des § 3 des Gesetzes über die Ermächtigung des Bundesrats zu wirtschaftlichen Maßnahmen usw. vom 4. August 1914 (RGBl. S. 327) folgende Verordnung erlassen:

Für die Zeit bis zum 28. Februar 1915 wird § 3 des Weingesetzes vom 7. April 1909 (RGBl. S. 393) geändert wie folgt:

1. Abs. 1 letzter Satz: Der Zusatz an Zuckerwasser darf jedoch in keinem Falle mehr als ein Viertel der gesamten Flüssigkeit betragen.

2 Abs. 2 erster Halbsatz: Die Zuckerung darf nur in der Zeit vom Beginne der Weinlese bis zum 28. Februar 1915 vorgenommen werden.

Diese Verordnung tritt mit dem Tage ihrer Verkündung in Kraft.

Berlin, den 26. November 1914.

Der Stellvertreter des Reichskanzlers.
Delbrück.

Bek. vom 22. Dez. 1915, betr. die Zuckerungsfrist für die Weine des Jahrganges 1915.

(RGBl. S. 834).

Der Bundesrat hat auf Grund des § 3 des Gesetzes über die Ermächtigung des Bundesrats zu wirtschaftlichen Maßnahmen usw. vom 4. August 1914 (RGBl. S. 327) folgende Verordnung erlassen:

Für die Weine des Jahrganges 1915 wird die im § 3 Abs. 2 Halbsatz 1 des Weingesetzes vom 7. April 1909 (RGBl. S. 393) vorgesehene Zuckerungsfrist bis zum 29. Februar 1916 verlängert.

Diese Verordnung tritt mit dem Tage ihrer Verkündung in Kraft.

Berlin, den 22. Dezember 1915.

Der Stellvertreter des Reichskanzlers.
Delbrück.

Bek. vom 21. Dez. 1916, betreffend die Zuckerung von Wein.

(RGBl. S. 1409).

Der Bundesrat hat auf Grund des § 3 des Gesetzes über die Ermächtigung des Bundesrats zu wirtschaftlichen Maßnahmen usw. vom 4. August 1914 (RGBl. S. 327) folgende Verordnung erlassen:

I.

Für die Weine des Jahrganges 1916 wird das im § 3 Abs. 1 Satz 2 des Weingesetzes vom 7. April 1909 (RGBl. S. 393) vorgesehene Höchstmaß der Zuckerung auf ein Viertel der gesamten Flüssigkeit erhöht und die in dem genannten § 3 Abs. 2 Halbsatz 1 vorgesehene Zuckerungsfrist bis zum 30. Juni 1917 verlängert. Bis zu diesem Zeitpunkt darf die Zuckerung bei ungezuckerten Weinen früherer Jahrgänge nachgeholt werden.

Berlin, den 21. Dezember 1916.

Der Stellvertreter des Reichskanzlers.
Dr. Helfferich.

Bek. des Reichskanzlers vom 28. März 1918, betr. Änderung des Weingesetzes.

(RGBl. S. 155).

Der Bundesrat hat auf Grund des § 3 des Gesetzes über die Ermächtigung des Bundesrats zu wirtschaftlichen Maßnahmen usw. vom 4. August 1914 (RGBl. S. 327) folgende Verordnung erlassen:

§ 1.

Der Reichskanzler kann Ausnahmen von dem Verbote des § 13 des Weingesetzes vom 7. April 1909 (RGBl. S. 393) zulassen.

§ 2.

Die Verordnung tritt mit dem Tage der Verkündung in Kraft Der Reichskanzler bestimmt den Zeitpunkt des Außerkrafttretens.

Berlin, den 28. März 1918.

Der Stellvertreter des Reichskanzlers.

von Payer.

VO. der Reichsregierung vom 23. Januar 1919 über die Frist der Zuckerung von Wein.

(RGBl. S. 98).

Für Weine des Jahrgangs 1918 wird die im § 3 Abs. 2 des Weingesetzes vom 7. April 1909 (RGBl. S. 393) vorgesehene Zuckerungsfrist bis zum 30. Juni 1919 verlängert.

Diese Verordnung hat Gesetzeskraft und tritt mit ihrer Verkündung in Kraft.

Berlin, den 23. Januar 1919.

Die Reichsregierung.

Ebert. Scheidemann.

Der Staatssekretär des Innern.

Dr. Preuß.

III.

Ges. vom 30. Dez. 1920 zur Verlängerung der Zuckerungsfrist für die Weine des Jahrgangs 1920.

(RGBl. 1921 S. 53).

Der Reichstag hat folgendes Gesetz beschlossen, das mit Zustimmung des Reichsrats hiemit verkündet wird:

Art. I.

Für Weine des Jahrgangs 1920 wird die Zuckerungsfrist des § 3 Abs. 2 des WeinG. vom 7 April 1909 bis zum 31. März 1921 erstreckt

Art. II.

Dieses Gesetz tritt mit dem Tage der Verkündung in Kraft.

Berlin, den 30. Dezember 1920.

Der Reichspräsident:

Ebert.

Der Reichsminister des Innern:

Koch.

D.

Sachregister.

(Die Zahlen verweisen auf die Seiten.)

H.

J.

K.

L.

M.

T.

U.

V.

W.

Z.

FSC
www.fsc.org
MIX
Papier | Fördert gute Waldnutzung
FSC® C083411

Kolibri 360 GmbH
Ferdinand-Jühlke-Straße 7
99095 Erfurt, Deutschland
produktsicherheit@kolibri360.de